民航服务专业新形态系列教材

乘务人员职业形象设计与化妆技巧

（微课版）

戚薇 陈璐 主编
谢芳 高洁 何菲 副主编

清华大学出版社
北京

内 容 简 介

本书具有校企合作开发、面向就业，结构合理、强化应用，分层讲解、图文并茂，体例丰富、学思并行，微课辅助、宜教易学等特点。全书分为10个项目，分别是形象设计概述、形象设计中的美学知识、护肤基础知识、化妆基础知识、发型基础知识、服装基础知识、化妆技巧与妆容设计、乘务人员职业形象设计、乘务人员不同妆面的造型设计、乘务人员形体塑造。

本书可作为高等职业教育专科、应用型本科院校空中乘务专业和高速铁路客运乘务专业的专业课教材，也可作为相关企业的培训教材。

本书封面贴有清华大学出版社防伪标签，无标签者不得销售。
版权所有，侵权必究。举报：010-62782989，beiqinquan@tup.tsinghua.edu.cn。

图书在版编目（CIP）数据

乘务人员职业形象设计与化妆技巧：微课版 / 戚薇，陈璐主编. —北京：清华大学出版社，2023.4（2024.9重印）
民航服务专业新形态系列教材
ISBN 978-7-302-63132-3

Ⅰ.①乘… Ⅱ.①戚… ②陈… Ⅲ.①民用航空－乘务人员－形象－设计－教材 ②民用航空－乘务人员－化妆－教材 Ⅳ.①F560.9

中国国家版本馆 CIP 数据核字（2023）第 044117 号

责任编辑：聂军来
封面设计：常雪影
责任校对：李 梅
责任印制：杨 艳

出版发行：清华大学出版社
网　　址：https://www.tup.com.cn, https://www.wqxuetang.com
地　　址：北京清华大学学研大厦A座　　邮　编：100084
社 总 机：010-83470000　　邮　购：010-62786544
投稿与读者服务：010-62776969, c-service@tup.tsinghua.edu.cn
质量反馈：010-62772015, zhiliang@tup.tsinghua.edu.cn
课件下载：https://www.tup.com.cn, 010-83470410

印 装 者：三河市龙大印装有限公司
经　　销：全国新华书店
开　　本：210mm×285mm　　印　张：13.25　　字　数：419千字
版　　次：2023年4月第1版　　印　次：2024年9月第3次印刷
定　　价：59.00元

产品编号：093283-01

本书编委会

主　编　戚　薇　陈　璐

副主编　谢　芳　高　洁　何　菲

参　编　胡瑶函　刘加慧　黄慧姝

前　言

随着社会和经济的快速发展，我国交通运输业的建设步伐越来越快，对空中乘务人员及高铁乘务人员的需求与日俱增。乘务人员作为航空公司和高速铁路对外形象展示的窗口，既是优质服务行业形象的代言人，也直接反映了企业形象。乘务人员的形象会给乘客留下深刻的第一印象，端庄、大方的外在形象，能够有效促进双方互动，推动服务工作的顺利开展。乘务人员应弘扬劳动精神、奋斗精神、创造精神，不断提高学养、涵养、修养，增加知识储备，提高文化修养，强化艺术训练，深化职业荣誉感，提升职业形象，振奋精气神，更好地提升服务，这也有利于个人和企业的发展。

本书围绕乘务人员的职业特点，从形象设计要素、色彩美学、美容护肤、化妆技巧、发型设计、服饰搭配、形体塑造等多个方面，详细阐述了乘务人员形象设计的方法。本书主要特点如下：

（1）**校企合作开发，面向就业**。在编写本书的过程中，联合相关企业人员，在总结长期教学和工作实际经验的基础上，紧扣空乘与高铁专业对应用型人才的要求，制定了一套适合乘务人员形象塑造的方法，使教学内容更加贴近行业和岗位的需要。

（2）**结构合理，强化应用**。本书采用项目化教学模式。每个项目包含多个任务，每个任务通过"任务导入→知识讲解→任务实施"的形式展开。其中，"任务导入"通过案例引出每个任务的知识点，并引发学生思考；"知识讲解"将重点放在实际应用和操作方法上，并提供了多种形象设计的方法，学生可以根据自身情况进行重点学习；"任务实施"将所讲知识融于实践活动中，帮助学生重温和巩固操作方法与技巧。

（3）**分层讲解，图文并茂**。本书在讲解具体操作时，均分层列出了独立步骤，清晰明了，力求做到易理解、易操作。另外，在讲解步骤和展示案例时，均采用了图文结合的方式，能够帮助学生更直观、简单地学会形象设计的方法。本书所用图片均由编写教师拍摄而成，清晰自然，内容翔实。

（4）**体例丰富，学思并行**。本书设有"课堂讨论""头脑风暴""小贴士""拓展延伸"等体例。"课堂讨论"能够帮助学生结合自身情况进行思考，学会举一反三；"头脑风暴"能够活跃学习气氛，增强学生的学习积极性和参与度。"小贴士""拓展延伸"等能帮助学生获取更多有趣、实用的小知识；这些体例活泼有趣，能够让学生达到学思并行的目的。

（5）**微课辅助，宜教易学**。由于传统教学方式为教师示范、学生模仿练习，且课堂学习时间非常有限，为了提升教学效率和质量，我们在书中配有微课视频，读者扫描二维码即可观看形象设计的相关视频，同步学习知识，让学习更加轻松和便捷。

本书由南京旅游职业学院乘务专业教师和相关企业的专业人士共同编写，由戚薇、陈璐任主编，谢芳（中国东方航空集团有限公司原乘务长）、高洁（厦门航空有限公司原乘务长）、何菲（中国铁路北京局集团有限公司北京客运段原高铁乘务员）任副主编，胡瑶函、刘加慧、黄慧姝参编。具体编写分工如下：戚薇负责编写项目一、项目三、项目四、项目七、项目九；陈璐负责编写项目二、项目六；高洁负责编写项目五；谢芳、何菲、黄慧姝共同编写项目八；戚薇、高洁、何菲、胡瑶函、刘加慧共同编写项目十。

在此感谢南京旅游职业学院空中乘务、高铁乘务专业 2012 级袁瑶婷，2013 级邬健容，2017 级王雯莉、宁玉娇，2018级郭昱、郑雅心、汪苏啸，2019级李易航、杜蕊、李怡欣、杨方、邵芸璐、赵杰杞，2020级王艺萌、王安琪、毕筱琳、陈安琪、马曹昕明、侯亮、周子杰、袁辛梓等学生，为本书提供教学视频和图片。

在本书编写过程中，编者参考了大量资料，同时还参考了大量空中乘务和高铁乘务工作的相关资料，在此一并向这些资料的作者表示衷心的感谢。

由于编者水平有限，加之形象设计手法多种多样，本书难以达到尽善尽美，希望广大同仁、专家、专业院校师生和读者提出宝贵意见，以便我们进行修订和完善。

编　者
2022年11月

项目一　形象设计概述　/001
任务一　形象设计的概念　/001
任务二　形象设计的要素　/004
任务三　服务行业职业形象的内涵　/006

项目二　形象设计中的美学知识　/012
任务一　美学基础知识　/012
任务二　形象设计中的美学基本原理　/018
任务三　形象设计中的色彩美学　/021
任务四　培养审美能力　/027

项目三　护肤基础知识　/034
任务一　皮肤的认知　/034
任务二　皮肤的保养　/040
任务三　护肤品的使用　/045

项目四　化妆基础知识　/052
任务一　化妆色彩　/052
任务二　化妆用品与工具基本知识　/058

项目五　发型基础知识　/072
任务一　美发基础理论　/072
任务二　美发工具与用品的基础知识　/076

项目六　服装基础知识　/081
任务一　服装的基本分类　/081
任务二　服装色彩知识　/090

项目七　化妆技巧与妆容设计　/100
任务一　认识面部结构　/100
任务二　基础化妆与各种变化　/104

项目八　乘务人员职业形象设计　/145
任务一　乘务人员发型设计　/145
任务二　乘务人员妆容设计　/149
任务三　乘务人员服饰搭配　/155

项目九　乘务人员不同妆面的造型设计　/164
任务一　日妆　/164
任务二　晚妆　/168
任务三　摄影妆　/171
任务四　男士妆　/173

项目十　乘务人员形体塑造　/178
任务一　形体美标准　/178
任务二　形体训练　/187

附　录　化妆类中英文词汇表　/199

参考文献　/201

学习难度：★★☆☆☆
重点概念： 当今状况、未来趋势、商业价值、文化价值

项目一

形象设计概述

课件

项目导读

形象设计是一个整体工程，它体现在五官、皮肤、身材和体型等自然条件上，同时又可以通过发型、化妆和服饰等形象上的设计与包装，进一步将社会角色与外在美进行完美的结合。

本项目就从业人员职业形象的特点，讲述职业形象的内涵，围绕形象设计的概念，着重讲解形象设计的要素，从专业角度进行全方位的设计和引导，帮助树立良好的人物形象，提升品位，增加自信，为后期的职业形象设计打下良好的基础。

学习目标

（1）了解形象设计的含义与定义。
（2）了解形象设计的原则与要素。
（3）掌握服务行业职业形象内涵。
（4）掌握服务行业职业素养要求。

任务一　形象设计的概念

任务导入

于大民是一名农民企业家，主要种植大麦，后又以大麦为原料，创建了一家麦片加工厂。由于经营有方，业务很快做大做强。一天，他收到了一张来自美国的大订单。他亲自带领工人加班加点，终于在规定时间内完成。但是几天之后，美国公司打来电话，说货物有质量问题，要求退货。于大民非常纳闷，自己的产品向来质量过硬，况且这批产品由自己亲自监工生产，怎么会有质量问题呢？一定是其他环节出了问题，想到这些，他立刻收拾行李飞往美国。当西装革履、风度翩翩的于大民出现在美国公司的总经理面前时，对方惊讶地张大了嘴巴。虽然还不知道退货的原因在哪里，但敏锐的于大民已从对方的细微变化中捕捉到了什么。在随后两天的洽谈中，于大民不卑不亢，娓娓而谈，充分展现出了一名企业家应有的气质和风度，最终不仅质量问题烟消云散，还和那位总经理成为好朋友，并成为长期的合作伙伴。

原来，这批货是美国公司的一个部门经理向于大民订的货，但在向总经理汇报后，总经理得知这批货是由农民加工生产的，他的脑海里凭空臆想出一个蛮横的农民形象，所以不假思索，对那批货看也不看，就做了退货的决定。可是当看到形象良好、魅力十足的于大民时，才知道自己犯了个多么可笑的错误。

请思考：

本案例对你有什么启发？结合身边的案例谈谈你对形象设计的理解。

知识讲解

一、形象设计的含义

形象设计（image design）是一个系统工程，又称为形象塑造（image creation）或（image building）。形象设计是一个整体的概念，其设计的对象面很广，既可以针对个体，也可以针对群体，从局部到整体进行全方位的塑造。

无论是面向群体还是个体，形象设计都不仅是指外部视觉形象的打造和包装，更强调内外一致，内外兼修。对群体而言，"内"指的是行业文化和发展理念等，"外"指的是积极向上的精神风貌和统一协调的整体形象；对个体而言，"内"指的是一个人内在的修养、丰富的学识、美好的心灵、优良的品质和高雅的品位等，"外"指的是通过运用专业知识和技巧使一个人的外形、容貌和装扮与其身份、年龄和职业等因素相符合，并与环境、场合等相适应，帮助其完善自我，建立自信，提升气质。

形象设计词义解读如下。

（一）形象的含义

"形象"，由"形"与"象"两个字构成，"形"包含"体形（身形）、形状（样子）、形相（样貌）和形态（人和事物的表现形式）"等；"象"是动物名，其还有"现象（表现）、表象（外部形态）、想象（意想）、具象（具体的形象）、抽象（想象中的形象）、象征（用具体事物表示抽象概念和思想感情）和象形（临摹实物的文字）"等。由此可见，"形""象"二字合成之后，其含义十分丰富。

《辞海》中对"形象"一词的定义是：指形体、形状、相貌；指文学艺术区别于科学的一种反映现实的特殊手段。即根据现实生活各种现象加以选择、综合所创造出来的具有一定思想内容和审美意义的具体生动的图画。

《荀子·天伦》云，"形具而神生"，说明荀子认为先有形体才有精神，因而后人又有神形兼备之说。而西方学者科特勒则认为，形象就是指人们所持有的关于某一对象的信念、观念与印象。

综上可见，"形象"的含义具有广义和狭义两种内涵。广义的"形象"是指人和物，包括社会的、自然的环境和景物。狭义的"形象"则专指人而言，指个人的形象、相貌、气质、行为以及思想品德所构成的综合性整体表象。形象是一种抽象的东西，它是对事物的形状，性质、状态抽象化了的观念，是一种与评价相关联的意识状态，同时，它又可以是具象的，通过人的视觉等感官，明确地存在于现实中，并经过打造和提升，不断地美化和发展。

（二）关于形象设计

《辞海》中对"设计"（design）一词解释为：设置、筹划，根据一定的目的要求，预先制订出方案、图样等。《汉语大词典》的定义是：根据一定要求，对某项工作预先制订图样、方案，形象设计是一个包罗万象的词，有广义和狭义之分，其内涵十分广泛，而广义的形象设计可以包含国家和社会的整体形象设计、城市与环境的形象设计、政府和部门的形象设计以及企业与学校的形象设计等，形象设计水平和品位的高低，决定着设计对象整体形象的优劣，因此，大到全貌，小到细节，都非常重要，且十分讲究，狭义的形象设计，专指对人物进行形象上的外包装。

形象设计是一门综合性的艺术，其设计对象主要是人，是通过物质表象反映出人的精神和思想境界的艺术创造活动。形象设计的本质是为了构筑新的美好的形象，其目的是运用不同的手段对人物形象进行美化和提升。在设计过程中，运用大胆的构思和丰富的设计手法，结合设计对象的身份、环境和场合等客观因素，通过视觉冲击力造成视觉优化，使人物形象产生新的面貌，从而激发新的心理判断和美感。

> **课堂讨论：**
> 如何理解形象设计的定义？结合习近平总书记提出的"努力创作生产更多传播当代中国价值观念、体现中华文化精神、反映中国人审美追求，思想性、艺术性、观赏性有机统一的优秀作品"，谈谈你的认识。

二、形象设计的理念

设计理念是指设计师在设计构思过程中所确立的主导思想，好的设计理念至关重要，它不仅是设计的精髓所在，而且能产生个性化、专业化和与众不同的效果。形象设计的理念主要包括以下四个要点。

（一）以人为本

现代社会中，人是一切活动的核心。形象设计的对象是人，应以人为中心，一切围绕人物本身，体现为人服务，依据人的需求进行设计和打造。设计是形象思维与抽象思维的交融，透过物质反射出人物的特质，设计手法和技巧是思想和内容的体现，在这个过程中，占据中心位置的应当是人的主观意识，而不仅仅是技巧本身。

（二）遵循客观规律

形象设计的任务是要改造人物的自然条件，创造美好的新形象，形象设计要遵循客观规律，正确认识自然因素，才能更好地进行设计和创造。形象设计的艺术表现必须建立在设计对象的客观条件和自然基础之上，离开自然与客观的条件，设计将是不切实际甚至是不可实施的。因此，在设计构思的实际过程中，首先要考虑设计对象的实际需要，不仅要符合人物本身的自然生长条件，还要适应不同的性格、年龄、性别、文化和习惯等方面的不同需求。

（三）表达审美趣味

形象设计是一种审美活动，设计者的审美趣味贯穿于认识美、欣赏美和创造美的全过程，并通过形象设计对象的最终结果呈现出来。因此，培养审美意识、提高审美能力、建立形象设计美感，是表达审美趣味的关键。

审美趣味也称审美鉴赏力，是审美主体欣赏、鉴别和评判美丑的特殊能力，是审美知觉力、感受力、想象力、判断力和创造力的综合。审美趣味在人的实践经验、思维能力和艺术素养的基础上形成和发展，是以主观爱好的形式表现出来的对客观的美的认识和评价。既有个性特征，又具有社会性、时代性和民族性，审美趣味是个体在审美活动中表现出来的一种偏爱，它直接体现为人的审美选择和评价。

（四）实现美的统一

形象设计是一门科学，包含人类学、社会学、美学、艺术学和医学等学科的专业知识，是由表及里、专门研究人物形象内涵、美化人物形象的学问。同时，形象设计也是一门技术，它不仅包含发型设计、妆容设计、美容保健、服饰搭配和身体塑形等方面的技能技巧，也包括审美层次、个性气质、风度礼仪、思想道德品质和文化艺术素养等方面的综合素养。

形象设计既是一门综合学科、一种设计理念、一种图形构思，也是一种技能实践和艺术再创造，讲究理论联系实际，形象的设计所体现的美，不仅是外观视觉上的美，更需要挖掘人物形象的内涵，体现丰富的美学理念和设计思想，使内容的美和形式的美实现高度的统一，这种美才是值得称赞的。

> **头脑风暴：**
> 请谈一谈你心目中形象美的标准。

三、形象设计的内容

人们在交际之初，"以貌取人""以衣饰看人"的心理是很难避免的，因为人的"第一印象"总是从外形的美观与否开始的，故此外形将最先影响人们的接受程度。

本书中的外在美主要指的是人体外在形象的美，这种美具体表现在容貌美、形体美、姿态美、服饰美和声音美等多个方面，因此，个体外在形象设计的基本内容包括以下几个方面。

(一)五官容貌

容貌也称相貌、容颜,主要是指一个人面部的轮廓、质感、气色以及五官的形态结构。容貌居于人体形象之首,是最为引人注目的部分,因此,容貌美是人体美最重要的组成部分,容貌美不仅体现在自然的形态结构、生理功能以及健康的心理状态等诸多内外因素的完美协调、和谐统一,还体现在人的内在修养、精神状态和气质风度等方面的外在流露,一个身心健康、积极向上的人,其形象总是神采奕奕、容光焕发。

(二)身体形态

形体是指人的身形结构,在自然界里,人体结构是最完备、最协调、最富有生机和力量的。形体包括体形、肢体、躯干和皮肤等,形体是否美,主要取决于身体各部分发展的均衡、协调与整体外观上的和谐。目前,人们公认的最佳标准是人的身高等于头长的8倍,如果破坏了一定的比例,人体就会失去匀称而显得不协调,比如说上身长、下身短、头大、身子小等。

(三)服饰穿搭

常言道:"人靠衣装马靠鞍。"可见服饰对形象的重要程度。服饰指的是人在服装穿着、饰品佩戴和美容化妆几个方面的统一,有时也单指衣着穿戴。服饰是地域差异、民族习惯、社会风尚以及时代感等因素的综合体现。得体的服饰,可以修饰体形,提升气质,所以说服饰是人体的软雕塑,一个人的衣着打扮,在较大程度上反映出这个人的个性、爱好和职业的特点,也在一定程度上体现人的文化素质、经济水平和社会地位。

(四)行为举止

行为举止是人物形象动态的体现。其主要指人体在空间活动、变化时的动作,以及人们在日常生活中和社会交往中的形体姿态,是展示人的"内在美"的一个窗口,有时甚至比一个人的容貌、衣着打扮给人印象更为深刻。人体的姿态包括静态和动态,姿势的正确优美与否,不仅体现人的外观形态,还能反映出一个人的气质与精神风貌。

(五)声音谈吐

中国人讲究"听其言,观其行",因此把声音、谈吐作为考察人品的重要内容之一。美国哈佛大学前校长伊立特也曾经说过:"在造就一个人的教育中,有一种训练必不可少,那就是优美、高雅的谈吐。"声音谈吐,能够反映出一个人良好的品德修养和文化水平,因此,声音美也是仪态美的一个重要组成部分,一个彬彬有礼的人,其声音谈吐也应该表现为文明高雅。

课堂讨论:
形象设计的基本内容和主要原则有哪些?

任务二 形象设计的要素

任务导入

形象永远走在能力的前面

杨澜曾讲过自己在英国的一段经历。

那时她刚到英国,数次面试碰壁,面试官认为她的形象跟简历不相符,不给她任何开口机会就把她赶了出来。杨澜心情沮丧,洗完头发,便坐在床上一边翻看报纸的招聘信息,一边吃带回来的面包卷。这严重违反了房东莎琳娜的原则。莎琳娜冲上前来,一把夺过杨澜的面包和报纸,用英文大吼:"你这个毫无素质的女孩,立刻滚出我的家!"杨澜也气极了,她早已厌恶萨琳娜这种所谓英伦女人的尊严。杨澜当时披散着头发,在睡衣外裹上大衣就冲出了门,来到一家咖啡馆。

咖啡馆里人很多,侍者以一种奇怪的神情把杨澜引到唯一的空座位。她对面一位优雅的老太太写了一张非常漂亮的便笺给她：洗手间在你左后方拐弯。杨澜抬头看老太太，她正以非常优雅的姿势喝咖啡，没有看杨澜半眼。杨澜当时的尴尬难以言表，第一次觉得自己不被尊重是应该的。她慌忙站起身，快步走向洗手间。

杨澜看到镜子里狼狈的自己，头发被风吹得凌乱，鼻子旁边甚至还沾了一点面包屑。她想起自己面试被拒的理由是穿着随意，她愤慨于对方的以貌取人，此刻却发现原来自己的邋遢就是对别人的不尊重，自然也得不到别人的尊重。

正如杨澜后来所说的那句话："别人没有义务通过你随意邋遢的外表发现你优秀的内在。"你的仪容仪表、精神状态体现的是你对生活的态度。因此我们也常说，一个人的形象价值百万甚至千万。

> **请思考：**
> 本案例对你有什么启发？请结合自身的经历谈谈你的故事。

知识讲解

一、妆容设计

妆容设计是最主要的要素之一。化妆是传统、简便的美容手段，是指根据个人形象的特点，运用化妆工具对人物形象的美化，在形象设计中起着重要作用。当今的化妆美容与保健相结合的整体美化有了更多的内涵。注重形象美化体现了妆容美化对展现自我美好形象的重要性，要做到高雅、自然，色彩协调统一，根据不同的身份和场合，施以不同的妆容，并与服饰、发式形成统一的整体，帮助展示自我、表现自我。

二、发型设计

发型设计可以改善一个人的精神面貌。随着科技的发展，美发工具的更新，各种染发剂、定型液、发胶层出不穷，为塑造千姿百态的发型式样提供了多种可能。人们可以根据性别、年龄、职业、头型和个性，选择适合自己的发型式样和风格，极大地体现出人物的性格和审美品位，提升整体形象。

三、服饰搭配

服装款式和造型在人物形象中占据着很大的视觉空间，因此，服饰搭配是形象设计中的重头戏。选择服装时，既要考虑款式、比例、颜色和材质，还要充分考虑视觉、触觉给人所产生的心理、生理上的反应。服装能体现年龄、职业、性格、时代和民族等特征，同时也能充分展示这些特征。在当今社会，人们对服装的要求已不仅是干净整洁，而是更多地增加了审美的因素。服装设计要因人而异，在造型上有 A 字形、V 字形、直线形和曲线形；在比例上有上紧下松或下紧上松；在类型上有传统的含蓄典雅型和现代的外露奔放型等。这些因素如果在形象设计中运用得当、设计合理，选择的服装不仅美观而且合体，并能扬长避短，使人的体形在较大程度上得以改观。

饰品、配件的搭配和选择也很重要。饰品、配件的种类很多，颈饰、头饰、首饰、胸饰、帽子、鞋子和包等都是人们在穿着服装时最常用的。由于每一类配饰所选择的材质和色泽的不同，设计出的造型也千姿百态，能恰到好处地点缀服饰和人物的整体造型，它能使灰暗变得亮丽，使平淡增添韵味。但如果饰品配件与服装的款式、色彩、造型和风格不相适合，不仅不能增添美感，有时会适得其反，破坏整体美。因此，饰品的选择和佩戴是否美观恰当，能充分体现人的品位和艺术修养。

四、身体塑形

身体塑形也是形象设计中最重要的因素。完美的体形固然要靠先天的遗传，但后天的塑造也相当重要。长期的健身护体，加上合理的饮食、有规律的生活方式以及保持宽容豁达的性情和良好的心态，都有利于长久地保持良好的体形。体形是很重要的因素，但不是唯一的因素，只有在其他诸要素达到统一和谐的情况下，才能拥有完美的形象。

五、语言语音

语言语音也是形象设计中的动态因素之一。人与人交往离不开沟通，在沟通中有效表达也是形象的一部分。心理学研究证明，在表达时，除外表因素外，语音语调占38%，也就是说，表达效果与语音语调也相关。语调平淡或陈词激昂，都会影响自己的表达。因此，说什么固然重要，但怎么说、如何说更为重要。

六、人格魅力

人格是指人的性格、气质、能力等特征的总相，也指个人的道德品质和人作为权利、义务主体的资格。人格魅力则指一个人在性格、气质、能力、道德品质等方具有的影响力。在现代社会，一个人能受到别人的欢迎、容纳，实际上就具备了一定的人格魅力。一个人由内而外散发出的一种强烈的人格魅力具有更长久的吸引力，而由外表的吸引力只是暂时的。

七、心理健康

心理健康是一切美的基础，是形象设计核心要素之一。再漂亮的外表，如果没有一个健康的心理，就如同一个易碎的外壳，经不起触碰。高尚的品质、健康的心理、充分的自信、漂亮的妆发以及和谐的服饰，是人们事业成功的重要影响因素。

八、文化修养

文化修养是形象设计的核心要素之一。人与社会、人与环境、人与人之间是相互联系的。在社交中，谈吐、举止与外在形象同等重要。良好的外在形象建立在自身文化修养的基础上，而人的个性及心理素质、审美意识则要靠良好的文化修养来提高与完善。具备了一定的文化修养，才能使自身的形象更加丰满、完善。在形象设计中，如果将体形要素、服饰要素等比作"硬件"，那么文化修养及心理素质则是"软件"。"硬件"可以借助形象设计来塑造和改变，而"软件"则需要自身的不断学习和修炼获得。当"硬件"和"软件"合二为一时，才能达到形象设计的最佳效果。

课堂讨论：
除了以上内容，你认为形象设计要素还包含哪些方面？

任务三　服务行业职业形象的内涵

任务导入

请思考以下几个问题：

（1）为什么有些人总是能够得到赏识和重用？
（2）为什么有些人工作总是有激情、很快乐？
（3）为什么有些人经历丰富、专业很好，但求职却屡受打击？
（4）为什么有些人总是得不到提升，也得不到高薪？
（5）为什么有些人做事老板总是不满意？
（6）为什么工作很多年，有些人总是找不到前进的方向？
（7）为什么有些人对工作总是没有成就感，总是厌倦工作？
（8）为什么有些人总是缺少职业竞争力？
（9）为什么有些人总是陷入人际关系的危机中？

请思考：
请回答上述问题，根据自己的看法，分享你的答案。

知识讲解

一、服务行业职业形象的特点

职业形象是在职场中给他人的印象，具体包括外在形象、品德修养、专业能力和知识结构，而且通过穿着打扮、言谈举止能够反映出专业态度和技术技能等信息。一般而言，职业形象是一个行业或组织的精神内涵和文化理念在从业人员身上的具体体现，是一定行业或组织的形象与具体从业人员个体形象的有机结合。

（一）良好的职业形象能够提高个人晋升概率

在职场中，获得上司的认可是晋升的要素之一，如果在上司面前，由于职业形象问题而导致误会、尴尬甚至引发上司对你的厌恶，那么，你的业绩再好，也难有出头之日。如果你的职业形象塑造得好，可以给你增加晋升机会。

（二）良好的职业形象能够提升自身修养

在职场中，良好的印象是由一个人的相貌、仪表和风度举止等综合因素组成的。在职场中，讲究文明、高雅、大方，事情都会做到恰到好处，从而提升内在素质，由内而外地彰显良好的综合素质，展现职业风度，让自己充满魅力。

（三）良好的职业形象能够增进人际交往

在职业生涯中时刻都离不开与人交往。要使人际关系有效、高效，必须善于建立良好的交往渠道，克服人际交往的障碍，通过一定的礼仪规范和标准消除矛盾、化解分歧、解决纠纷，从而有效地改善和增进人际关系。从一定意义上说，职业形象是人际关系和谐发展的调节器。

（四）良好的职业形象有利于塑造良好的组织形象

在职场中，企业形象是企业文化和企业精神的重要内容，而企业文化和企业精神又是通过职场员工的言谈举止、行为规范传递的，进而体现企业的整体素质和形象。大多国际化的企业，对于员工形象都有高标准的要求，把职业形象作为企业文化的重要内容，同时也是获得国际认证的重要"软件"。在职场活动中，职业人员通过各种职业活动为自己及所在组织树立高效、诚实、讲信誉的良好印象。

> **头脑风暴：**
> 根据职业形象美的标准，结合自身现状，请谈一谈自身形象设计的目标。

二、服务行业职业素养的要求

服务行业从业人员处于接待工作的第一线，直接为宾客提供服务。他们的言谈举止、行为规范代表着企业的形象，他们的服务水平及工作质量直接影响着企业的服务效果，而从业人员的工作质量取决于他们自身的素质。一个合格的服务行业的员工，讲究礼貌礼节服务是其基本素质要求之一。此外，还必须具备良好的职业道德、丰富的科学文化和业务知识、娴熟的服务技能以及健康的心理等基本素质。

（一）职业道德素质

道德是一种调整人与人之间、个人与社会之间相互关系的行为准则。职业道德就是人们在从事各项职业活动时，从思想到行为所应遵循的道德规范以及与之相适应的道德观念、道德情操和道德品质等。

1. 爱国爱企，敬业爱岗

这是职业道德体系中最重要和最基本的规范，也是从事各个行业的人都应当遵守的基本道德规范，它要求工作者热爱国家，热爱企业，尽职尽责，忠于职守，有高尚的职业理想和敬业爱岗精神。

2. 热情大度，耐心细致

职业道德最基本的道德规范包括职业认知、服务态度、仪表仪容等方面。它要求每一位从业人员在工作中，发扬我国热情好客礼仪之邦的优良传统，做到微笑服务、热情服务和细致服务，始终把宾客放在首位，一切为宾客着想。

3. 遵纪守法，公私分明

这是处理个人与集体、国家利益关系的行为准则，它要求从业人员自觉遵守职业纪律和有关法律要求，廉洁奉公，敢于反对和纠正行业不正之风，秉公办事，以国家和集体利益为重，遵守国家的法律法令，认真执行行纪行规，坚决与一切贪污浪费、损公肥私等违法行为做斗争，维护企业的声誉。

4. 自尊自强，不卑不亢

这是民族自尊心、自信心以及国格、人格的体现，是爱国主义精神在职业道德规范方面的具体展示。既谦虚谨慎，又不妄自菲薄；既学习先进，又不盲从盲信；既要热爱祖国，又不妄自尊大。

5. 克勤克俭，诚实善良

克勤克俭要求本着节约的原则为宾客提供服务；诚实善良则要求从业人员要讲究诚信道义，与人为善，特别是在服务的过程中要诚实可靠，信誉第一。认真维护宾客的利益，做到遵守合同、遵守信用，不弄虚作假，不欺骗或刁难宾客。坚持质量标准，把企业的信誉放在首位。

6. 团结服从，不忘大局

这是一种处理内部同事之间、部门之间、行业之间相互关系的道德行为准则，它是企业发展的可靠保证。要摆正个人、集体、国家三者的关系，努力做到个人利益服从长远利益，树立全局观念。要求每一位从业人员个人服从整体利益和目标，顾全大局，以大局为重，建立起团结、友爱、平等、互助的社会主义新型关系。

（二）科学文化素质

从业人员必须提高科学文化素质。现代企业的服务对象越来越具有较高的文化修养，企业的服务设施、管理方法也越来越现代化。只有具备现代科学文化知识的人，才能掌握科学的操作技术，为宾客提供优质的服务。没有文化素养，仅靠和气、听话、勤快是无法适应现代服务工作的。

从业人员应当具备各方面的科学文化知识和社会知识，具体包括以下几方面的内容。

（1）文学知识。能够提高理解问题的能力和语言表达能力。

（2）哲学、历史、心理学知识。能够提高分析问题、认识问题的能力，掌握顾客心理，善于处理经营服务中的各种矛盾，协调各方面的关系。

（3）经济学、法律知识。能够掌握经济规律，提高经营管理水平，依法办事，取得较好的经济利益。

（4）美学、音乐、绘画方面的知识。能够陶冶情操、净化心灵，使人情趣高雅，充满活力，潇洒自信。

（5）民俗文化知识。广泛涉猎各国、各民族的民俗知识，熟悉本地区经济、文化、交通、娱乐等方面的情况，才能对各种问题进行全面的分析和思考，得当地处理和解决问题。

（三）业务技术素质

从业人员应具备良好的业务技术素质，这对于提高企业的服务质量和工作效率，降低成本，增强竞争力，提高宾客满意度具有重要作用。业务技术素质的基本要求如下。

1. 熟练的专业操作技能

掌握专业操作技能是做好服务工作的基本条件，专业操作技能表现为四个方面。

（1）先进设备设施的操作、保养和维修的技术。

（2）手工劳动或需辅以手工劳动的日常服务技能。

（3）烹调技术。这是反映中国旅游特色的一项专门技能。

（4）服务艺术。服务艺术的高低直接影响着服务效率和服务质量。

2. 良好的语言表达能力

语言表达能力在很大程度上影响着服务人员的服务质量和经营效果。服务人员不仅要用简洁的语言准确地表达语义，而且要表现出热情、诚恳的态度，因此必须加强语言和职业技能的修养。

3. 规范的礼节礼貌修养

服务业从业人员良好的礼节礼貌修养，体现在他们的一举一动、一言一行中，这也是优秀的工作人员必须具备的素质。具体表现如下。

（1）仪表端庄。这是从业人员的精神面貌和文化道德修养的外在表现。上岗时衣服整洁，表情自然，站立挺直，行走要稳重、轻快，给人以良好的印象。

（2）言行适宜。说话和行为要适合身份，合乎情理，在公共场所，动作要轻，说话要细，讲文明，有礼貌，符合社会主义道德和职业道德要求。

（3）讲究卫生。做到个人面貌整洁，服装干净，身无异味；保证工作岗位整洁，做到工作环境清洁、整齐、美观；食品餐具卫生符合食品法的要求。

（4）遵时守信。遵守时间、讲信用，这是人际交往中建立和维护良好关系的基本前提。遵守规定或约定的时间，不违时，更不可失约；要讲信用，不可言而无信。

（5）尊老爱幼。这是中华民族的美德，也是礼貌服务的重要方面。要做到尊重、关心老人，爱护儿童，耐心细致地帮助其解决遇到的问题。

（四）职业心理素质

1. 职业心理素质的要求

服务业从业人员应具有良好的职业心理素质。要求做到以下几点。

（1）学习服务心理学知识。以便更好地了解宾客的思想、需要和爱好，掌握他们在食、住、行、娱乐等方面的具体要求，从而更好地为宾客服务。

（2）保持健康积极的心态。没有健康积极的心态，就很难表现出主动热情，无法做到彬彬有礼，自信自尊。只要调整好心态，增强信心和勇气，就能够挖掘自身潜能。

2. 健康心态的特点

有的从业者过分炫耀自己，油腔滑调，吹嘘夸张，这都是心态不成熟的表现。健康积极的心态通常有以下特点。

（1）保持乐观而稳定的情绪，在工作和生活中充满热情和活力。

（2）有较强的事业心和目标意识，能够与组织行为和公众利益协调一致。

（3）能够正确地认识自己，并能公正地评价别人，豁达宽容，既自尊又尊人，建立和保持和谐的人际关系。

（4）积极进取，勇于追求，意志坚强，善于自我克制。

（5）能够坦然冷静地接受所发生的各种事情，迅速做出反应。

> **课堂讨论：**
>
> 你是否已具备服务行业从业人员的职业素养？主要体现在哪些方面？

拓展延伸

最不了解我的是自己？

（50问50答）

推荐大家做"50问50答"。不要将其当作学生时代做过的幼稚的问答题，要真挚地对自己提问，再作答。你会发现，你没有想象中那么了解自己。

1. 喜欢的花是什么？_____
2. 看过最有感触的书是什么？_____
3. 现在拥有1亿元你会怎样？_____
4. 现在想要的是什么？_____
5. 早上做的第一件事情是什么？_____
6. 你性格中的优点是什么？_____
7. 你性格中的缺点是什么？_____

8. 感觉什么时候最敬佩自己？_____
9. 感觉自己最不像样的时候是什么？_____
10. 对目前生活的满意度是什么？_____
11. 想活到多少岁？_____
12. 到目前为止最伤心的瞬间是什么？_____
13. 到目前为止，最幸福的瞬间是什么？_____
14. 有没有做过兼职？_____
15. 在你的人生中，感觉最受打击的瞬间是什么？_____
16. 假如退回到十年前，最想做的事情是什么？_____
17. 喜欢站在大家面前吗？_____
18. 如果重生，最不想成为的是什么？_____
19. 你是急性子还是慢性子？_____
20. 朋友多吗？_____
21. 最喜欢哪种香味？_____
22. 记忆最深刻的朋友是谁？_____
23. 喜欢和爱的区别是什么？_____
24. 最讨厌怎样的人？_____
25. 白天和黑夜，更喜欢哪一个？_____
26. 在KTV喜欢唱的歌是什么？_____
27. 有没有减过肥？_____
28. 记忆最深刻的电影是什么？_____
29. 一年365天中最喜欢哪一天？_____
30. 如果有机会与电影中的演员拍电影，最希望和谁拍？_____
31. 最想拍的电影类型是什么？_____
32. 去无人岛想带什么东西？_____
33. 忧郁的时候干什么？_____
34. 开心的时候干什么？_____
35. 在已故的人中，想见谁？_____
36. 喜欢什么类型的书？_____
37. 有没有藏过成绩单？_____
38. 记忆最深刻的老师是谁？_____
39. 听过最难听的骂人的话是什么？_____
40. 你最难说出口的话是什么？_____
41. 有没有被人"从背后捅过刀子"？_____
42. 觉得自己漂亮（帅）吗？_____
43. 最近用什么话安慰自己？_____
44. 最近最受感动的事情是什么？_____
45. 想成为怎样的人？_____
46. 什么时候最埋怨自己？_____
47. 喜欢简单的人，还是有城府的人？_____
48. 你是有计划的，还是随心所欲的人？_____
49. 外出时，一定会带什么？_____
50. 实现梦想之后，最想做什么？_____

通过"50问50答"仔细观察自己。从中可以认识到新的自我，或者更明确自己的想法。

此外，也可以再加几个问题来问自己。"50问50答"最好要根据自己的特性，自己制作提问表。

任务实施

◎ 任务描述

请根据所学内容，收集不同职业的形象案例，将案例制作成PPT，教师随机挑选6位学生进行讲解。讲解时，其他学生可以进行提问或点评，讲解人对提出的问题应予以解答。教师进行总结评价，并对每位学生的PPT进行评分。

◎ 任务要求

（1）案例可以是视频片段、真人照片等。

（2）PPT内容可包括所选案例的职业介绍、职业形象要求、职业形象特点以及个人对所选形象的理解和认识等。

◎ 任务评价

本任务的评价结果如表1-1所示。

表1-1 任务评价结果

序号	评价内容	分值	教师评分	教师评语
1	案例内容真实丰富	40		
2	职业形象认知准确	40		
3	问题解答详细清晰	20		
	合　　计	100		

项目二

学习难度： ★★★★★
重点概念： 色彩美学、色彩运用、审美法则、审美能力

形象设计中的美学知识

课件

项目导读

职业形象设计是针对某一特定职业，结合个人特点和岗位需求对妆容及衣着等进行设计、美化，使人体现出符合职业审美的气质特点与形象魅力的过程。这一过程离不开对美的理解、判断、表达和欣赏。因此，美学知识是职业形象设计的基础。

本项目通过对美学的内涵、研究对象、产生与发展等内容的学习，帮助学习者了解审美法则、色彩美学、视觉心理在形象设计中的作用，培养美感，提升审美能力，为更好地掌握形象设计理念与方法做好知识准备。

学习目标

（1）了解美学的含义、产生和发展。
（2）了解审美法则、色彩美学、视觉心理在形象设计中的运用。
（3）掌握色彩的对比与调和以及在形象设计中的运用。
（4）掌握建立美感、提高审美能力的方法。

任务一　美学基础知识

任务导入

我国早在古代，人们对于一系列与美有关的问题，已经试图从理论上进行把握了。据《国语》记载，楚灵王筑成了华丽的章华台，非常得意，便对他的臣子伍举说："香美夫！"伍举答道："臣闻国君服宠以为美，安民以为乐，听德以为聪，致远以为明。不闻以其土木之崇高、彤镂为美，而以金石匏竹之昌大、嚣庶为乐；不闻其以观大、视侈、淫色以为明，而以察清浊为聪。"伍举对自己的见解作了具体的说明之后，就给美下了这样一个定义："夫美也者，上下、内外、大小、远近皆无害焉，故曰美。若于目观则美，缩于财用则匮，是聚民利以自封而瘠民也，胡美之为？"

请思考：

依照伍举的观点，楚灵王所筑的章华台美吗？什么才是美？

知识讲解

一、美学的含义

美学是哲学的一个分支学科。中文中的"美学"一词于20世纪初来自日本（中江肇民译），是英文Aesthetics的翻译。德国哲学家亚历山大·戈特利布·鲍姆嘉通在1750年首次提出美学概念，并称其为"Aesthetic"（感性学），也就是美学。鲍姆嘉通把这个本来指感觉的希腊词转用于指感性认识的学科。因此，"美

学"一词应该是"审美学",指研究人们认识美、感知美的学科。关于美学的定义,目前中国有三种主流观点:美学是研究美的学科;美学是研究艺术一般原理的艺术哲学;美学是研究审美关系的学科。

(一)美学基本属性

美学作为研究人与世界审美关系的一门学科,即美学研究的对象是审美活动。审美活动是人的一种以意象世界为对象的人生体验活动,是人类的一种精神文化活动。美学既是一门思辨的学科,又是一门感性的学科,而且美学也与心理学、语言学、人类学、神话学等有着紧密联系。

如何理解美学是一门思辨的学科?这要从美是否有统一的标准谈起。《庄子·山木》说道:"逆旅人有妾二人,其一人美,其一人恶,恶者贵而美者贱。阳子问其故,逆旅小子对曰:其美者自美,吾不知其美也,其恶者自恶,吾不知其恶也。"美是主观的和相对的,因人而异,这里面有共同标准可寻找吗?那么我们是不需要去发现或建立美或审美的规则、理论或科学?黑格尔《美学》一书中写道:"因为艺术美是诉诸感觉、感情、知觉和想象的,它就不属于思考的范围,对于艺术活动和艺术产品的了解就需要不同于科学思考的一种功能。"

奥地利哲学家维特根斯坦认为"美学之谜是各门艺术对我们发生作用之谜"。"我们用来作为审美判断的那些词语,在我们称为一个时期的文化的东西中有一种复杂的,但当然也很确定的作用。为了描述它们,或者为了描述人们所指的教养趣味的东西,便必须描述一种文化。"这即是说,审美领域中那许多词汇、概念以及它们的使用规则,是与一定的文化、生活紧密联系在一起的。只有具体研究文化和生活,才能了解有关审美和艺术的词汇、语句及使用它们的规则和意义。

美学学科的基本特征是多元化。美学研究可以从不同的角度、不同的途径、不同的问题去思考、观察。因此,美学学科的基本结构是多层次、多方面、多维视角的(图2-1)。

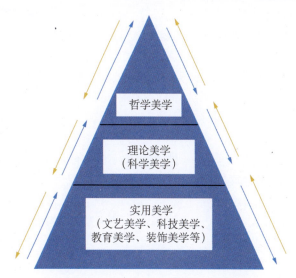

图2-1 美学学科基本结构示意图

(二)美学的内涵

美学从对于具体的美的事物的欣赏到凝聚为一种较为抽象的美的观念,经历了一个漫长的发展过程。其演变过程进入新阶段的重要成果的标志,是在语言及文字中出现了"美"。以汉语来说"美"字最早见于商代的甲骨文。东汉时代的许慎在《说文解字》中解释说:"美,甘也。从羊从大,羊在六畜主给膳也。"徐铉注释说:"羊大则美,故从大。"可见古代美与善(即实用意义)同义。在殷墟卜辞的甲骨文中,美、羊、大的写法都与《说文解字》中的写法相同。现代有的研究者认为"美"就是以羊头或羊角为装饰的人,也有人把"美"解释为像头上戴羽毛装饰如雉尾之类的舞人之形。这两种说法都表明,"美"字是古代巫师化妆跳舞(或称跳神)的象形字,说明了"美"的本义在于从事物的众多含义中显示出外观形式的美丽、美观的意义。现代欧洲语言中的"美""漂亮"等词的基础词,大多来源于梵文、古希腊语。它们的本义既表现人对现实的实践关系的词——健康、道德纯正、应受优待、好、舒适、合适、光荣、有礼貌等相关,也表现人对现实的情感关系的词——愉快、感觉、高兴、快活等有关。前者表明"美"和"善"是近义的,后者则侧重于表现人对事物的美丽外观的评价关系。

在前文中伍举关于章华台的评述,提及了美与善的联系,事物的美不仅仅取决于"目观",还应结合它对其他事物的利弊来综合判断,利他是美的必要前提。孔子也注意到美与善有所不同。他对《韶》乐的评价是"尽美矣,又尽善也";而对《武》乐的评价则为:"尽美矣,未尽善也"。孟子继承和发展了孔子的美学思想,不仅提出"充实之谓美,充实而有光辉之谓大",从内容和形式两个方面对美的内涵作了规定,而且就共同的美感问题进行了精准表述,"口之于味也,有同耆焉;耳之于声也,有同听焉;目之于色也,有同美焉。"这对于我们今天研究美感的共同性仍然有很大的启发。此外,老子、庄子提出美丑关系的相对性学说,荀子的"不全不粹之不足以为美"的观点,显示了先秦时期我国一些思想家已经广泛论及人类审美活动的许多方面，并取得了一系列重要成就。

从战国后期开始，随着物质生产的发展、精神生活的丰富，特别是文学艺术的繁荣，美学问题不仅得到了更为普遍的重视，而且深入文学、音乐、绘画、戏剧等各个艺术领域，并取得了较为出色的成果。比如，文论方面有陆机的《文赋》、钟嵘的《诗品》、刘勰的《文心雕龙》、司空图的《诗品二十四则》、严羽的《沧浪诗话》、叶燮的《原诗》等；乐论方面有荀子的《乐论》、公孙尼子的《乐记》、嵇康的《声无哀乐论》等；画论方面有顾恺之的《论画》、谢赫的《古画品录》、张彦远的《历代名画记》、郭熙的《林泉高致》、石涛的《苦瓜和尚画语录》等；剧论方面有王骥德的《曲律》、李渔的《闲情偶寄》等；书论方面有孙过庭的《书谱》、张怀瓘的《书断》等。这些著作体现了对美的规律的探索与把握，以及同审美体验与艺术鉴赏有机结合，显示了我国古代美学鲜明的民族特色。

在西方，美学研究的历史也是源远流长。早在公元前6世纪末，古希腊的毕达哥拉斯学派，就根据"数的原则"来剖析美，认为美在于"对立因素的和谐的统一，把杂多统一，把不协调导致协调"。这一观念，对后世美学产生了深远的影响。柏拉图则从哲学的高度对美的问题进行了深入的探讨。在《大希庇阿斯篇》中，他辨析了"什么是美"和"什么东西是美的"这两个不同性质的命题。柏拉图强调，回答"什么是美"，就是要找出美本身具有的特点，把握美的普遍规律。此外，柏拉图还对艺术美的种种问题做了具体的阐述。亚里士多德对欧洲美学思想的发展做出了杰出的贡献。他肯定了现实生活中美的客观存在；肯定了艺术美对生活的依存关系；肯定了艺术作品中塑造的人物可以而且应该"比原来的人更美"。这些卓越的见解，在美学发展史上都具有十分重要的价值。文艺复兴运动兴起之后，西方美学在"人的解放"的旗号下，进入了新的繁荣时期。

1750年，德国哲学家鲍姆加登的美学专著《美学》（Aestheik）第一卷的出版，在美学发展史上具有划时代的意义。鲍姆加登认为，人的心理活动包括知、情、意三个方面，应有三门学科来加以研究。研究"知"的学科是逻辑学，研究"意"的学科是伦理学，研究"情"的学科则是"Aesthetik"即感性学或美学。从此，"美学"这一名称才逐渐获得学术界的公认，美学也就成了一门有别于哲学、逻辑学、伦理学、艺术理论等的独立的学科。以后，经过康德、黑格尔、车尔尼雪夫斯基、丹纳、克罗齐等人的努力，美学研究又逐步走向深入，建立了严密的理论形态。美学从成为独立学科开始，它的历史不过两百多年，因此是一门非常年轻的学科。

马克思主义的创立，揭示了人类历史发展的规律，为人们提供了新的世界观和方法论，这就使包括美学在内的一切社会科学研究出现了革命性的变化。马克思主义的许多基本原理，包括人类通过劳动实践而自我生成的思想、人的感性实践活动是人类生存的基础的观点、生产力与生产关系经济基础与上层建筑相互关系的论断、物质生活与精神生活相互关系的理论、存在与意识辩证关系的学说等，对于科学地进行美学研究都有着重要的指导意义。

在中国，随着近代政治改革兴起了近代美学新思潮。梁启超、王国维、蔡元培以及鲁迅，代表了中国近代美学构建的开端。朱光潜、宗白华、蔡仪等为中国美学的发展做出了重大贡献。20世纪五六十年代的美学大讨论，形成了以吕荧为代表的主观派、以蔡仪为代表的客观派、以朱光潜为代表的主客观统一派和以李泽厚为代表的客观社会派，出现了四大学派争鸣的繁荣局面。20世纪90年代以来，围绕着关于实践论美学的反思而提出的超越实践美学和改造完善实践美学的争论，审美文化研究新热点的形成，表明中国美学进入了自由争鸣的新的美学转型时期。

尽管美学取得了长足的发展，它仍然是一门有待建设的年轻的学科。随着经济的发展、科学技术的进步以及审美意识向生活的各个方面的渗透，美学在社会生活中的重要性更加突出，美学研究的内容和方法也将日益多元化。

> **课堂讨论：**
> 美学是一门古老的学问，也是年轻的学科。这个说法对吗？说说你的理解。

二、美学研究的对象与范围

美学是一门年轻的学科，其重要表现之一就是它的研究对象至今尚无定论。美学虽已成为一门独立的学科,但人们对其研究对象的认识仍然众说纷纭。不少美学家认为美学是艺术哲学,它的研究对象就是艺术。例如黑格尔认为,只有艺术才是真正的美,美学的正当名称应该是艺术哲学,或者更确切一点,是美的艺术的哲学。也有学者认为,美学除了研究艺术中的美与丑外,还要研究生活中的美与丑,并以后者为主要对象,所以美学是关于美的科学。1858年出版的《新亚美利加百科全书》"美学"这一条目这样写道:"美学是研究自然和艺术中的美的科学。"车尔尼雪夫斯基在广泛地研究了实际生活中的美学问题后,提出了"美是生活"的著名论断,可是当他论及美学对象时,他又说:"美学到底是什么呢,可不就是一般艺术,特别是诗的原则的体系吗?"总之,从历史上看,外国美学家关于美学研究对象的看法并不是一致的。我国学术界关于美学研究对象问题,看法也同样不一致。多数观点是,"美学就是艺术观,是关于艺术的一般理论……美学的基本问题就是艺术与现实的关系问题,它的目的就是解决艺术与现实这一特殊矛盾"。因此,美学的基本内容应当是"艺术的起源、本质,艺术创作的一般规律,艺术的社会作用,艺术批评,艺术欣赏,艺术教育,艺术的范畴,艺术的种类形式、风格等"。

> **头脑风暴:**
> 美学是什么?查阅资料并分享你的观点。

三、美的基本形态

美的形态是指美的本质的具体表现,亦称"美的领域"。依据审美对象的特征、范围及其表现形态,美的基本形态可分为自然美、社会美、艺术美、科学美和技术美。

(一)自然美

大自然给人提供了无限广阔的审美领域。比如朝阳晚霞、春花秋月、长河落日、园林田野等,都是自然美。大自然以其美景秀色,能给人以多方面的精神享受,自然美具有巨大的感染力。

(1)奇险美,如悬崖峭壁、惊涛骇浪、电闪雷鸣、瀑布飞流等自然景象,令人产生惊心动魄的感觉。
(2)壮丽美,如巍峨群山、浩瀚沙漠、辽阔大海、瑰丽朝霞、广袤草原等,常常给人以胸怀开阔的感觉。
(3)幽静美,如月下深潭、空山鸟语、月朗星稀、山谷幽兰、林中小径等景色,常给人以世外桃源之美感。
(4)秀丽美,如翠堤春晓、梅花印雪、山泉淙淙、雨后新绿等,给人一种秀美清丽之感。

(二)社会美

社会美是美的形态之一,指现实生活中社会事物的美。社会生活和社会实践是丰富复杂的,因此社会美的展现方式也是繁多的,如人与人之间的关系,由人所组成的家庭、社会、国家、民族,人的行为及其所构成的各种制度、各种活动方式等。社会美又可分为人的形象美、内在美、生产劳动美、社会变革美等方面。

1. 形象美
人的形象美是人类本身最直接的审美对象。人的形象美不仅在于外表,还在于其体现了一定的社会内涵。

2. 内在美
内在美是指人的思想品质、精神面貌和内心世界的美。人具有思想和创造力,内心世界丰富而复杂。人的内在美是在现实社会生活和人际关系中得到体现的,是社会美的主要形式之一。内在美的形成需要具备一些条件。首先是善,其次是学识与见识。此外,内在美的形成还与人的能力、性格、气质等有密切的关系。内在美的形成要靠社会环境和教育条件,同时也需要自我约束和自我塑造。

3. 生产劳动美
生产劳动美指在生产劳动过程中体现的美,包括生产活动美、生产工具美、劳动产品美等方面。

4. 社会变革美
社会变革美指人们在从事推动历史前进的变革活动中体现出来的美。

(三)艺术美

艺术美是指艺术作品的美。艺术美作为人类美感物态化的集中表现,确证着人类内在心灵的复杂性和丰富性,是最典型的美的存在形态。艺术美来源于生活,是现实生活的能动反映,艺术家的创作激情、创作素材都来源于现实生活。因而,生活是艺术美的源泉和基础。许多富有创造性的艺术家都很重视生活的基础,并且认为艺术来源于生活。

(1)生活是艺术想象的土壤。艺术美的产生,必须依赖于生活中积累的大量感性材料,艺术家对这种感性材料的掌握越丰富,想象力就越强,也就越有利于艺术美的创造。

(2)生活孕育了艺术家的激情。艺术美来自于生活,但并不是现实生活的简单再现,而是充盈了艺术家的激情。如果脱离生活实践,艺术家没法培养对生活的感情,就可能失去创作的动力,艺术美也就无法产生。

(3)生活推动艺术家创作技巧的发展。艺术技巧形成于对生活和思想情感进行表现的过程中。技巧的提高永无止境,社会生活在不断发展,艺术家的思想状态在不断变化,必然要求艺术技巧发生相应地变化。

(四)科学美

科学美是指自然界的美与和谐等特性在理论上的表现,包括理论美、实验美等,科学美是科学研究的一种精神动力。

1. 科学美的特性

科学美主要具有以下两个方面的特性:一是主客观的统一性。科学美是客观性和主观性在实践基础上的统一,没有人的社会实践,就无法达到主客观的和谐统一,也就没有科学美。二是科学美与科学真之间的辩证统一性。所谓科学真,是指科学理论的真理性,即科学理论应当同客观事实相符合,并达到对自然界的物质及其运动规律本质上的正确认识。但科学家追求科学美的道路又是曲折复杂的,科学理论中的真与美并非同一个概念,而是时而统一,时而不尽相同。

2. 科学美的四个原则

科学美有四个原则。其一,简洁性。简洁性是指构建理论话语时的一种原则,旨在追求科学理论的简单形式和深广内涵的统一,从而使科学理论在形式上呈现出一种美感。其二,新奇性。新奇性指新的不平常的发现或理论在想象中引起的一种乐趣,科学家的心灵因此有一种探索和超越的满足感。其三,对称性。对称性是一种内在的美,它来源于科学理论体系内部的和谐。对称本质上是逻辑的正确性和构造的严密性的体现。其四,统一性。科学美与艺术美一样,认为孤立分散的东西给人以零碎感,而将许多分散的东西统一起来,则会给人以美感。因此,科学家总是力图把科学的各个部分统一起来,形成完整、系统的知识体系。

(五)技术美

技术美即设计美,包括生产环境的美、劳动过程的美和劳动产品的美等方面。技术美的特征是通过对对象进行重新组合,使它们之间产生新的联系,在技术、审美、舒适程度等方面成为一个整体。

技术美的要求主要有以下三点。

(1)光线和色彩。光线的方向和亮度,应当根据工作的性质、方式,时间的长短,空间的大小等进行合理地安排。技术美学常利用各种色彩的特点和功能来改善劳动生产的环境,减轻工人的疲劳,从而提高劳动生产率。技术美学对光线和色彩的运用不限于工业生产的范围,在交通运输、医疗卫生、国防军事、商业服务及日常生活中,都起着重要作用。

(2)声音。降低噪声是技术美学普遍采取的措施。绿化不仅能起到有效的消除噪音的作用,而且能美化环境。在劳动生产中创造一个优美的音乐环境,是技术美学的又一课题。有节奏、有规律、和谐悦耳的声音能够给人带来美的享受,一方面可以陶冶人的情操,另一方面能消除疲劳、有益健康。音乐调节还可以运用于农业、医疗、体育、科学实验、军事演习、商业贸易及日常生活中。

(3)劳动时的动作与姿态。在劳动生产过程中,劳动者的动作和姿态也是技术美学关注的问题。动作的舒适、协调是保证持续操作准确和迅速的必要条件。首先,工作时要注意动作的节奏感。其次,要使劳动时的身体动作协调有序,避免互相干扰。最后,工作时的姿势与动作也有密切关系,自然、方便的姿势便于劳动者进行正常的、持久的操作,从而减轻疲劳和职业病的发生。

> **课堂讨论:**
> 美无处不在,在生活中,你更关注哪种形态的美?请结合具体案例来说明。

四、美学的产生与发展

(一) 美学的产生

美学是一门既古老又年轻的科学。之所以说美学是一门古老的科学,是因为人类的审美活动源远流长,人类的审美意识几乎与人类本身一样古老,可以溯源到人类的远古时代。原始人懂得用兽骨、兽皮装扮自己,对石块、骨头等进行加工,并有了舞蹈和歌唱。随着语言文字的产生和审美领域的扩大,人类思维能力发展到理论思维,审美由朦胧走向自觉,人们开始对审美经验进行思考,对审美意识进行反思,美学思想便逐步形成。

早期的"美"字是一个象形字,本是指一个头戴羊角图腾标志的人。图腾与禁忌具有审美发生学上的意义,其影响是极为深远的。一部分是实体上的,图腾信仰直接引起了一系列从属于这种信仰的艺术形式的发生,并对已经发生的艺术形式进行规范化。除了雕塑、绘画、舞蹈、神话这些艺术形式外,各式各样的图腾柱以及羊角图腾标志的穿戴物无一不是图腾信仰的直接产物。另一部分是精神上的,图腾禁忌确实是人类最早的戒律法典,因为它规定了禁止杀害和食用动物。图腾崇拜的对象常常是一个会巫术的人、一个长者、一种智慧的代表和一种神秘知识的拥有者。这样的人既非个体亦非群体,而是一种神化了的道德实体。

(二) 美学的发展

人们对于美的事物之所以美在观念上进行概括和辨析,标志着人类对美进行理论研究的开始。现存的古代典籍中,还保留着人类进行美学研究的不少资料。我国春秋时代,人们就力图从理论上把握与美相关的许多重要问题。最早为美下定义的就是伍举。他说:"夫美也者,上下、内外、大小、远近皆无害焉,故曰美。若于目观则美,缩于财用则匮,是聚民利以自封而瘠民也,胡美之为?"

孔子则从仁学的基础出发,把美看成社会伦理道德在感性个体上的完满实现,把艺术看成培养人的伦理道德情感的重要手段,提出许多著名的美学命题,如"文质彬彬,然后君子""乐而不淫,哀而不伤""诗可以兴,可以观,可以群,可以怨""兴于诗,立于礼,成于乐"。

西方美学思想发源于古希腊。古希腊早期的美学思想,大都依附于自然哲学,往往是在探究宇宙本原时涉及美的问题。自苏格拉底开始,哲学关注的中心逐渐由自然界转向社会,随之美学思想也开始关注人和社会的问题。古希腊美学的代表人物是柏拉图和亚里士多德,柏拉图注重对美的哲学思考,他提出的"美是什么"的问题,至今仍然吸引着人们去探索;而亚里士多德注重对审美创造的研究,他的《诗学》成了文艺美学的最早经典。

文艺复兴是欧洲由中世纪转入近代、封建社会转入资本主义社会的枢纽。文艺复兴时期,文艺和美学思想都得到更大的发展。文艺复兴运动与人道主义的生活理想是分不开的。文艺复兴运动促进了生产力的解放和精神文化的解放,促进了美学由神学向人学的转变,给美学思想的发展带来了巨大的活力和生机。

美学作为一门独立的学科,是由18世纪德国哲学家和美学家鲍姆嘉通首先提出来的。鲍姆嘉通于1750年正式出版其《美学》第一卷,并命名为《埃斯特提卡》,因而被后世尊为"美学之父"。鲍姆嘉通认为美学研究的内容不是一般的感性认识,即"完善的感性认识"。要达到感性认识的完善,需要有三个因素,即思维的和谐、次序的和谐及含意的和谐。

康德和黑格尔是德国古典美学的最杰出代表,他们的美学思想和美学著作对后世的影响十分深远。1790年康德的《判断力批判》一书问世,开始建立起一整套的唯心主义美学框架。康德从唯心主义先验论出发,企图调和大陆理性主义和英国经验主义。黑格尔继承了康德而又对康德进行了一定的批判,他撰有三卷本的《美学》著作,构筑起严整的美学体系。黑格尔在美学领域中起了相当重要的作用,他的美学是资产阶级唯心主义美学发展的顶峰。

马克思、恩格斯虽没有留下美学专著,但他们的哲学和有关美学问题的重要论述给美学学科的真正确立打下了基础,提供了一个最基本的构架。正是有了这个基础和基本构架,才逐步形成马克思主义的美学理论体系。马克思主义美学产生以后,现代西方美学大致朝三个方向横向发展和展开,即哲学的方向、心理学的方向和艺术社会学的方向。但是,这三个发展方向并不是截然分开的,它们之间往往出现相互渗透、彼此包容的复杂现象，而以心理学的研究为主流，因此现代西方美学的显著特点在于：一是在方向上，可以概括为人本主义美学和科学主义美学两大思潮的流变更迭；二是在研究对象上，由以往美学注重对美的形而上学探讨转向注重审美体验和心理结构的考察和研究，分析和探讨如何使外在对象变为审美对象的各种主观能力；三是在研究方法上，一改以往思辨性的、形而上学的探讨方法，转向对审美经验以及各种美学和艺术问题的横向研究。

当代中国美学在建设基础美学的同时，也注重应用美学的发展。文艺美学、技术美学、建筑美学、广告美学都呈现出良好的发展势头。应用美学的兴起将促进基础美学向更新的理论高度迈进。

> **课堂讨论：**
> "美学在当今社会的价值是什么？结合党的"二十大"报告中提出的"以社会主义核心价值观为引领……传承中华传统优秀文化。"谈谈你的认识。

任务二　形象设计中的美学基本原理

任务导入

犹如其他一切美的事物，人体美也是劳动实践的产物。人类"为了在对自身生活有用的形式上占有自然物质，人就使它身上的自然力——臂和腿、头和手运动起来。当他通过这种运动作用于他身外的自然并改变自然时，也就同时改变他自身的自然"。（马克思）人类身体所具有的外形，正是在漫长的岁月中劳动实践的结晶，是人的本质力量在自身形体上的感性显现。

> **请思考：**
> 劳动在人体美的形成中发挥着怎样的作用？

知识讲解

一、美与人体审美

人体美是现实美最重要的组成部分。几千年来，艺术家们发现了人体美，讴歌着人体美。从原始时代的维林多夫的"维纳斯"到当代的毕加索，西方人体造型艺术已经走过了漫长的历程。我国目前发现最早的人体造型艺术是五千年前红山文化的陶制女裸体塑像。在文学领域中，从《诗经》开始就出现了描写人体美的诗篇。"手如柔荑，肤如凝脂。领如蝤蛴，齿如瓠犀。螓首蛾眉，巧笑倩兮，美目盼兮"（《卫风·硕人》）可以视为诗歌中描绘人体美的开端。

（一）注重人体美的四个时期

从历史上看，西方人类自身形体的肯定与歌颂大致分为四个阶段：原始时期、古希腊时期、文艺复兴时期、现代时期。

（1）原始时期，可上溯到三万年以前的旧石器时代。"维林多夫的维纳斯"堪称最早的人体造型雕塑艺术的代表作，突出强调与生殖有关的乳、腹、臀等器官，省略简化与生殖无关的脸、手、脚等。美学界普遍认为这一现象出自对生殖的崇拜。原始初民从崇拜生殖到崇拜生殖器官，是视野由行为向物态的转移。

（2）肯定人体美的是古希腊时期，如艺术史家丹纳在《艺术哲学》中所言，在希腊人眼中，"理想的人物不是善于思索的头脑或者感觉敏锐的心灵，而是血统好，发育好，比例匀称，身手矫捷，擅长各种运动的裸体"。古希腊历史学家普鲁塔克曾谈道：为了生育健壮的后代，女子也参加体育活动。体育运动的裸体风还推延到其他场合，比如祭祀神明、庆典活动等。

（3）讴歌人体美的是文艺复兴时期。人文主义者以自由平等反对等级制度，以人权反对神权，以人性解放反对禁欲主义，这是一场对人的价值自我肯定的生机勃勃的运动，表现在造型艺术上，便是对人体美的赞扬。这时期，解剖学的成就为艺术家们提供了探究人体生理构造的有利条件，使人体艺术建立在科学的基点之上。

（4）颂扬人体美的是现代时期，最突出表现是流行于各国的健美运动。国际健美运动的先驱者是德国人尤金·山道。19世纪末期，尤金·山道（原名法德利·密勒）在英国世界上最强壮的男子比赛中获得冠军。在他20岁的时候，即1897年，他的《力量以及如何去得到》一书问世。尤金·山道改变了人们看待自己身体的方式，他所塑造的体格感染了各阶层的人们，鼓励了无数人行动起来改变自身。他将健美从只是少数人从事的职业转变成了广受喜爱的体育运动。20世纪20年代，美国医生列戴民也创办健美函授学校，并从生理学的角度撰写《肌肉发达法》和《力之秘诀》等著作。女子健美运动始于20世纪30年代，最早在北美和欧洲流行。开始时偏重讲究身段、体态、容貌，以丰乳、细腰、丰臀为美。近年来强调了"健"的因素，注意肌肉的发达程度。"肌肉派"要求女子跟男子一样具有上宽下窄的"倒三角形"形体和隆起的肌肉。"线条派"则主张在"健"的前提下保持女性身段曲线的流畅性。

若将健美运动与以前的三次人体美浪潮相比，不难发现健美运动的几大特点。首先，它以健身壮体为重要目标，但又不同于体育活动，健美运动比体育运动更靠近艺术，更具有观赏价值。其次，健美运动热衷于人的自然肌体的塑造，体现出人类回归自然的心理趋向，远离社会功利。最后，性意识的淡化。

（二）人体美的原则

1. 与劳动实践相适应

人类经过数十万年的劳动创造了今天的形体。人体之美，是人类实践活动长期历史积淀的结果。因此，人体美的创造，首先必须与劳动实践相适应，劳动实践也便成了衡量人体美的重要标准。曾提出"美是生活"这一著名美学命题的俄国革命民主主义美学家车尔尼雪夫斯基对此有过论述："由于辛勤劳动，因此农家少女体格强壮，长得很结实——这也是乡下美人的必要条件。"在生产工具不先进的情况下，生产效率决定于劳动者的力量，粗壮浑实遂成为美的条件。随着生产力的发展、机械化程度的提高，劳动强度普遍减轻，人们的审美观念也相应的产生变化。因此，当代人不再一味追求粗壮美，修长精干和苗条袅娜的形体越来越受到人们的喜爱。

2. 与健康相统一

人体美必须与健康相统一。在世界各民族发展史上，为了追求"美"而不惜残害身体的事例屡见不鲜。如缅甸巴当部落女子戴铜项圈的陋习；埃塞俄比亚南部的史尔玛族妇女以大唇为美，于是女孩从小就用陶碟撑嘴，然后逐年加碟，以求宽唇。中国古代女子的缠足与裹胸同样属于这类情况。

3. 比例协调匀称

人的形体比例协调匀称是人体美的第三大原则。古希腊著名医学家噶伦曾说："身体美确实在于各部分之间的比例对称。"人体各部分的比例关系是构成人体之美的重要方面，古希腊艺术家波留克莱特斯确定了身长与头发为七比一的法则，他的代表作《持矛者像》就是这一法则的体现。到文艺复兴时期，达·芬奇在解剖学的基础上，对人体各部位的比例作了更为细致的探讨。随之，美学家从人体中归纳出黄金分割比例关系。黄金分割是指将整体一分为二，较大部分与整体部分的比值等于较小部分与较大部分的比值，其比值约为0.618。这个比例被公认为是最能引起美感的比例，因此被称为黄金分割。比如，肚脐正处在身高的黄金点上，若以肚脐为界，则上身的黄金点在咽喉，下身的黄金点在膝盖。

> **课堂讨论：**
> 什么才是人体美？结合现今社会流行的人体美的标准，谈谈你对人体美的认识。

二、形式美

（一）形式美与美的形式

形式美是一种具有相对独立性的审美对象，它与美的形式之间有质的区别。美的形式是体现合规律性、合目的性的本质内容的感性形式。形式美与美的形式之间的主要区别表现在于三点：首先，它们所体现的内容不同。美的形式所体现的是它所表现的事物本身的美，是个别的、特定的、具体的，美的形式与其内容的关系是对立统一，不可分离的。而形式美则不然，形式美所体现的是形式本身所包含的内容，它与事物的美是相脱离的，呈现出形式所具有的抽象、宽泛的美。其次，形式美和美的形式存在方式不同。美的形式是美的有机统一体，是美的感性外观形态，而不是独立的审美对象。形式美是独立存在的审美对象，具有独立的审美特性。

（二）形式美的构成

形式美的构成因素分为两部分：一是构成形式美的感性质料，二是构成形式美的感性质料的构成规律，也称形式美法则。

1. 构成形式美的感性质料

构成形式美的感性质料主要是色彩、形状和线条、声音等。把色彩、线条、形状、声音按照一定的构成规律组合起来，就形成了色彩美、线条美、形体美、声音美等形式美。

（1）色彩。色彩的物理本质是波长不同的光，人的视觉器官可感知的光是波长在390～770纳米的电磁波。各种物体因吸收和反射光的电磁波程度不同，而呈现出赤、橙、黄、绿、青、蓝、紫等十分复杂的色彩现象。色彩有色相、明度、纯度三大属性。色彩对人的生理、心理产生特定的刺激信息，具有情感属性，形成色彩美。如红色热烈奔放，活泼热情，兴奋振作；蓝色静谧、严肃；绿色冷静、平和；白色纯净、素雅；黄色明亮、欢乐等。

（2）形状和线条。形状和线条作为构成事物空间形象的基本要素，也具有一定的情感属性。如直线具有稳定、坚硬的意味；曲线具有柔和、优美的意味；折线具有突然、转折的意味；正方形具有方正、刚劲等意味；三角形具有安定、平稳等意味；倒三角具有倾危、不安等意味；圆形具有柔和、完满、封闭等意味。

（3）声音。声音是物体运动产生的音响，其物理属性是振动。它的高低、强弱、快慢等有规律的变化，也传递着某种意味。如高音激昂高亢，低音凝重深沉，强音振奋进取，轻音柔和亲切等。

2. 形式美的法则

构成形式美的感性质料组合规律，也即形式美的法则，主要有平整与参差、对称与均衡、比例与尺度、黄金分割律、主从与重点、过渡与照应、稳定与轻巧、节奏与韵律、渗透与层次、质感与肌理、调和与对比、变化与统一等。这些规律是人类在创造美的活动中不断地熟悉和掌握各种感性质料因素的特性，并对形式因素之间的联系进行抽象、概括而总结出来的。形式美法则，是人类在创造美的形式、美的过程中对美的形式规律的经验总结和抽象概括。研究、探索形式美的法则，能够培养人们对形式美的敏感，指导人们更好地去创造美的事物。掌握形式美的法则，能够使人们更自觉地运用形式美的法则表现美的内容，达到美的形式与美的内容高度统一。

小贴士

美的形式与内容

由于美有着具体的物化或物态化形式，它是可以用感官直接感知的；由于美蕴含着丰厚的真善内容，它是动人的和耐人寻味的。美是内容和形式的独特的统一体。从内容上说，美是显现在感性形式中的人的本质力量；从形式上说，美是显现了人的本质力量的感性形式。

在西方美学史上，最早从形式角度探讨美的是古希腊的毕达哥拉斯学派。这个以毕达哥拉斯为首的学派，都是一些具有神秘色彩的数学家、哲学家，他们从数的角度探讨宇宙的本质，认为宇宙的起源不是像有的学者所说的那样是水或气，而是数——这无处不在、无时不在的数是组成万物的基本要素。他们由数出发，断言事物之所以美，正是由于该事物体现着一种和谐的数量关系：美就是事物的形式，是各种形式要素之间和谐适当的比例。从毕达哥拉斯学派提出"美在形式"说开始，单从事物外形的自然属性及其组合规律方面来寻求美的特质的美学家、思想家，几乎各个时代都有。这一美学思想的错误在于孤立地从美的形式方面看问题，割断了美的形式与美的内容的不可分割的联系。美虽然必须具有相应的形式，并且其形式应当鲜明，但美绝不仅限于形式，是内容与形式的对立统一。从根本上说，美的形式离不开内容，是由美的内容决定的。

> **课堂讨论：**
> 君子内外兼修，美则应形神兼备。请结合形式美的相关内容，以具体艺术作品为例，谈谈你对美的形式、内容及二者关联的理解。

任务三　形象设计中的色彩美学

任务导入

乘坐飞机时，乘务员热情的微笑、优雅的仪态和得体的制服给旅客留下了美好的印象。制服作为企业形象的重要元素，不仅有身份标识功能，也有形象宣传和审美功能。如中国国际航空公司"国韵"系列制服以明瓷中的霁红和青花二色为主，体现东方之美；四川航空股份有限公司第七代新制服采用了红—黑经典配色，提升了时尚感，也体现了"动静之间"的设计理念；厦门航空有限公司运用不同明度的蓝色，打造"厦航蓝"团队形象，由浅及深的蓝色体现出乘务员、区域乘务长和客舱经理的职业风采。

> **请思考：**
> 色彩在形象设计中具有哪些重要作用？请结合各行业的制服色彩谈谈你的认识。

知识讲解

一、色彩的构成

色彩的构成，即色彩的相互作用，是指将两种以上的色彩，根据不同的目的，按照一定的原则重新组合、搭配，构成新的、符合某一特定群体审美心理的实践活动。它是从人对色彩的知觉和心理感觉出发，用科学分析的方法，利用色彩在空间、量与质变的可变性，按照各构成要素之间的组合规律，创造出新的色彩效果的过程（图2-2）。色彩不能脱离形体、空间、位置、面积、肌理等而独立存在，色彩效果是各方面因素相互作用的结果。单独看一件艺术作品的色彩运用，有可能感觉色彩的搭配存在一定的偶然性，但如果仔细推敲，每一件符合大众视觉审美的作品中，色彩构成的客观规律都发挥着重要作用。

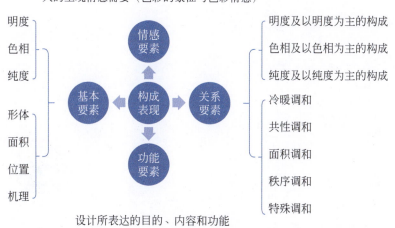

图2-2　色彩构成表现示意图

> **课堂讨论：**
> 色彩构成表现诸要素中，哪些要素更为重要？请说说你的想法。

二、色彩的视觉心理

(一) 色彩的心理效应

色彩的心理效应来自色彩的物理光刺激对人的生理产生的直接影响。色彩的存在基于光的物理性质，对色彩的感知需要依靠人的视觉器官，是人的生理活动。通过视感觉的刺激作用，使人的情感发生变化，从而形成一系列的色彩心理反应（图2-3～图2-5）。自19世纪中叶以后，心理学已从哲学转入科学的范畴，心理学家注重实验所验证的色彩心理的效果。通过实验，科学家发现颜色能影响脑电波，脑电波对不同颜色会产生不同的反应。例如，对红色的反应是警觉，对蓝色的反应是放松。处在红色环境中人的脉搏会加快，血压有所升高，情绪兴奋冲动。处在蓝色环境中，脉搏会减缓，情绪也较镇静（图2-6）。

图 2-3　色彩视觉心理示例 1　　　　　图 2-4　色彩视觉心理示例 2

图 2-5　色彩视觉心理示例 3　　　　　图 2-6　色彩视觉心理示例 4

1. 色彩的感觉

色彩感受并不限于视知觉的生理现象，还包括其他感觉的参与，是人对多种知觉信息的综合反映。人的色彩感觉可分为直觉反应和思维反应。直觉反映，是指人们无须思考，直观认识色彩的现象，属于生理现象；人们在长期的生活实践中积累了各种知识与经验，逐步形成对不同色彩的理解和情感上的共鸣，并经过思考和判断认识的色彩感知觉,属于思维反映,是人的心理现象表现。比如:树→绿色(直觉反映)→森林、和平、安静、春天、希望等(思维反映)。

2. 色彩的触感

不同的色彩能使人产生不同的触感效果。一般来讲,明度较高、彩度较低、暖调的色彩使人觉得柔软,如粉色。明度低、彩度高的深、浊冷的色彩使人觉得坚硬,如深蓝色、深褐色、黑色等。总之,明度高低、纯度高低、色调的冷暖是色彩触感的决定因素。

3. 色彩的味感

色彩的味觉感受大多与食物的味觉记忆信息有关。有许多的食物味感明显,色彩鲜明,像柠檬的黄色、辣椒的红色等。心理实验报告证明:绿色和黄绿色使人联想到未成熟的果实,有酸、涩的味感;橙色、粉红色、淡黄色、浅棕色具有甜的味感;黑色、蓝紫、灰色、深褐色,以及明度、彩度低的色彩,使人有苦的味感;鲜红色具有辣的味感。

(二)部分色彩的视觉心理与运用

1. 黄色

(1)黄色过度耀眼,应该谨慎使用。

(2)黄色可能令人产生厌恶感。

(3)黄色是儿童喜欢的颜色。

2. 橘色

(1)橘色相比红色温暖而不危险。

(2)橘色通常与能量有关(如饮料、运动、健身)。

(3)橘色是儿童喜欢的颜色。

3. 红色

(1)红色通常作为提示操作,会给人压迫感,增加呼吸频率。

(2)红色象征着激情和理想(时尚、化妆品牌、交友网站、食物)。

4. 紫色

(1)紫色代表着奢华、典雅、温柔。

(2)紫色有时也是高贵与王权的象征。

5. 黑色

(1)黑色代表着上等的、漂亮的、传统的、团体的、企业的。

(2)黑色也暗示了优秀卓越和礼仪形式的含义。

6. 绿色

(1)绿色是自然的颜色,能提升幸福感。

(2)绿色通常代表理想的健康产品。

(3)鲜绿色表示新理念和新观点。

7. 蓝色

(1)受欢迎的蓝色蕴含着智力和理性。

(2)深蓝色常常和奢侈品有关。

(3)浅蓝则代表着清新的产品和想法。

(4)蓝色有抑制食欲的倾向,所以不用在食品广告上。

8. 粉色

(1)粉色寓意美好。

(2)粉色常用来吸引女性用户的注意力。

(3)粉色可以用在与孩子或者少女有关的东西上。

(4)粉色对喜爱甜食的人群能起刺激作用。

9. 白色

白色通常代表纯净，凉爽，冷静和现代。

> **课堂讨论：**
> 仔细观察图 2-3～图 2-5，找出相似点与不同点，并说说你的看法。
> 红色：勇敢执着、自信坚强、果断刚烈、敢作敢当。
> 黄色：热情开朗、积极乐观、自由浪漫、善于表达。
> 蓝色：深邃细致、成熟稳重、计划规则、细心周到。
> 绿色：温柔和善、处事不惊、中庸无为、和平无争。

> **头脑风暴：**
> 参照图 2-6 给出更多色彩的描绘词组，如紫色、橙色、褐色、白色、灰色、黑色、白色、金色或其他色彩，不少于 6 种。

三、色彩的对比与调和

色彩所具有的共同特征以及它们之间的关联、呼应、对比、协调，是富有变化且符合规律的。只有五色杂陈、五音协奏、富有变化又相互有序，才能符合人类的审美要求。客观世界的众多事物不是相互孤立的，它们都置身于特定的系统之中。因此，多统于一，在丰富多彩的表现中保持着某种一致性。"多样的统一"就是寓多于一。这种"统一"包括两种基本类型：一种是各种对立因素之间的统一，相反者相成，对立造成和谐。另一种是多种非对立因素互相联系的统一，形成不太显著的变化，谓之调和。以色彩而论，蓝与蓝绿、黄与黄橙、红与紫红都是具有同一色相的同类色，彼此之间可产生和谐的色彩效果。而互相对立、互相排斥的因素结合在一起形成和谐，比非对立因素的统一更具有美的魅力。

色彩学上的互补色也是这个道理。歌德在《色彩概论》中写道："有一天傍晚，我走进一家旅馆，一位姑娘，高挑身材，面孔白皙，黑发，穿着鲜红的上衣走进我的房间。我凝视着这位在半暗中站在我前面一段距离的姑娘。当她走开以后，我在我对面光亮的墙上看到一个环绕着光轮的黑面孔，那鲜明形象的衣服在我看来像是海浪般的绿颜色。"由于对立的互补色混合后产生白、灰、黑这样的无彩色，视网膜上的感色细胞要求平衡而形成后像，在颜色光源下，后像过渡为补色。补色是互相对立的，却又可形成对立的统一。绿叶扶红花，红、绿两色就形成异常鲜明的补色对比。阿恩海姆说："它们呈现出的圆满状态是两种对立的力量达到平衡之后所造成的那种圆满状态，它们能够在整体中具体而又鲜明地显示出某种特殊力量的作用过程，它们所呈现出的那种静止看上去无疑是各种对立趋向的统一体。"无论是对立还是调和，都要有变化，在变化中表现出多样统一的美。

（一）色彩的调和

色彩调和是指色彩差别对比达到整体和谐统一的效果，使人心情舒畅、愉悦、满足等产生美感的色彩搭配。它有两层含义：其一，它是美的一种形态；其二，它是配色的一种手段。色彩调和是色彩组织构成的一种复杂的关系。除配色秩序外，还包括视觉生理要求、欣赏习惯、审美观念、社会伦理等的影响，并同构图、形象、内容联系在一起。色彩的调和离不开色彩的对比，二者之间相辅相成、相得益彰。

（二）色彩的对比

色彩对比主要指色彩的冷暖对比。红、橙、黄为暖调，青、蓝、紫为冷调，绿为中间调。色彩对比的规律是：在暖色调的环境中，冷色调的主体醒目，在冷调的环境中，暖调主体最突出。色彩对比除了冷暖对比之外，还有色别对比、明度对比、饱和度对比等。在对比状态下，色彩相互作用与单一色彩所带给人的感觉不一样，这种现象是由视觉残影引起的。

1. 明度对比

明度对比是指同一色相不同明度的对比以及不同色相不同明度的对比，是色彩构成中最重要的因素之一。同一色相不同明度的对比会呈现不同的深浅层次，有助于表现色彩的空间关系和秩序，产生色彩渐变的韵味。不同色相不同明度的对比不仅可以呈现色相的区别，加入不同明度后所产生的颜色差异也会使色彩显得丰富而多变。明度对比越大，色相的色彩效果越强烈；明度对比越小，并且色相的冷暖差别不大，色彩效果则越柔和。

2. 彩度对比

彩度对比是将不同彩度的颜色搭配在一起，互相衬托的对比方法。在彩度对比中，如果其中面积最大的色彩或色相属于线颜色（彩度高的颜色），而另一色彩的彩度低，会构成鲜明对比。一般来说线颜色的色相明确、引人注目、视觉兴趣强，心理作用明显，但容易使人感觉疲倦，不能持续注视。色彩的模糊与生动主要是由彩度对比引起的，色彩的对比有助于强化色彩之间的相互衬托。例如，使用灰色衬托鲜艳的纯色，由于这两种色彩产生对比，鲜艳的纯色会更加生动。反之，彩度差越小，则柔和感越强。

3. 色相对比

色相对比是由每一色相的差别形成的，其强弱可以使用色彩在色相环上的距离大小来表示。在24色相环上任选色，将其明度加强或减弱后产生的颜色为此色的同种色，与此色相相邻的色彩为近似色，与此色相相邻60°左右的色彩为相似色，也称同类色；与此色相相邻90°左右的为中差色，也称邻近色；与此色相相邻120°左右的为对比色；与此色相相邻180°左右的为互补色（图2-7）。同种色、近似色、同类色为色相弱对比；中差色、邻近色为色相中对比；对比色、互补色为色相强对比。

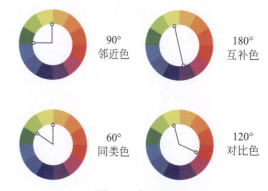

图2-7　色相示例

（三）形状与色彩的对比

形状与色彩常常是同时出现的，不同的形状能使色彩对比强烈、柔和、紧张、放松。形状对色彩的影响主要体现在聚散方面：形状越集中，色彩对比效果越强；形状越分散，对比效果越弱。这是因为分散的形状分割了画面的底色，双方的面积都缩小并且分布均匀，使对比向融合方面转化。若分割得很碎，则发生空间混合的效果（图2-8）。

图2-8　色彩的形状与面积对比

> **课堂讨论：**
> 精选5～8张你喜欢的彩色图片，可以是服装、照片、绘画或其他平面艺术，运用色彩的对比调和原理，说说你的理解。

四、形象与色彩

（一）形象

形象是指能引起人的思想或感情活动的具体形态或姿态。形象是艺术地反映社会生活的一种特殊手段，是创作者对社会生活进行艺术加工创造出来的、具有一定的思想内容和审美意义的、有形或无形的图画、影像、形态。各类艺术由于所采用的塑造形象的材料和手段不同，因而有的形象具有直观性，如绘画、雕塑、戏剧等；有的形象不具有直观性，如文学、音乐等。

（二）个人形象

1. 个人形象的内涵

个人形象是一个人的外表或容貌，也是一个人体态风度、学识修养、言行品德的综合体现，是一个人内在品质的外部反映，是人格形象的窗口。

个人形象的感知体现出个人的社会认知和自我认知。形象是在社会活动以及社会交流过程中体现出来的自我认同以及认知自我的过程，个人形象和心理活动有着密切的联系。首先，个人形象反映着个人的素养；其次，个人形象能够客观地反映真实的生活状态；再次，个人形象体现出社会交往过程中个人的身份、态度；最后，个人形象和工作（职业形象）有直接的联系。个人形象既是个人发展的需求，也是社会发展对于个人的要求。

2. 个人形象的提升

个人形象包含外表、容貌和内在素质这两个方面。外表指直接可以观察到的：发型、妆容、服饰、装饰、气质、表情、身姿、体态等。了解自己的肤色、脸型、身材特点，掌握服饰、装饰的搭配技巧，根据不同时间、场合、身份来设计外表形象，起到扬长避短的作用。内在素质即通过先天遗传和后天学习、训练而获得的各种素质，包括身体素质、心理素质、能力素质、品德素质等。先天遗传固然重要，但后天的培养和锻炼却发挥着更大的作用。健康的体魄，高超的技能，渊博的知识和出众的才能等都是能力素质的体现；认真、自信、真诚、正直等代表了一个人的品德素质。内在素质的形成是一个长期学习、实践的过程。

（三）色彩与个人形象

色彩是表现内在感觉的最直接方式，是树立形象的重要元素。认识色彩，掌握色彩的语言，是塑造自信优雅的个人形象的前提。

1. 着装色彩搭配

（1）橙色。橙色属于暖色系，让人感觉积极、活泼和开朗的感觉。穿上橙色的衣服，可令自己看上去充满青春活力。搭配建议如下。

① 黑色+橙色，黑色能衬托出橙色的活跃感，体现出积极的感觉。

② 卡其色+橙色，具有田园般的悠闲感觉，和谐自然。

③ 蓝色+橙色，促进橙色的积极感，显得轻松灵活。

④ 紫色+橙色，互补色的搭配，突出时代感，但要选择纯度较高的紫。

（2）白色。白色给人以纯洁、干净、脱俗和高雅的感觉。白色能柔化专业人士身上的权威感，比较亲切。穿着白色的衣服会显得神采奕奕。搭配建议如下。

① 黑色+白色，黑色适合配搭任何颜色，尤其是上身白色下身黑色的配搭，除了可以营造下半身更修长的感觉，也能令整体感觉高雅大方。

② 卡其色+白色，凸显干净、简单的书卷气息，带有健康、洒脱的气质。

③ 灰色+白色，温文尔雅，平静和谐的感觉。

（3）蓝色。蓝色给人稳重成熟、冷静的感觉。穿上深蓝色或宝蓝色的衣服能表现出较为保守和严肃的一面，因而受到律师、职业经理人等专业人士的青睐。搭配建议如下。

① 白色+蓝色，休闲清爽的感觉。

② 浅灰色+蓝色，突显爽朗的形象。

③ 芥末黄+蓝色，舒服的搭配，让人容易接受。

（4）绿色。绿色具有舒缓、镇静的作用，让人感觉心情舒畅、朝气勃勃。搭配建议如下。

① 杏色+绿色，和谐温和的感觉。

② 蓝色+绿色，健康清爽的气质。

③ 白色+绿色，自然和谐的搭配。

> **课堂讨论：**
> 结合自身的身高、体型、肤色、气质，设计三种主题色及其色彩搭配方案，并以图片形式分享、讲解。

任务四　培养审美能力

任务导入

"科学救国，美育救国"是以蔡元培为代表的一代人的救国策略和文化理想。蒋勋在《美与生活》讲座中谈道："美为什么跟救国放在一起，也许我们会觉得救国是一个很实际的行动，可是当我们提出美育救国的时候，我想是一个民族深沉的文化，能够在整个精神领域上的一种充满、充实的感觉……如果我们谈美跟生活的关系，其实我比较希望每一个朋友从自己的生活里去再回想一次，我什么时候用到'美'这个字。写信的时候用到，打手机的时候用到，跟朋友聊天的时候用到这个字。大概有几种状况，比如说去旅行的时候，走过一片风景，我们在那个风景里忽然得到一个巨大的震动，可能是落日、黄昏，一轮落日在下山的时候，我们在一个大平原看到晚霞的灿烂。我们忽然感动了，然后跟朋友说，真美。然后自己有点呆在那里，可是不晓得怎么去界定，这个美到底是什么感觉。像德国哲学家黑格尔，他认为这叫自然美，可是自然本身并没有美丑的问题。是因为我们在那个黄昏里看到一种生命的灿烂，好像我们在那个黄昏里看到自己的生命：马上就是晚上了，太阳要下山了，可它在最后时刻还有一种要把生命活出最极限的那个灿烂的美感。因此，我们在那里得到的美的感动，是这个风景跟我们自己生命的一个叠合，它在交错。"

> **请思考：**
> 你如何理解蒋勋对美以及美感的描述？结合生活实践，谈谈你对美的体验。

知识讲解

一、美感的建立

（一）美感的含义

美感是审美主体对客观现实美的主观感受，是人的一种心理现象，即人类的审美意识，在审美活动中对于美的主观反映、感受、欣赏和评价。美感是由于客观事物的外部形态特征使人产生的一种愉悦的感觉。美感反映的是人的"自我"对客观事物的价值判断和价值需求。人有不同程度的美感能力，这种能力既来自个人的感知能力，也来自家庭教育、生活经历和其他社会实践，并且受到不同时代、阶级、民族和地域的影响。因而，美感具有时代性、地域性、民族性。

（二）美感的产生

美感的历史起源是与人类的社会实践紧密相连的。首先，美感是适应人类社会实践的需要；其次，审美的实践活动体现为精神上的满足；最后，人类的美感领域不断扩大发展，不断增加新的内容和意义。

在美感心理活动中，美的认识过程始终不能脱离具体形象的感性印象，始终伴随着情绪、情感活动和联想活动，是感受、知觉、情感、想象诸多心理活动的有机统一。人通过感官对审美对象产生感觉。由于审美对象的信息刺激及过去生活经验、知识积累的调动，人的头脑中产生了组合新形象的创造性想象活动，并随着具有先前理性认识基础的情感体验，使人在生理、心理上产生快适、愉悦感，这就是美感产生的主要心理过程。

（三）美感的培养

人对客观事物的美感给予关注和细致体验的行为称为审美。审美是人对客观事物的美感所进行的深入认识行为。在文化层次上，审美分为欣赏和鉴赏。美感是需要长期培养的。

1. 有意识地培养美感

人类是有识别美的本能的。比如，人们都喜欢长河落日的辽阔，喜欢名山大川的雄伟，喜欢空谷幽兰的静谧，这些是自然的美感。而艺术则带来超越现实的美感：典雅隽逸的书法、意境悠远的山水画、精美绝伦的器物、动人心弦的音乐、宏伟华丽的建筑都会激发我们对于美的感知力。

2. 了解美感的内在机制

（1）形式的近似。近似不等于相同，是指使用相似的要素，通过不同的组合方式展现出变化的美感。例如，皖南徽州村落，虽然房屋的大小高矮各不相同，但都是白墙青瓦，不会给人杂乱之感，这就是形式近似之美（图2-9）。

（2）韵律感。韵律感是在秩序感的基础上既遵循规律又富有活力的美感，在音乐、舞蹈等表现艺术上，韵律是美感的必要元素（图2-10）。在建筑艺术上也可以有韵律地表达，用相同的单元完成不同的组合，从而体现出韵律美。

图2-9　徽派建筑

图2-10　欧式建筑

（3）比例。古典美学发现了黄金比例，黄金分割是一种数学上的比例关系，把一条线段分割为两部分，使其中一部分与全长之比等于另一部分与这部分之比。其比值是一个无理数，取其前三位数字的近似值是0.618。黄金分割具有严格的比例性、艺术性、和谐性，蕴藏着丰富的美学价值。人的双眼是左右对称的，在静态的观看状态下，生理上最舒服的范围略等于黄金比例。西方建筑大多采用简单的几何图形构成的黄金比例，如罗马的君士坦丁纪念门（图2-11），符合黄金比例的抽象画《红气球》（图2-12）。

图2-11　君士坦丁纪念门

图2-12　《红气球》（保罗·克利）局部

（4）色彩。色彩之美讲究调和，这是色彩世界的基本原则。大自然的很多色彩都是多种色彩的调和，舒服而和谐。而调和色又以灰色为基础，灰色原本就是各种原色的调和色，加入灰色后，使原色产生更加柔和、协调的美感。

（5）构成。当一个物件由多个元素组成时，就出现了结构关系，组织适当与否是美感中最基本的问题。对称是自然界最根本和最简单的构成关系，大多数生物都遵循对称的原则。称式关系也是常见的结构关系，主要利用中国古代称的原理来实现视觉的平衡，这一点在绘画上体现得比较多。

课堂讨论：

结合具体艺术形式或作品，运用美的内在机制相关知识对其进行美感分析，如音乐、建筑、绘画、雕塑等。

二、审美能力的培养

（一）审美能力

审美能力是指主体在审美活动中形成的能使审美活动得以顺利开展的能力，包括审美感知力、审美想象力与审美理解力三个主要方面。

1. 审美感知力

审美活动的发生往往是由于审美对象的形式符合主体的审美需要，因此对对象形式的感知在审美活动中起着至关重要的作用，可以说审美能力首先就表现为审美感知力。审美感知力是主体的审美感官对对象形式如色彩、声音、形体等感知的一种能力。马克思在《1844年经济学哲学手稿》中曾说："从主体方面来看，只有音乐才能激起人的音乐感；对于没有音乐感的耳朵来说，最美的音乐也毫无意义。"可见审美感官在审美活动中起到的重要作用。西方美学史上，美学家们普遍认为眼睛和耳朵是审美感官，强调视觉和听觉在审美活动中的主导作用。而在中国美学史上，中国美学家们更倾向于将所有的感官都看成审美感官，而并不只强调视觉和听觉的作用。事实上，视觉和听觉在审美活动中确实起到了主导作用，但主体的其他感觉如触觉、嗅觉、味觉也在审美活动中发挥了重要作用。

在审美活动中，审美感官感受到的是对象的形式美，并从中获得愉悦感。而审美感觉是审美主体所特有的一种获得精神享受的能力。离开了审美感觉，其他任何高级复杂的审美心理现象都无法产生。简单来说，审美感知力就是使主体获得审美享受的能力。

钢琴演奏家在长期的演奏中，对声音的审美感觉力远远超出了常人，其感觉的细腻使其作品更富有感染力；画家对色彩、光线、线条的敏感也异乎常人。由于审美感觉是一种享受的感觉，它只对符合自己审美需要，能引起自己审美愉快的色彩、声音等感兴趣；而对于不符合主体审美需要，引起感官不快的色彩和声音，如刺眼的强光、嘈杂的噪声等，主体的感官会本能地逃避。

审美知觉力建立在审美感觉力的基础上，它是主体将已有的知识、经验、情感、兴趣等在感觉对象形式的同时融入对对象的知觉中，使知觉的内容不局限于对象形式，而成为一个完整的形象。在审美活动中，主体的审美知觉力对各种感觉要素不是机械的组合，而是一种主动的加工。

2. 审美想象力

审美想象力是审美主体所具有的能使审美活动顺利开展的一项必不可少的能力，它是构成审美意象的重要手段。对于审美想象力的作用，马克思称想象为"人类的高级属性"，黑格尔指出"真正的创造就是艺术想象的活动"。根据审美想象力在具体审美活动中的不同表现，我们可将审美想象力分为联想、再现性想象和创造性想象。

联想是想象的基本形式，它是以记忆为基础，是由一件事物想到另一件事物的过程。根据原来事物和联想到的事物的关系，可将联想分为类比联想、对比联想、关系联想等。

再现性想象是指主体根据语言、图样或其他方式的表述，在头脑中再现这一事物的形象，也可以是主体在自己过去经验的基础上，对记忆表象进行组合，这一形象与对象的原始形象是"同型"关系。在审美活动中，创造性想象可以把不同的表象黏合在一起，创造出具有许多深刻意义的新的表象，创造性想象所采用的手法有分割、夸张、变形、组合等，对原有表象进行改造以形成一个崭新的意象。

3. 审美理解力

审美理解力也是审美活动中主体不可或缺的一种审美能力，它是指审美主体以感性的形式对对象意蕴进行直接的、整体的把握和领会。理解是指形成和运用概念来认识事物的本质，是认识事物的最终结果，有直接理解与间接理解之分。直接理解往往是指与知觉过程相融合，在瞬间实现的、不需要借助媒介的思维过程，在感知对象的同时便是对对象的理解。间接理解则要通过概念、判断、推理等一系列的阶段或过程来实现，它是理性思维的结果。

感性是审美理解力最鲜明的特点。黑格尔将审美理解称为"充满敏感的观照"。丰富性是审美理解力的另一特性。审美理解力并不是人的天赋能力，而是后天培养而成的，它的形成建立在一定的知识基础上，所以审美理解力虽然不是对知识的理解力，但它仍然离不开知识。

（二）审美教育的途径

一般来说，审美教育主要通过三条基本途径：家庭美育、学校美育和社会美育。

一个人审美能力的培养，审美观念和审美趣味的形成，与家庭有着密切的关系。家庭是一个人学习成长的第一站。入学前，父母是孩子的最初启蒙者，入学后，仍有相当多的时间在家庭中生活，父母的言传身教对子女无疑会产生重大影响。

学校美育是十分重要的一环。主要通过教学、教师的示范作用、优美的环境以及课外活动进行审美教育。

从小学到高中，占人生的12年，这也是美育的关键时期。从课程设置看，语文、音乐、美术是进行审美教育的主要课程，教师不但应当从知识和技能方面培养学生，而且更应注意提高学生欣赏艺术作品的能力。从教师素质看，仪表庄重、作风正派、姿态大方适度都是对学生进行审美教育的重要方面。从学校环境看，美丽的校舍、开阔的操场、林荫小道、建筑设计、装饰美化等都会营造一种良好的氛围，使学生精神舒畅、心旷神怡。从课外活动看，学校应避免封闭性办学方式，不但要加强一般性文体活动，而且应让学生走出校门，去观赏自然风光，欣赏人文历史之美。

高等学校的审美教育的意义更为重大。因为高等学校培养的学生将成为我国现代化建设的骨干力量。对大学生开展审美教育，培养其成为具有渊博的知识、高尚的品德、健全的体格和全面发展的人格的人才，意义深远。

社会美育比起家庭美育和学校美育，其范围更加广泛，而且随时随地都在对人们起到有形无形的美育作用。实施社会美育着重从以下两个方面展开：通过社会各种美育设施进行审美教育；通过自然景观和人文景观进行审美教育。随着人民物质生活和文化生活水平的提高，旅游事业的迅速发展，自然景观和人文景观在审美教育中的作用也越来越突出。

（三）审美教育的目的与任务

1. 审美教育的目的

审美教育的根本目的是要造就和谐的人，其终极意义在于促进人的个性的全面和谐地发展。审美教育的任务，在于培养审美能力和审美理想。具体地说，就是培养和提高人们对自然美、社会美和艺术美的感受能力、鉴别能力、欣赏能力和创造能力，帮助人们树立崇高的审美理想、正确的审美观念和健康的审美趣味，促进身心健康，从而造就一代全面发展的新人，为加速社会主义的物质文明和精神文明的建设，实现共产主义发挥积极作用。

2. 审美教育的任务

审美教育的任务，即审美能力的培养，主要包括以下四个方面。

（1）培养审美感受能力。所谓审美感受能力，就是指审美感官对审美对象的感知能力。这种能力包括两个方面的内容：一是对审美对象的外在形式因素（如声音、颜色、形态等）的感知能力；二是对审美对象的情感表现和象征意义（如情绪体验等）的感知能力。法国艺术家罗丹曾经说过，世界上并不缺少美，缺少的只是发现美的眼睛。要具有较高的审美鉴赏力和较强的审美创造力，首先必须具备敏锐的审美观察力和感受力。被尊为"美育之父"的德国美学家席勒曾指出："感受能力的培养是时代最迫切的需要，这不仅因为它是一种改善对人生洞察力的手段，而且因为它本身就会唤起洞察力的改善。"如果缺乏对美的敏锐的感受能力，就不可能获得丰富多彩的审美享受。

（2）培养审美鉴别能力。人对美的鉴别能力包括对美和丑的分辨能力和对美的性质、类型和程度的识别能力。现实世界是一个复杂的矛盾体系，美和丑是相比较而存在，相斗争而发展的。有时候，美和丑混杂在一起，使人常常难以分辨。这就需要不断提高人们分辨美丑的能力，真正分清楚什么是美，什么是丑，避免以丑为美或者以美为丑。同时，培养和提高人们对美的性质、形态、类型和程度的识别能力也非常重要。因为不能识别美就谈不上欣赏美、理解美。如果只知其美，却不知其何以为美，就不可能深刻地领略美，也不可能获得更多的审美享受。要培养鉴别美的能力，最主要的方式是参加审美实践活动，多接触美的事物，观赏优秀的艺术作品，善于对美和丑进行比较。

（3）培养审美欣赏能力。审美欣赏能力主要是指人们对美的事物的领悟能力和评价能力，即对美的事物的形式、内容进行整体把握和审美评价的能力。有了这种能力，不但可以敏锐地捕捉到美的外在形式，而且善于透过有限的形式领悟其意蕴，达到较高的审美境界。然而培养审美欣赏能力，既要求受教育者对美的事物和艺术品进行大量的感性接触，又要求其具有广博的知识，以及对各个历史时期时代精神和文化结构的理解、掌握，还要求对各民族的深层意识的认识，对各类艺术风格和艺术技巧的把握等。一个有艺术修养的人，欣赏美的能力会更高，获得的美的享受也会更丰富。

（4）培养审美创造能力。审美创造能力，指的是审美主体在感受美、鉴别美和欣赏美的基础上，进一步通过自己的实践活动，按照美的规律直接创造出美的事物的能力。一般来说，一个人创造能力的大小是与其素质的高低成正比的。教育的目的之一就是要提高这种素质，而审美教育是最有效的形式。审美为个性的发展和想象力的培养提供了最佳环境。倘若一个人没有个性的充分发展，没有丰富的想象力，只会循规蹈矩，亦步亦趋，他便失去了创造能力。如爱因斯坦、庞加莱、莫扎特等著名科学家、艺术家的成长过程都可以作为这一论断的有力证明。审美创造能力，概括地说表现在两个方面：一是对自然美、社会美、科学美的创造，二是对艺术美的创造。

审美感受能力是前提，是培养审美能力的基础，审美鉴别能力和审美欣赏能力是审美能力的深入和发展。创造能力是审美能力的巩固和提高。它们互相依赖，互相渗透，共同推动审美能力的发展。总之，美育的任务就是要培养和提高人们对美的鉴赏和创造的能力，最终达到美化世界、美化生活的目的。

> **课堂讨论：**
> （1）美感是什么？它有哪些内在机制？请举例说明。
> （2）审美能力包含哪些能力？我们可以通过哪些途径来提高审美能力？

拓展延伸

欧美高校重视培养学生"审美"

大学是否还有必要在专业课以外进行"美育"？这是最近网上的一个热门话题，不少大学毕业已经工作的网民表示，在大学里有幸选修专业课以外的文学、艺术课等，不是简单增添了一门学问或者是纯粹地陶冶情操，更在某种程度上改变了自己对世界的"认知"。专家认为，通过美育，除了让学生能对"美"有"感觉"，对文化传承和思想的传播也有着重要意义。

1. 对美的鉴赏融入方方面面

"在空闲的周末，你更愿意选择去博物馆看画展，还是去酒吧和朋友喝酒，这里面就有着本质差别。"在和《环球时报》记者交流时，在意大利读本科、美国东海岸某高校读研究生的小敏（化名）这样说。如今已经研究生毕业6年、回国在金融行业工作的小敏，依然会在工作不太繁忙的时候去各类博物馆看看最新的展览。"我得到的不仅是讲座里的那些知识，比如我后来在意大利，就能大致根据一些建筑的装潢了解它的历史。现在甚至在工作中做幻灯片，我都会考虑一下画面的布局平衡和配色。"如今的兴趣已经超越油画本身，拓展到建筑、文学和历史。"我也会告诉周围以及低年级的新生，无论自己最初有没有兴趣，一定要选一门培养审美修养的课程。"

2. 一张认识新城市的门票

欧洲大学生的审美教育突出自觉性，培养"审美意识"和"专业技能"平行进行。德国文化学者佩特兰德尔对《环球时报》记者说，提高大学生理解艺术的能力、感受美，培养其想象力和创造力，对促进文化传承和传播具有重要意义。"这也是欧洲软实力的一部分"。欧洲大学设有各种审美教育课程。即使非艺术生，也可接触各种各样的音乐、美术、文学、艺术评论等必修或选修课。就读于奥地利维也纳大学的陈同学对记者表示，自己学的专业是信息技术，但他的专业也有艺术方面的学分，主要是应用到程序设计中。

这些美术、音乐课，让他受益匪浅，不仅对他的专业很有帮助，也陶冶了性情。现在，他还成了古典音乐爱好者。

在欧洲大学里，最受欢迎的活动就是参加各种文化社团。像瑞士苏黎世大学就有数十个文化社团，比如合唱团、管弦乐队、摄影、文学、视频创作、戏剧等。这些社团特别突出实践性，一些艺术家、作家、主持人等专业人士担任这些社团的指导员。就读于该校的费利克斯向记者介绍称，他参加了一个诗歌社团，每周都有两个活动，一个是阅读鉴赏会，一个是诗歌朗诵。他们常常去参加各级诗歌朗诵大赛，有时地点就在大街上，路边的行人就是观众。

在一些德国高校，学生每年秋季注册后，常常会收到一个大礼包，里面除了入学须知等文件、学习和生活用品外，还有不少参观当地文化设施的门票，包括博物馆、画廊、音乐厅等。"这些门票本身就通往一次文化之旅，也是'爱这座城市'的教育。"柏林洪堡大学政治系学生艾米利亚对《环球时报》表示，这样的参观活动，比做报告、讲道理要生动许多，给初到这个城市的大学生留下深刻印象。

3. 选修课中中国学生尤其多

在美国大学，普通学生可以选修的艺术类课程非常多，一类是由艺术类院系开设的课程，可以得到学分，另一类则是由学校的其他部门和团体——如文娱中心、国际学生中心和各类社团和团体开设的非正式课程。

曾在斯坦福大学就读的王同学有一段难忘的"艺术之旅"。她向《环球时报》记者分享说，自己曾在大洋彼岸选修中国绘画艺术课，从外国人的视角领略"中国美"。课程为学生提供差旅费，在老师的带领下，学生们参观了洛杉矶相关博物馆的展品。王同学还选修了一门竖琴课。"学校里除了各类大家熟知的西方乐器外，还有古筝，也有音乐理论、作曲等基础课，老师都具有极高的专业水准。"王同学介绍称，竖琴这种乐器购买、维修和保养都比较昂贵，因此在每学期的学费外，要交大约300美元的上课费，仅是市场价的1/4左右。而大部分其他音乐课——如钢琴课等，是不需要额外缴费的。"学校还专门设有'音乐之友'奖学金，只要能顺利从初级课升入中级课，奖学金就可以支付一半费用。"类似的油画课、摄影课也有许多优惠福利。最终，在学习了一年竖琴后，王同学不仅得到奖学金，还参加了学校独奏会。"除了提高音乐素养外，我感觉这个经历更是融入我的生活方式中。"《环球时报》记者注意到，愿意尝试这类课程的中国学生尤其多，很多人都是为了一圆以前因学习压力、家庭条件等原因无法实现的梦想，如学会弹钢琴、画画等。

美国高校也在绞尽脑汁吸引更多兴趣广泛的学生，在生活的各个层面提高审美能力。以加州大学圣芭芭拉分校为例，该校的文娱中心提供几十种来自世界各地的舞蹈课，在锻炼之余还能了解不同文化。还有一些大学食堂甚至开设烹饪课，除了传授给学生基本的烹饪技巧和营养知识外，也着意教会大家如何进行赏心悦目的摆盘。

资料来源：田秋青木，张雪婷. 环球时报，2021-12-06.

任务实施

◎ **任务描述：校园形象美**

结合本项目学习内容，谈谈你对校园形象美的认识。要求以小组为单位，完成本任务。

◎ **任务要求**

（1）结合本组所拍图片、视频，讲述校园形象美的基本内涵与分类。
（2）根据本组对校园美的分类，列举校园美的原则与标准。

◎ **任务评价**

教师根据学习小组提交的材料以及课堂表现给予评价，内容要求结合教材、联系校园实际，有时代性，体现大学生健康审美观。

本任务的评价结果如表 2-1 所示。

表 2-1　任务评价结果

序号	评价内容	分值	教师评分	教师评语
1	图片视频及文字材料	30		
2	表述和内容	40		
3	分工合作情况	30		
合　计		100		

项目三

学习难度： ★★★★★
重点概念： 皮肤构造、皮肤功能、皮肤类型、护肤方法

课件

护肤基础知识

项目导读

美丽的妆容离不开良好的皮肤基础，良好的皮肤是每个人梦寐以求的。

本项目就护肤的基础知识，讲述皮肤的组织结构和健康标准，围绕皮肤的基本类型，着重讲解皮肤的测定方法和保养要点；在对皮肤状态初步地判断后，从专业角度进行全方位的分析和指导，帮助学习者选择适合自己的护肤品，掌握护肤的按摩手法，正确护肤，为拥有好的皮肤打下良好的基础。

学习目标

（1）了解皮肤的构造和健康标准。
（2）了解皮肤的功能和保养要点。
（3）掌握皮肤的类型和测定方法。
（4）掌握护肤品的选择与使用。

任务一　皮肤的认知

任务导入

刘丽是一位空中乘务员，她形象好，气质佳，皮肤白皙、五官端正。但有段时间，她总是莫名其妙的过敏，面部长出了很多痘痘，原本白皙的脸上渐渐出现了红色和黑色的斑点，整个人的气色很差。这种变化让她非常难过，工作的状态也变得很差。

请思考：
你认为导致刘丽出现这些皮肤问题的原因可能是什么？如果你是刘丽，遇到这样的皮肤问题会如何应对？

知识讲解

了解皮肤的基本结构、性质与状况是我们进行皮肤美容与养护的基础。从皮肤的组织结构入手，对皮肤的性质与测定、皮肤的四季保养、重点部位皮肤的按摩与养护、皮肤与健康饮食的关系等进行了全面而细致的论述，现代科技的发展为我们的皮肤美容提供了更加多元的手段，熟知和掌握这些新颖的美容技巧与方法，从而进行综合运用，对于完善自我的知识结构和提升美容实践操作技巧是有积极意义的。

一、皮肤的组织结构

（一）皮肤的构造

皮肤包裹在我们整个身体表面，约占人体总量的 16%，是与容貌相关的人体最重要的器官之一。它由 70% 的水、25% 的蛋白质、2% 的脂肪、0.5% 的碳水化合物以及 2.5% 的其他物质构成（图 3-1）。

通过肉眼来看，皮肤显得平滑且结构简单，但在显微镜下观察时，皮肤实际上是非常复杂的网状结构。皮肤从外到内依次为表皮（Epidermis）、真皮（Dermis）、皮下组织（Hypodermis）。此外，皮肤的附属器官

还包括毛发、指（趾）甲等。肤色是由皮肤组织中的黑色素、血色素、胡萝卜素等元素含量以及真皮血管里的血液状态来决定的。其中，色素细胞内产生的黑色素对肤色影响最大。

1. 表皮层

表皮是皮肤最外面的一层，表皮内无血管、无纤维组织，凡损伤深度不超过该层的厚度均不会出血，也不会留下疤痕，但表皮内丰富的神经末梢可以帮助我们感知外界的刺激。按表皮细胞形态，由浅向深依次为角质层、透明层、颗粒层、棘层、基底层。脸部的表皮厚度为0.03～0.1毫米，手掌的表皮较厚，为0.3～0.5毫米。

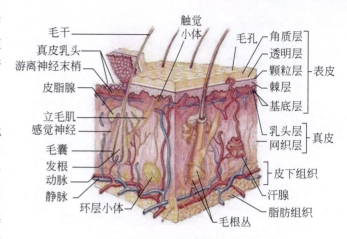

图3-1 皮肤结构

2. 真皮层

真皮位于表皮之下，与表皮呈波浪状牢固相连，厚度约为表皮的10倍，由大量纤维结缔组织、细胞和基质构成，并含有丰富的血管、淋巴管、神经、腺体、立毛肌等。真皮分为上下两层。上层为乳头层，下层为网状层，两层无明显分界。凡有血液渗出时即表明已伤及真皮层。另外，真皮层内有胶原纤维、弹力纤维及网状纤维。其中，胶原纤维具有一定的伸缩性，起抗牵拉作用；弹力纤维有较好的弹性，可使牵拉后的胶原纤维恢复原状；网状纤维是较幼小的胶原纤维，与伤口愈合有关。真皮中上述三种纤维如果减少，则皮肤的弹性、韧性就会下降并出现皱纹。

3. 皮下组织

皮下组织位于皮肤最深层，主要由大量的脂肪细胞和疏松的结缔组织构成，含有丰富的血管、淋巴管、神经、汗腺、深部毛囊及皮肤附属器官（皮脂腺、汗腺等）。皮下脂肪有防寒保暖、缓冲外力、保护皮肤等作用。其厚度由皮下脂肪的含量决定，并与人体各部位、年龄、性别及个人健康状况有关。

4. 毛发

人体毛发可分为长毛、短毛、毳毛三种，分布于除手足掌和指（趾）末节外，遍布全身。毛发生长分为三个阶段：生长期为2～6年，休止期为2～3个月，脱落期每天正常脱发一般不超过100根。精神紧张、长期失眠或营养不良者，会影响毛发生长，造成脱发。

5. 指（趾）甲

指（趾）甲位于指（趾）末端的伸面，为半透明状的角质板，呈长椭圆形凸面状。手指甲的生长速度约每日0.1毫米，当甲外伤或手术拔甲后，新甲从甲根部生长直到完全复原指甲约需100天，趾甲约需300天。

（二）皮肤的功能

皮肤的主要功能是保护、知觉、调节温度、分泌、排泄和吸收。

1. 保护功能

皮肤表皮的角质层有一定的绝缘性，能抵抗弱酸、弱碱的侵蚀，可保护人体免受外部刺激的伤害，同时还可以防止水分和化学物质的渗透及细菌的入侵，防止过多的水分蒸发，防止紫外线穿透皮肤，保护深层组织免受伤害。

2. 知觉功能

皮肤的神经末梢使皮肤能对冷、热、疼痛、压力和触摸产生不同反应。

3. 调节温度功能

人体常温在36.5℃左右，若受外部气温影响，皮肤血管和汗腺会自动调节体温。当外界温度过高时，皮肤血管扩张，汗腺大量分泌汗液，通过汗液蒸发达到散热作用；外界温度降低时，皮肤血管收缩，汗腺分泌减少，能防止体内热量的散发，保持恒温。

4. 分泌功能

皮肤能通过皮脂腺分泌一些油分、水分等，若皮脂腺分泌过盛会形成暗疮，情绪不稳定亦可影响分泌腺的正常活动。

5. 排泄功能

皮肤有汗腺和皮脂腺，出汗即是皮肤的正常排泄。出汗时，盐分和其他化学物质会被排出体外。另外，皮脂腺和汗腺分泌物可滋润皮肤，保持皮肤润泽。

6. 吸收功能

皮肤具有吸收外界物质的功能，它主要通过角质层、毛囊、皮脂腺和汗管口等部位吸收外界物质。皮肤吸收作用对维护身体健康是不可或缺的，也是现代皮肤科外用药物治疗的理论依据和重要途径，其吸收程度与角质层厚度、皮肤含水量以及药物的剂型和浓度有关。

（三）皮肤的健康标准

皮肤犹如一面镜子。可折射出人的健康状况、年龄和情绪等。理想中的皮肤应该是均匀、光泽、柔嫩、滋润并富有弹性的。皮肤色泽均衡、光彩亮丽，会给人以健康、清爽、柔和之美。皮肤美的综合判断标准主要有以下几点。

（1）皮肤有弹性。正常情况下，真皮层有弹力纤维和胶原纤维，皮下组织脂肪丰富，使皮肤具有一定的弹性，显得光滑平整。

（2）健康的肤色和纹理。健康的肤色应该是自然的红润，纹理细致、光滑。

（3）皮肤清洁有活力。健康的皮肤应没有污垢、污点，看上去清洁亮丽。

（4）皮肤正常能耐衰老。健康的皮肤应不易敏感、不油腻、不干燥、皱纹少。

总之，良好的生活习惯、有规律的作息时间、保持愉快的心情对皮肤健康的保养都是非常重要的。

> **课堂讨论：**
> 请结合以上内容，根据自己的皮肤状态，说明自己存在哪些皮肤问题，针对这些问题，你将如何解决？

二、皮肤的性质与测定

要想拥有健康而美丽的皮肤，人们必须清楚自己皮肤的所属类型。决定皮肤类型的关键因素包括遗传、肤色、皮脂腺分泌量、老化程度、季节、气候、精神压力等。如果在不了解自己皮肤类型的情况下擅自进行皮肤护理，可能会引起皮肤问题。根据皮脂腺分泌量的不同，皮肤性质大体可分为干性、中性、油性、混合性等主要类型。

（一）皮肤的基本类型

1. 干性皮肤

干性皮肤细腻、透明，较为敏感。其油分和水分失衡，是一种油分和水分都缺少的皮肤。干性皮肤比较薄，缺少抵抗力，容易受到损伤和老化，嘴角和眼角部位也更容易产生细纹（图3-2）。

如果在洁面后不使用任何护肤品，皮肤就会感觉特别绷紧，经常出现脱皮现象，甚至导致皮癣病。在这种情况下，皮肤会变得粗糙，毛孔缩小，缺少光泽，容易脱妆。皮肤衰老和各种环境因素也会使皮肤呈干性。干性皮肤者在年轻时皮肤较好，这是因为油脂腺不发达，不会出现鼻头油亮和暗疮，但干性皮肤缺乏油脂保护，即使并不猛烈的风也能通过皮肤掠走大量水分，使皮肤因缺水而变得干皱。所以，同一年龄人，年轻时为干性皮肤者往往较油性皮肤者衰老得更快些。通常情况下，干性皮肤可分为缺油型、缺水型以及皮肤衰老而引起的几种类型。

特点：
易脱皮、易长细纹、易长斑、毛孔细小

要点：
补水、保湿

图3-2　干性皮肤

2. 中性皮肤

中性皮肤是健康、理想的皮肤类型。它的皮肤组织和生理机能都处在正常的活动状态，所含的油分和水分适中，皮脂与水分保持正常而平衡的状态。由于肤色肌理洁净，皮肤表面光滑，中性皮肤组织紧密、光滑细腻，厚度中等，滋润有弹性，对外界刺激反应也不大，皮肤整体湿润、光泽富有弹性（图3-3）。

这种皮肤类型具有很强大的抵抗力，每次洁面后不会有黏稠或者紧绷的感觉。虽然具有这些好的方面，但它仍然会随着季节和健康状况的改变而发生变化，一般春夏季会偏油亮些，秋冬季会偏干爽些，若是保养不当，皮肤也会变干或变油。

图3-3 中性皮肤

3. 油性皮肤

油性皮肤的优点是不易起皱纹，不易显老。但是油性皮肤的角质层厚、纹理粗，毛孔大而明显（图3-4）。

温度高的夏季，皮肤容易出汗，油亮状态加剧，当皮肤表面油脂堆积时，扩张的皮脂腺就会形成阻塞，此时对细菌抵抗力减弱，细菌加速繁殖，脸上便会出现黑头、粉刺、暗疮、痘痘等一系列皮肤问题，特别是额头、鼻梁、下巴等处更为明显。油性皮肤上妆后妆面容易脱落或被皮肤吸掉。油性皮肤多为遗传因素所致，但是如果睡眠不足、情绪波动以及饮食不规律，也会形成油性皮肤。

图3-4 油性皮肤

4. 混合性皮肤

混合性皮肤是指脸上油性和干性两种皮肤混合存在的一种皮肤，即额部、鼻及鼻周区（"T"字区）易泛油、长粉刺，呈现油性皮肤特征；其他部位，特别是眼周围和脸颊较干（图3-5）。

由于面孔中部油脂分泌较多，此类皮肤者的额头、鼻头、嘴唇上下方经常生出粉刺，而眼周围干性皮肤地带缺乏油脂的保护，又特别容易出现鱼尾纹和笑意纹。因而混合性皮肤具有干性皮肤与油性皮肤的双重特点，在洁面后通常会感觉皮肤紧绷，较为敏感。女性此类肤质者偏多，更需要根据各个部位的属性采用正确的护理方法。

图3-5 混合性皮肤

5. 敏感性皮肤

敏感性皮肤是一种在外界因素作用下，极易出现无菌性皮肤发红发痒的脆弱肤质。这种皮肤干湿差别大，抗紫外线能力弱，皮肤极易过敏，尤其在接触化妆品后，可能会出现红肿、痛痒等反应（图3-6）。

有的敏感性皮肤还会受日光照射出现红斑，有的因饮酒、食入海产品而出现皮疹和红肿瘙痒等，还有的使用或接触含金属的物质、呼吸含有植物花粉的空气，以及对药物的反应等都会出现过敏症状。

图3-6 敏感性皮肤

（二）男性皮肤

为了在面试和商务活动中给人留下好印象，越来越多的男性开始到美容院和皮肤科咨询，对皮肤进行保养。男人要打造竞争力，首先要改善肤质，让皮肤肤质健康、干净清洁。由于皮脂腺分泌量过多，大部分男性的皮肤都属于油性皮肤。通常情况下，男性缺乏皮肤护理，毛孔较粗大，容易起皮屑。

由于大多数男性喜饮酒、吸烟，因此皮肤变得暗沉。与此同时，频繁剃须也会带来细菌感染和其他皮肤问题。与女性皮肤护理方法一样，男性要想拥有健康的皮肤，首先需要彻底地洁面。其中重要的步骤是使用泡沫洁面乳，然后用温水冲洗，以去除毛孔中的污垢。

男性皮肤的天敌包括紫外线、精神压力、饮酒、吸烟等，紫外线的副作用往往容易被忽视。但是，对于户外活动比较频繁的男性来说，紫外线照射容易引起斑点和皮肤老化。因此，男性也要使用隔离润肤的产品来维持皮肤的清洁和保养。

对于男性而言，剃须前后的皮肤护理非常重要。男性的胡须每天平均增长2毫米。剃须时不仅会去除胡须，还会剃走皮肤的角质，从而导致细菌感染和其他皮肤问题。最好在洁面后剃须，而且在剃完后提供充足的水分和营养，如涂抹爽肤水和营养霜，都能减少剃须对皮肤的伤害。

小贴士

男女皮肤的不同特点对比如表3-1所示。

表3-1 男女皮肤特点比较

比较要点	男 性		女 性	
粗糙、厚薄、结实程度	厚	皮肤较粗糙、较厚、结实	薄	皮肤较细柔、较薄、娇嫩
油脂分泌状况	多	易玷污	少	不易玷污
是否易发炎或感染	易	毛孔大，细菌、真菌、病毒等诱发炎症和感染机会多	不易	毛孔小，细菌、真菌、病毒等诱发炎症和感染机会少
黑色素含量	多	面部等暴露部位日光皮炎、日光疹发病率低	少	日光皮炎、日光疹发病率高
皮肤血管调节机制	强	冻疮发病率低，下肢静脉曲张较少	弱	冻疮发病率高，下肢静脉曲张较多

（三）皮肤性质的测定

如何测定自己的皮肤性质呢？皮肤的性质会随着年龄的增长而起变化，也会随着季节的更替而变化。因此，皮肤性质要根据情况随时测定，下面介绍几种简便的测试方法。

1. 纸巾测试法

纸巾测试法需在早晨起床后未洗脸前进行。先取三张吸水性强的柔软纸巾，分别擦拭前额、鼻翼两侧、下巴和双颊，三张纸巾上都有油光是油性皮肤，三张都很干燥是干性皮肤，介于两者之间的是中性皮肤。如果"T"字区有油光而双颊却较干则是混合性皮肤（图3-7）。

图3-7 柔软纸巾

2. 美容放大镜测试法

美容放大镜测试法需要借助他人的帮助来完成。先洗净面部，待皮肤绷紧感消失后，用放大镜仔细观察皮肤纹理及毛孔状况。操作时测试者用棉片将被测试者双眼遮盖，防止放大镜折光损伤眼睛。皮肤纹理不粗不细，为中性皮肤；皮肤纹理较粗，毛孔较大，为油性皮肤；皮肤纹理细致，毛孔细小不明显，常见细小皮屑，为干性皮肤（图3-8）。

图3-8 美容放大镜

3. 仪器测试法

可通过专业的皮肤检测仪器来测定皮肤性质。这种仪器的使用非常简单、方便。只要把脸放在仪器专门指定的位置上，就能通过显示器清楚地了解自己的皮肤性质。除此之外，还能观察到敏感性皮肤区域，如微细血管扩张、色素沉着以及老化的角质细胞等（图3-9）。

4. pH试纸测试法

通过皮肤的pH（即皮肤的酸碱性）也可以判断皮肤的性质。一般皆以pH等于7为中心，大于7者为碱性皮肤，小于7者为酸性皮肤。不过健康皮肤的表面pH在

图3-9 皮肤检测仪

3.7～6.5，多半属于弱酸性皮肤。当皮肤的pH明显地偏向某一方时，即表示皮肤发生异常（图3-10）。

 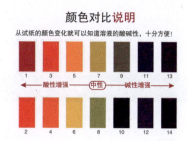

图3-10　pH试纸

5. 外观测试法

就视觉而言，毛孔明显、脸上油则无疑是油性皮肤；干性皮肤一般毛孔不明显，皮肤细腻、干净有细线纹；而"T"字区出油，两颊较干的则为混合性皮肤。

6. 触摸测试法

在刚起床时，用手指触摸皮肤，感觉油腻的为油性皮肤；感觉粗糙的为干性皮肤；感觉平滑的为中性皮肤。

7. 洗脸测试法

洗完脸15～30分钟后，感觉脸部有油脂的为油性皮肤；有紧绷感的为干性皮肤；稍紧绷的为中性皮肤。

此外，皮肤会因季节气候变化或健康状态发生变化，如果过分拘泥于测定的结果而骤然改变使用的化妆品，反而更容易使皮肤发生异常。因此，不妨把这项测定当作一项简单标准。还需注意的是，皮肤的性质是能够改变的。不同的状态、不同的季节，测试的结果也是不同的。在一天当中，早晨、中午、夜晚的皮肤感觉也完全不同。从长远来看，二十几岁油性皮肤的人，到了三十几岁时，可能会成为干性皮肤。如果一直采用油性皮肤的护理方法，等到接近中性皮肤时，还是使用去除油分的皮肤护理方法，则会使已经平衡的自然皮肤倾向于干性。所以需要了解皮肤性质的可变性，根据实际情况判断自己皮肤的类别和护理方法。

> **课堂讨论：**
> 根据皮肤类型的特点，结合自身的皮肤状态，分析自身的皮肤属于哪种类型。

任务实施

◎ **任务描述**

请根据所学内容，完成皮肤性质测试，教师进行总结评价，并为每位同学的测试结果进行评分。

◎ **任务要求**

（1）请将下列内容连线，使其搭配正确。

油性皮肤	额头、鼻子、鼻翼两侧、下颌呈油性，两侧脸颊、颧骨、外眼角部位呈干性	性质温和、对皮肤无负担的护肤产品
干性皮肤	皮肤油脂分泌少，角质层含水量较低，显得干燥，容易老化	清洁能力强、含有控油成分的护肤产品
中性皮肤	皮肤比较脆弱，表皮层薄	既控油又补水的护肤产品
敏感性皮肤	皮肤滋润、光滑、有弹性、肤色均匀、毛孔细小	高保湿、补水的护肤产品
混合性皮肤	皮肤油腻、粗厚，毛孔粗	滋润型护肤产品

（2）两人一组，分别判断对方的皮肤属于哪种类型，并说明理由。

◎ 任务评价

本任务的评价结果如表 3-2 所示。

表 3-2　任务评价结果

序号	评价内容	分值	教师评分	教师评语
1	能识别不同类型的皮肤	50		
2	能根据皮肤类型选择恰当的护肤产品	50		
	合　计	100		

任务二　皮肤的保养

任务导入

皮肤年龄小测试

观察下列描述，符合自身情况的回答"是"，不符合的回答"不是"，回答"是"得1分，回答"不是"不计分。根据得分获取你的皮肤年龄。

（1）洗完脸拍上化妆水后，感觉水分立刻被吸干。
（2）眼部出现细小的皱纹，在笑起来时尤为明显。
（3）鼻部的毛孔就算没有黑头，也非常粗大。
（4）眼下形成眼袋，熬夜后眼袋浮肿更加严重。
（5）在冬季，如果只使用乳液会感到不够滋润。
（6）出现色斑和肤色不均问题，肤色暗沉，气色不佳。
（7）皮肤非常干燥，但个别部位出油又较为严重。
（8）洗完脸后，皮肤表面粗糙，没有柔滑感。
（9）使用护肤产品的手法随便。
（10）脸上的毛孔越来越粗大，并且呈椭圆形。
（11）法令纹明显，两颊皮肤有下垂的倾向。
（12）常常晚上12点以后入睡，或经常彻夜狂欢或工作。
（13）有抽烟的习惯，或曾有三年以上烟龄。
（14）不喜欢户外运动，对健身也无热情。
（15）压力大，容易受不良情绪的影响。

测试结果如下。

1~4分：肤龄15岁左右。皮肤年轻，代谢正常。皮肤水油平衡良好，日常进行轻薄的基础护肤即可。

5~9分：肤龄25岁左右。皮肤处于巅峰状态，肤质较好。但巅峰状态通常时间很短，应该做好预防衰老的准备，日常保养可选择水油同补型的护肤产品。

10~15分：肤龄35岁以上。皮肤弹性和保湿性已明显衰退，皱纹、黑斑等开始出现。此时除了要用基础护肤产品以外，需使用更加全效的修护和补救产品，如精华素、肌底液等。

请思考：
通过以上测试，你的皮肤年龄大概是多少？你是否使用过相关产品进行皮肤保养？请讨论并简要说明。

知识讲解

一、皮肤的四季保养

中医讲究人与天地相应，也就是说外界环境的任何变化可直接或间接影响人体，并产生相应的生理或病理变化，所以中医养生学讲究人的生活要顺应四季的变化。皮肤也是如此，一般在冬季皮肤普遍偏干，油性皮肤的皮脂分泌量也相应减少；夏季的皮肤偏油，干性皮肤也会显得光泽滋润，而换季时，皮肤则会变得敏感。我们要根据季节的更替来了解皮肤的变化情况和保养措施，才能维持好皮肤的健康状态。

（一）春季保养要点

春季（图3-11）是万物复苏的季节，也是气候多变的时期，因此，要特别注意皮肤保养。春季气候时冷时热、变化无常，空气中的湿度也逐渐增加，加上阳光直射，紫外线照射量相对增多，这时处于代谢迟缓状态的肌肤开始逐渐苏醒，皮肤细胞及各类组织开始充满活力，新陈代谢活跃，皮脂腺和汗腺的分泌也日渐增多。同时，许多菌类也逢春繁殖。随着户外活动的增加以及阳光照射的加强，空气中的花粉、灰尘和细菌随着阵阵春风到处飘扬，都会影响到皮肤的健康。春季皮肤保养要点如下。

图3-11 春季

（1）防风沙，保湿润。春季气温时高时低，皮脂分泌时多时少，且随气候转暖，外出机会增多，风沙、尘土都会加快皮肤水分的蒸发，而且直接刺激皮肤，易引起接触性皮炎。因此，防风沙、保湿滋润作用强的护肤品当为首选。

（2）多饮水，促排泄。春天气候干燥，对皮肤刺激较大，皮肤易丢失水分，因此，要多饮水。如果每天坚持喝6杯左右的水，就可以补充所失去的水分。摄入足够的水分，还有助于排泄体内废物，使皮肤各组织细胞有充足的水分渗透，从而养护皮肤。

（3）避粉尘，防过敏。春天人们往往喜欢踏青或春游，但春季风大，粉尘漫天飞扬，粉尘的成分十分复杂，其中不乏一些细菌，如果这些粉尘停留在皮肤上，就会有一些病菌侵蚀皮肤，造成暗疮、过敏等，都对皮肤有一定伤害，因此可以涂抹一些隔离产品避免粉尘对皮肤的伤害。

（4）调节饮食，保养容颜。中医学认为，春季主肝，也就是说春季是护肝养肝的好季节。肝好则容颜好，因此春天一定注意调节饮食，养护肝脏，多吃富含蛋白质、维生素的食物，可增加蔬菜、水果的摄入量，减少糖分、油脂摄入，避免食用辛辣刺激的食物，按时就餐，保证营养摄入。可多食醋，因醋味酸而入肝，具有平肝散瘀、解毒杀菌等作用。

（5）保护皮肤，注意防晒。防晒必须从春季开始。强烈的日光浴或阳光暴晒都是导致皮肤发生问题的根源。很多人都不知道，晒黑其实是从春天开始的，因为春天虽无夏日的炎炎烈日，却干燥多风，紫外线非常强烈，在不知不觉中就能将皮肤晒伤，导致皮肤衰老。

（二）夏季保养要点

夏季（图3-12）皮肤新陈代谢非常旺盛，皮脂腺和汗腺的分泌量会增加。在这种情况下，皮肤会变脏，容易脱妆。大量出汗也会降低皮肤的抵抗力，让皮肤失去弹性，毛孔变大，雀斑等瑕疵将随之增多。夏季对皮肤影响最强的是紫外线，且照射时间长，易引起晒斑及日光性皮炎。夏季皮肤保养要点如下。

（1）肌肤补水。洗完脸后喷活氧水原液，以迅速补充氧分水分，平衡皮肤的酸碱度。

（2）注意防晒。白天出门前一定要抹防晒霜，阻隔紫外线对皮肤的伤害。

（3）锁水保湿。晚上睡觉前，要涂抹具有锁水保湿功能的活氧水凝露和保湿晚霜。

（4）少食甜食。注意少吃甜的、多脂肪的和有刺激性的食物。

（5）保存阳气。注意保存体内阳气，尽量少用空调、风扇。

图3-12 夏季

（6）温水洗脸。少用冷水洗脸，因冷水会刺激毛细血管紧缩，反而把污垢留在脸上。因此，夏季最适合洗脸的水温是25～32℃。

（三）秋季保养要点

秋季（图3-13）对皮肤的危害虽没有夏季猛烈，但是昼夜温差增大，天气忽冷忽热，易引起皮肤抵抗力下降而遭细菌感染，导致皮肤粗糙，出现黑斑和雀斑。一般入秋之后，气温下降，皮肤油脂分泌减少，加之空气湿度迅速下降，皮肤既缺水也缺油，变得干燥，细纹也逐渐显现。此时，皮肤养护的要点是既要补水又要适当补充油脂。主要防护措施如下。

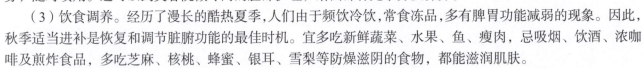

图3-13 秋季

（1）从内补水。每日饮水量6～8杯，可以选用果汁、矿泉水、茶水等补充。保持洗浴前饮一杯水的良好习惯，这样能补充因洗浴出汗而丢失的水分，促进新陈代谢，保持肌肤柔嫩。

（2）从外补水。可用0.5升纯净水同一勺米醋混合，装入喷雾瓶中作为专用补水喷雾，随时喷用。还可以到美容院做专门的脸部护理，给面部补充水分及养分。

（3）饮食调养。经历了漫长的酷热夏季，人们由于频饮冷饮，常食冻品，多有脾胃功能减弱的现象。因此，秋季适当进补是恢复和调节脏腑功能的最佳时机。宜多吃新鲜蔬菜、水果、鱼、瘦肉，忌吸烟、饮酒、浓咖啡及煎炸食品，多吃芝麻、核桃、蜂蜜、银耳、雪梨等防燥滋阴的食物，都能滋润肌肤。

（4）正确使用护肤品。可以选用pH约为5.5的洗面奶、不含酒精成分的化妆水、滋润但不油腻的日霜及晚霜，有增白效果的软性面膜等。还可以配合使用含维生素A的面部润肤霜来促进血液循环，改善皮肤生理环境，减少皮肤皱纹产生。

（5）早晚护理。白天外出时要使用防晒霜，晚上先用卸妆水和洗面奶彻底清洁面部皮肤，再用不含酒精的化妆水进一步洁肤及补充水分，然后涂抹渗透性强的滋润晚霜，加上补水凝露，使营养成分渗透皮肤深层进行滋养。

（四）冬季保养要点

冬季（图3-14）寒凉，气温低，血液循环和皮肤的新陈代谢活动会减少，皮肤易失去水分和弹性。汗腺和皮脂腺分泌量的减少会导致皮肤粗糙、紧绷，易发生冻疮或出现皮肤瘙痒症状。受干燥空气和冷风的侵袭，皮肤表面角质层会增厚，易产生皱纹，嘴唇干裂掉皮。室内的供暖设备也会加快皮肤水分的蒸发，导致皮肤干燥。而室内外温差大，出门骤冷时面颊会发红，毛细血管扩张，易呈现红血丝。针对这些情况，必须充分重视冬季皮肤的滋润与保养。

图3-14 冬季

（1）促进血液循环。注意保暖，加强锻炼和按摩，加速血液循环。

（2）重视皮肤养护。冬季是四季中皮肤保养的关键，对护肤品的要求也最高，不仅要保证营养，更要帮助肌肤主动吸收。冬季最宜使用含有芦荟、牛油果、鲨鱼肝、鱼油等动植物类成分的护肤用品，这类产品具有保湿、补充油脂的作用。

（3）注意进补护肤。根据中医学春夏养阳、秋冬养阴的原理，秋冬需要进补。要多穿衣服，多吃容易吸收的补品。同时，调理好肌体内外平衡，保持气血通畅。尤其是女性，冬季进补的关键是调血，因每个人的体质不同，一定要根据不同的情况制订不同的进补方案。

> **课堂讨论：**
> 你的皮肤在不同的季节或换季时出现过不适吗？若出现过，你是如何应对的？请结合自身经验进行分享。

二、皮肤的按摩养护

（一）脸部按摩养护

现代人生活在紧张而快节奏的环境中，皮肤经常处于紧张疲劳状态，造成皮肤衰老加快。为了养护皮肤，延缓衰老，人们越来越重视脸部皮肤的养护。脸部皮肤在中医学里有独特的保养方法，它是在头面部位施以不同手法进行按摩，使经脉通畅，气血调和，延缓皮肤衰老。每天坚持按摩，可以增加脸部皮肤弹性，刺激神经，加强血液循环，排除堵在毛孔内的污垢，加速皮脂分泌，促进新陈代谢，增加皮肤弹性和光泽（图3-15）。

1. 基本手法

按摩基本动作包括用力的大小、方向、次数等要素，实际按摩操作时可根据不同情况和需要施以不同的动作。脸部按摩手法应从上到下，从下到上，按抚弹拍，穴位指压，这些包括了欧式按摩、日式按摩、中医指压指推拿等方法。总的原则是按摩方向与肌肉走向一致，与皮肤皱纹方向垂直。

图 3-15　脸部按摩

（1）按摩。利用手指与手掌做缓慢、轻柔且有节奏地连续按摩动作；脸部较宽大的部位均以手掌来按摩，而较狭小的部位则可利用中指与无名指来按摩；抚摩动作通常用在额头、头盖、背部、肩部、颈部、胸部、腰部、腿部，具有放松肌肉、安抚神经的效果。

（2）揉捏。用拇指和中指捏脸部皮肤及肌肉的方法。揉捏具有刺激皮下组织、改善血液循环，帮助疏通皮脂腺排泄管道等作用，包括扭、揉、捏等动作，揉捏时用力要轻稳，有弹性和节奏感。

（3）摩擦。用手指和手掌在皮肤组织上施加压力，以打圈的方式摩擦旋转按摩。摩擦有助于血液循环，促进腺体活动。通常用于手臂、头部、颈部等部位，用力要轻柔，技法要娴熟。

（4）敲打。包含敲、拍、砍等连续动作。用手指在下巴、脸颊做快速的点状接触，手指、手腕要放松，用力均匀。

（5）震动。利用手指按压在穴位处，以手臂肌肉迅速地收缩动作造成震动的效果。这是一种高难度、具有高度刺激作用的动作。每一穴位应施以数秒钟的震动按摩才有效果，还可利用电动按摩器按摩，大多用在耳部、颈部、头部等处。

2. 按摩要求

按摩动作要熟练，配合面部肌肉或身体经络，手指动作须灵活，以适应面部、身体的各个部位；按摩节奏要平稳，保持正确的动作频率，先慢后快、先轻后重，要有渗透性。根据皮肤的不同状态、位置，注意调节按摩力度，特别注意眼部按摩用力要轻。面部按摩时间以 10～15 分钟为宜，不可太长。否则拉扯脸部纤维过久会使纤维弹性变小，引起皮肤松弛。按摩时注意把握以下三个原则。

（1）针对表情肌的按摩手法。对于额头、鼻梁、脖子等容易产生皱纹的地方，应垂直于皱纹做上下按摩。

（2）促进血液循环的按摩手法。例如，眼睛周围有放射状的皱纹，应以垂直方向画着圆圈按摩，脸部的肌肉较复杂，则应以螺旋状按摩为宜。

（3）按压神经区的按摩手法。找出骨骼的缝凹处，加以点压按摩，可使神经松弛，消除疲劳。例如，在面部神经（颊分支）处指压，可消除脸部疲劳；在眼角、鼻根指压，可消除眼睛疲劳和皱纹；在脸部神经（太阳穴分支）指压，可消除眼睛和头部疲劳；在三叉神经指压，可消除腭、嘴和脸的疲劳。

（二）眼部按摩养护

眼睛是脸部最引人注意的部位，也是最敏感、最早出现肌肤老化迹象的部位。眼部皮肤和面部皮肤完全不同，眼部皮肤极其脆弱，眼睛周围的皮肤由外眼和内眼组成，皮肤厚度仅有 0.3 毫米，几乎没有皮脂腺、脂肪组织，也没有支持性肌肉。但是，眼部皮肤却是表情活动最频繁的部位，也是化妆最复杂，拉扯皮肤次数最多的部位，所以要进行重点按摩保养。眼部出现的问题主要有黑眼圈、眼袋、细纹等。当出现此类问题时应采用预防、延缓、减轻或消除的方法（图3-16）。

图 3-16　眼部按摩

1. 日常生活调理

多从饮食中吸收脂肪、蛋白质、氨基酸及矿物质，均衡营养。保持愉悦的心情和良好的精神状态；做到生活有规律，节制烟、酒，保障充足的睡眠和睡眠质量，切忌熬夜，坚持劳逸结合，减少疲劳；临睡前少喝水，并将枕头适当垫高，使容易堆积在眼部的水分通过血液循环而疏散。

2. 加强眼部按摩

通过按摩、运动促进血液循环，改善局部血液循环状态，减少血液滞留。

3. 保持眼部皮肤滋润与营养供应

可以常用眼霜、贴眼膜、补水的眼部啫喱等给眼部皮肤营养，以延缓皱纹产生、保持眼部皮肤润泽。

4. 美容院养护

如有条件，可以在美容院做眼部清洁护理，如超声波导入眼部精华液、眼部按摩等，都能增强眼部皮肤的活力，延缓衰老。

（三）颈部按摩养护

颈部皮肤很薄也很脆弱，没有支撑，容易下垂，还经常受到衣服摩擦，如果忽视保养，随着年龄增长会出现松弛、皱纹，呈现老态，难以消除。因此，颈部皮肤养护对保持女性年轻活力、延缓衰老具有十分重要的作用。颈部出现皱纹与睡觉和工作时的不良姿势有很大关系，不适当的肢体运动也会引起颈部老化松弛，如平时总是低头做事、整天伏案工作、睡觉时喜欢"高枕无忧"、寒冷的冬天和风沙"肆虐"时不戴围巾等，都是对颈部保养不利的习惯，一定要进行多方位的保养（图3-17）。

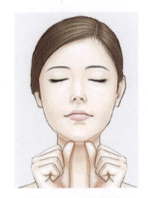

图3-17 颈部按摩

（1）自我养护。要重视颈部早晚护理，如把颈部洁肤、护肤、滋养看得与脸部同等重要。做颈部清洁和涂抹护肤品时，应从颈部最下面，双手交替由下向上轻推，可避免皮肤松弛。无论天气阴晴，出门在外应做好颈部防晒，避免紫外线伤害。如果对颈部肤色（偏黑）不太满意，经常使用颈膜可以增加颈部白皙、细嫩的效果。

（2）美容院养护。颈部按摩能加速颈部肌肤血液循环，为颈部增加滋润与营养。有条件者可定期到美容院做颈部护理，坚持每月做一至两次专业颈部护理。

（四）手部按摩养护

手是女性的第二张脸，是不可忽略的美容部位之一。美容专家常说，要知道女人的年龄，不妨先看手部，因为女性在保养脸部及身体时常常遗忘了手部，而手部又是最赤裸裸露于外界的部位，每天都要承受紫外线的照射，使得结缔组织中胶原纤维老化，肤色加深，出现皱纹。特别是到了冬季，天气异常干燥，空气湿度下降，可使原本娇嫩柔滑的双手变得粗糙，甚至脱皮、干裂。手在直接接触各种物体时也很容易受伤或受到细菌感染，因此，手部养护非常重要（图3-18）。

图3-18 手部护理

（1）手的养护最好从年轻时开始。每月至少做一次完整的手部养护，如手冷时用热敷，使血液循环，时时保暖，避免冻疮。

（2）做粗、重工作时应戴手套。平时做完家务后最好及时用温水和洗手液洗手，也可选用中性肥皂洗手。洗完后，再用冷水冲洗，以收缩毛孔，避免皮肤表层膨胀。

（3）定期去死皮。用盆装上温水放些食醋，将双手浸泡其中，反复揉搓、按摩每个关节和粗糙有皱纹处，然后再用凉水冲洗双手、擦干，可以有效去除死皮。去完之后涂抹护手霜，戴上手套或保鲜膜包一小时左右，坚持每周一次，能让手部皮肤白皙细腻。

（4）随身携带保湿喷雾。平时只要感觉干燥都可以随时使用喷雾，喷雾对于手指、指尖干燥、起皮、粗糙及老化都有很好的修复和保养作用。

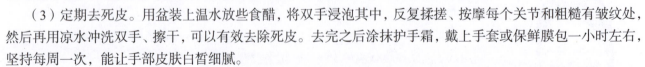

头脑风暴：

营养成分的摄入越多越好吗？为什么？

任务三 护肤品的使用

任务导入

关于护肤品购买与使用的问卷调查

1. （单选题）您的性别。（   ）
   A. 男　　　　B. 女
2. （单选题）您经常使用护肤品吗？（   ）
   A. 每天必用　　B. 经常使用　　C. 偶尔使用　　D. 从不使用
3. （多选题）您使用护肤品主要是想要达到什么功效？（   ）
   A. 美白　　　B. 祛痘　　　C. 保湿　　　D. 祛斑　　　E. 控油　　　F. 其他
4. （多选题）您选择护肤品主要考虑以下哪些方面的因素？（   ）
   A. 质量　　　B. 价格　　　C. 品牌　　　D. 安全　　　E. 功效　　　F. 其他
5. （多选题）您主要通过什么方式选购护肤品？（   ）
   A. 网购　　　B. 专卖店　　C. 专柜　　　D. 代理商　　E. 朋友介绍　F. 其他
6. （单选题）您能接受单件护肤品的价位是多少？（   ）
   A. 50元以下　　B. 50～75元　　C. 75～100元　　D. 100元以上
7. （多选题）您经常使用的品牌是？（   ）
   A. 雅诗兰黛　　B. 欧莱雅　　　C. 韩后　　　　D. 欧诗漫　　　E. 大宝
   F. 玉兰油　　　G. 半亩花田　　H. 美肤宝　　　I. 倩碧　　　　J. 自然堂
   K. 兰蔻　　　　L. 欧珀莱　　　M. 悦诗风吟　　N. 御泥坊　　　O. 兰芝
   P. 科颜氏　　　Q. 透真　　　　R. 娇韵诗　　　S. 相宜本草　　T. 理肤泉
   U. 韩束　　　　V. 百雀羚　　　W. 丹姿　　　　X. 雪花秀　　　Y. 海蓝之谜
   Z. 资生堂
8. （多选题）您所购买的护肤品达到您想要的功效了吗？（   ）
   A. 有　　　　B. 一般　　　　C. 完全没有

请思考：
请回答上述问题，根据自己的答案，分享你的看法。

知识讲解

一、护肤品的功效与选择

（一）洁面乳

1. 洁面乳的功效与作用

洁面乳（图3-19）具有一定的清洁功效，能够清洗掉面部肌肤上的污垢与油脂，使皮肤清爽。不仅如此，洁面乳还具有护肤、保湿、滋养皮肤的作用，有助于保持皮肤正常生理状态，是日常护肤中必不可少的部分。

2. 洁面乳的种类与选择

（1）皂基类有着超强清洁力，能够打出丰富的泡沫，比较适合油性皮肤、混油性皮肤使用。

（2）硫酸盐类比皂基的起泡、去油脂能力还要强，所以很容易破坏皮脂膜，导致肌肤屏障受损，刺激性也是洁面中最强的，所以不建议使用这类。

（3）氨基酸类比皂化产品温和，刺激性小，减少肌肤屏障伤害，是洁面中较为温

图 3-19　洁面乳

和的,适合干性和敏感肌使用。

3. 使用洁面乳的注意事项

每天使用洗面奶的次数不要多,一般早晚各一次就可以了,不用每天频繁洗脸。因为频繁洗脸反而会对皮肤造成伤害。

(二)化妆水

1. 化妆水的功效与作用

皮肤的70%是水分,化妆水(图3-20)为透明液体,其作用就是给干燥的皮肤"喝水",能除去皮肤上的污垢和油性分泌物,保持皮肤角质层有适度水分,具有促进皮肤的生理作用,柔软皮肤和防止皮肤粗糙等功能。

2. 化妆水的种类与选择

(1)柔肤水。一般为保湿型的化妆水,包含的水溶性保湿剂和保湿因子较多,最大的功能就是帮助肌肤补充充足的水分,适合干性和敏感性皮肤使用。

(2)爽肤水。一般含有金缕梅、酒精等能抑制油脂分泌的成分,这些成分还可以加速清除皮肤的老化细胞,适合油性皮肤使用。

3. 化妆水使用注意事项

选择化妆水时,劣质化妆水不能使用,因为酒精含量高,会对皮脂膜造成损伤;去角质化妆水慎用,长期去角质会让角质层过薄,导致皮肤过敏。

图 3-20　化妆水

(三)眼霜

1. 眼霜的功效与作用

眼霜(图3-21)主要是用来保护眼睛周围比较薄的这一层皮肤,坚持使用能够改善皮肤的弹性,有滋润眼周皮肤的功效,除了可以减轻黑眼圈、眼袋问题外,同时还具有改善皱纹、细纹的功效。

图 3-21　眼霜

2. 眼霜的种类与选择

(1)紧致眼霜可以有效软化、舒缓、放松眼部肌肤,促进肌肤细胞的新陈代谢,收紧眼部周围肌肤,重塑紧实的肌肤轮廓。适用于干性肌肤肤质、眼部浮肿、出现眼袋者使用。

(2)滋润眼霜具有较强的保湿功效,水润的滋养成分能有效预防皱纹等细纹的滋生。干燥的秋冬季节以及长时间处于空调下,使用滋润眼霜可以进行补水调养肌肤,淡化黑眼圈,保持眼部肌肤的亮丽动人。

(3)抗老化眼霜含有的抗自由基成分可以消除自由基对肌肤组织、细胞的损害,减缓眼部肌肤的衰老状况,抗皱、防晒,适合夏季及长时间使用计算机者使用。

(4)抗过敏眼霜,眼部肌肤是薄弱而又敏感的,环境的变化、温度的冷热交替,都很容易导致眼部的过敏,使用抗过敏眼霜可以有效防止眼部肌肤的过敏、发痒状况。

3. 眼霜使用的注意事项

使用眼霜应根据年龄选择,18~24岁可选择质地清爽的滋润型眼霜,25岁以上应选择紧致抗老化眼霜。忌选用营养成分过高的眼霜,不仅不易吸收,还会导致脂肪粒产生。

(四)精华液

图 3-22　精华液

1. 精华液的功效与作用

精华液(图3-22)的有效成分浓度较高,能够修护皮肤,给皮肤补充所需的营养及水分,增强角质层屏障功能,具有抗衰老的作用,同时具有美白、保湿、祛斑的效果,让肌肤保持平衡状态,能为皮肤做全面的护理。

2. 精华液的种类与选择

(1)原液。通常是以一种成分为主的精华液,它比一般的精华液浓度更高,因此针对性较强。

（2）安瓿。安瓿（Ampoule）英文原意为浓缩精华，它的特点在于不含防腐剂，完全无菌，像是注射剂一样的包装，它的有效成分比一般的精华液浓度更高，所以效果通常会比其他产品见效更快，功效更强，能让肌肤在最短的时间内达到最佳的状态。

（3）肌底液。通常含有酒精或有利于剥脱角质的成分等，能够软化肌肤角质层，有利于后续产品吸收的功效。

3. 使用精华液的注意事项

用精华液按摩的时候不能从上至下，防止皮肤吸收完水分营养之后脸部出现下垂的情况，皮肤也会容易变得松弛。

（五）乳液

1. 乳液的功效与作用

乳液（图3-23）是一种液态类护肤品，其最大的特点就是含水量很高，可以瞬间滋润肌肤，为干燥的皮肤补充水分，在肌肤表面形成轻薄透气的保护膜，防止水分流失，有极佳的保湿效果，防止皮肤干裂、起皮。

2. 乳液的种类与选择

（1）清爽型，含油分少一些，不易堵塞毛孔，适合混合性和油性皮肤。

（2）滋润型，含有透明质酸和少量油分，水分不易蒸发，保湿效果颇佳，适合干性和中性皮肤。

（3）敏感型，具有抗过敏、修护肌肤的效用，能起到屏障的作用，适合敏感性皮肤。

图3-23 乳液

3. 使用乳液的注意事项

不同肤质对乳液的需求是不同的，要根据皮肤的性质选择乳液；成分厚重的乳液，涂抹时应避开眼周，避免脂肪粒产生。

（六）面霜

1. 面霜的功效与作用

面霜（图3-24）也是一种液态类护肤品，含水度高，且不油腻，可以迅速渗透到肌肤内部，帮助肌肤保湿补水，让滋润皮肤的成分容易被留存下来，不易蒸发，可有效缓解肌肤干燥和缺水的状况，让肌肤持久保持水润状态。相比于乳液，面霜的滋润度更高，锁水效果更好。

图3-24 面霜

2. 面霜的种类与选择

（1）滋润型，具有更高的含水度和更强的保水度，适合干性、中性皮肤。

（2）清爽型，具有控油补水的功效，适合混合性、油性肌肤。

（3）敏感型，具有抗过敏、修护肌肤的效用，能起到屏障的作用，适合敏感性皮肤。

3. 面霜使用注意事项

不同皮肤性质对面霜的需求是不同的，选择面霜要根据皮肤的性质，含油量高的面霜，会导致毛孔堵塞，有可能导致皮肤病。

（七）防晒霜

图3-25 防晒霜

1. 防晒霜的功效与作用

（1）防晒防黑，可以隔离紫外线UVA和UVB辐射，具有防晒黑的作用，图3-25为防晒霜样品。

（2）抗光氧化，可以隔离紫外线和粉尘对皮肤的伤害，具有抗氧化的作用。

（3）保水护肤，含水解蛋白和维生素E，保持皮肤水分，阻挡日晒水分流失，具有抗皱护肤的作用。

（4）辅助预防疾病，具有隔离防晒作用，阳光性皮炎患者使用后不易复发。

2. 防晒霜的种类与选择

（1）物理性防晒，一般指在皮肤表面形成一层反射膜，能起到阻隔紫外线照射，反射紫外线的作用，尤其是紫外线中对人体伤害较大的成分进行反射、阻隔，但是物理性防晒霜会存在太油腻、不透气的缺点。

（2）化学性防晒，一般指添加了部分特殊的化学成分，能够有效地吸收照射在皮肤上的紫外线，或者能够跟紫外线产生化学作用，从而能够有效地吸收、消耗掉紫外线，化学性防晒霜相对轻盈干燥，清爽舒服，不会太油腻，但是不适合敏感性的皮肤。

3. 使用防晒霜的注意事项

防晒霜和护肤品一样，需要一定的时间才能被皮肤吸收，所以不能在临出门时涂抹，应该在出门前20分钟涂抹，建议外露的皮肤都要使用防晒品，包括头面部、颈部、胸口、后背、双手、手臂、双脚及双腿，并配合遮阳伞、遮阳帽等其他防晒用品一起使用。

小贴士

不同肤质应选择不同的防晒霜，具体如表3-3所示。

表3-3　不同肤质的防晒霜选择

皮肤性质	皮肤特点	防晒霜选择
干性皮肤	本身皮脂腺活力不足，血液循环差。对紫外线最大的恐惧莫过于紫外线能够导致皮肤缺水、肌力不足，保水、锁水能力下降，使皮肤老化	要使用比较滋养，能够补水、锁水、改善皮肤营养状况和增强活力的防晒产品，这类产品能够使皮肤越来越有营养，不断地改善皮肤状况
油性皮肤	皮肤油多水少，油性比较旺盛，毛孔比较粗大，紫外线照射过多容易进一步扩大毛孔，造成角质层增厚，使油性更强	对于物理性防晒霜请谨慎使用。建议使用具有较强渗透力的水剂型、无油或者少油的防晒霜，清爽不油腻
痘痘型皮肤	皮肤比较油，大量的油脂分泌堆积，以及一些新陈代谢产物、灰尘等的混合，使皮肤上总是一层厚厚的油脂	应该以比较清爽的水剂型或无油防晒霜为主，否则会加重皮肤油脂含量，增加皮肤负担，造成油脂大量堆积，使痘痘更多
敏感性皮肤	对外界感觉比较明显，对外界的干扰抵抗力比较低，皮肤角质比较薄，对不同的环境和物质抵抗力差，紫外线的照射后果更为严重，很容易晒伤和晒黑皮肤	通常敏感性皮肤适合使用物理性防晒霜，慎用化学性防晒霜。应选择通过专业皮肤敏感性测试的防晒产品，这类产品会减少一些易造成过敏物质的使用

（八）面膜

1. 面膜的功效与作用

面膜（图3-26）是一种护肤品，属于一些美容保健品的一种载体，主要是通过敷在脸上起到一定的美容功效。常见的包括补水、保湿、美白、抗衰老、修复、平衡油脂等功能。它的主要原理就是通过将含有有效成分的面膜敷贴在脸部，隔绝空气污染，提高皮肤的温度，使毛孔扩张有利于面膜中的营养成分渗透到皮肤中，发挥美容的效果。

图3-26　贴片面膜

2. 面膜的种类与选择

（1）清洁面膜，可清除角质层中的脏东西，将皮肤毛孔内的污垢、多余的油脂和老化角质清除干净，使用后会使皮肤变得光滑、柔软。

（2）保湿面膜，通常为贴片式，其精华液中一般含有玻尿酸、丙二醇、甘油、氨基酸、胶原蛋白和维生素B等保湿成分，敷完之后，可以使皮肤变得光滑水嫩。

（3）美白面膜，通常以贴片式居多，其精华液中多含有果酸、维生素C、熊果素、胎盘素和桑葚萃取液等美白成分，可达到快速淡化黑色素的效果。

（4）抗皱面膜，具有紧致提拉的作用，可淡化面部细纹，延缓皱纹的产生，令皮肤柔软顺滑、娇嫩饱满。

（5）局部保养面膜，一般包括去黑头面膜、眼膜、唇膜等，主要解决局部皮肤问题，具有针对性。

3. 面膜使用注意事项

面膜有"皮肤急救站"之称，属于加强型护理产品。面膜并不需要天天使用，通常一周敷2～3次即可。

> **课堂讨论：**
> 你平时使用面膜吗？都用过哪些面膜？使用频率如何？你选用面膜的标准是什么？请结合实际分享你的经验。

二、护肤品的使用步骤与方法

（一）护肤品的使用步骤

护肤品的使用步骤为：洁面 ➡ 化妆水 ➡ 眼霜 ➡ 精华 ➡ 乳液 ➡ 面霜。

（二）护肤品的使用方法

1. 面部清洁——洁面

（1）选择一个温和的氨基酸洁面乳。
（2）轻轻地将泡沫浸润在面部毛孔里。
（3）然后用打圈的方式进行揉搓，重点不要忘了鼻翼、下巴区域。
（4）30秒左右就可以冲洗掉，不要超过一分钟。
（5）用洗脸巾将水分擦拭干净。
（6）最好用补水喷雾进行保湿，再用化妆棉擦拭多余的水分（图3-27）。

图3-27　面部清洁——洁面　　　　面部清洁——洁面.mp4

2. 面部护理——补水

（1）选择一款适合自己的化妆水。
（2）取适量化妆水倒在手心或者化妆棉上。
（3）然后轻轻按压脸上，一定不要忘了额头、鼻翼、下巴这些位置。
（4）可以在脸颊、额头这些位置轻轻拍打，动作一定要轻柔，注意不要摩擦肌肤。
（5）最后记得脖子也要涂抹（图3-28）。

图3-28　面部护理——补水　　　　面部护理——补水.mp4

3. 眼部护理——眼霜

（1）选择一款适合自己的眼霜。
（2）取黄豆粒大小，点涂在眼下。
（3）用手指从眼头到眼尾轻轻拍开，眼睛上面也是一样的手法。
（4）再轻轻按摩提拉，从眼尾往里反方向来回按摩。

（5）最后搓热手掌，手掌的温度能很好地促进眼部血液循环，对缓解黑眼圈也有很好的帮助（图3-29）。

图3-29　眼部护理——眼霜

眼部护理——眼霜.mp4

4. 面部护理——精华液

（1）选择一款适合自己的精华液。

（2）取2～3泵精华液在手心。

（3）均匀地涂到脸上，眼周、嘴角四周也要轻柔地涂抹精华液。

（4）因为它吸收较快，所以不需要过度按摩。

（5）最后用掌心轻轻按压，感受精华液被皮肤的吸收渗透（图3-30）。

图3-30　面部护理——精华液

面部护理——精华液.mp4

5. 面部护理——乳液

（1）选择一款适合自己的乳液。

（2）取1泵左右的量在手心，均匀抹开，手掌是不会吸收护肤品的，反而能使护肤品更好地融入皮肤，更好地发挥作用。

（3）用打圈的方式，全脸涂开。

（4）轻轻按压皮肤，等待乳液被皮肤充分吸收后，就可以涂面霜了。

6. 面部护理——乳霜

（1）首先取适量的乳霜在手心，注意乳霜不需要涂太多，否则容易出油。

（2）一定要用掌心去充分乳化它，再涂脸。

（3）乳霜类都要用这种轻轻按压的方式，让护肤品充分被皮肤吸收。

（4）根据自己的肤质，特别干燥的区域可以用量多一点。

（5）最后涂抹下颚线和脖子（图3-31）。

图3-31　面部护理——乳霜

面部护理——乳霜.mp4

头脑风暴：
你是如何进行护肤的？请举例分享你的护肤经验。

拓展延伸

去 角 质

正常人的皮肤28天换一次，叫表皮更新时间，角质层14天会更新一次。角质层，也称作死皮，是表皮细胞代谢到最上面一层时，细胞核没有了，只有3～5层的角质层。健康、正常的皮肤应该是光滑、有弹性、有光泽的，但是由于外在环境的影响，皮肤的代谢速度会减慢，角质细胞无法自然脱落，只能厚厚的堆积在皮肤表面，使皮肤变得粗糙、暗沉，使用的护肤产品也会被这道过厚的屏障挡住，营养成分无法被角质层下方的细胞吸收。因此，为了预防角质层增厚，应定期利用去角质的产品（图3-32），去除皮肤表面的老废角质，让皮肤重新"呼吸"。

去角质的频率应根据自身皮肤情况而定，混合性皮肤和油性皮肤通常一周去一次角质，混合性皮肤在去角质时要分区进行，着重去除"T"区角质；干性皮肤可两周进行一次。

图3-32　去角质凝露

任务实施

◎ **任务描述**

请按照洁肤步骤清洁自己的面部，并完成护肤。由教师进行总结性评价，并为每位同学的操作打分。

◎ **任务要求**

（1）取适量的洗面奶或洁面乳于掌心，加少量清水揉搓出丰富的泡沫，将泡沫涂抹至额头、鼻尖、双颊和下颌，双手的食指、中指和无名指在面部以打圈的方式进行清洁。

（2）从下颌正中沿着脸颊最外部的轮廓向斜上方打圈按摩，直至太阳穴处。

（3）从两唇角向斜上方打圈按摩，直至太阳穴处。

（4）从鼻翼两侧向斜上方打圈按摩，直至两额角处。

（5）从额头正中向两边打圈按摩，直至两额角处。

（6）从鼻梁向下按摩至鼻翼处，再从鼻翼外侧向鼻尖方向轻轻按摩数十次。

（7）用流动的温水冲洗面部。

（8）正确完成爽肤、润肤等护肤工作。

◎ **任务评价**

本任务的评价结果如表3-4所示。

表3-4　任务评价结果

序号	评价内容	分值	教师评分	教师评语
1	清洁部位全面，无遗漏	25		
2	洁面操作熟练	25		
3	洁面后皮肤嫩滑不紧绷	25		
4	正确完成护肤工作	25		
	合　计	100		

项目四

学习难度：★★★★★
重点概念：色彩常识、色彩分类、产品功能、化妆色彩

课件

化妆基础知识

项目导读

化妆是形象设计中的重要部分，除了熟练掌握化妆技巧、修饰技巧外，色彩的搭配也很重要。

本项目就化妆的色彩，讲述色彩的基本常识，围绕色彩的概念，着重讲解色彩的分类与基本属性，帮助学习者找到适合自己的色彩，掌握化妆色彩对比的运用；在对自己的性格特征、外形和风格有了初步的判断后，从专业角度进行化妆的全方位的分析和指导，为后期的职业妆容设计打下良好的基础。

学习目标

（1）了解色彩的基本常识。
（2）了解色彩的季节分类。
（3）掌握化妆用品的种类与功能。
（4）掌握化妆色彩对比的运用。

任务一　化妆色彩

任务导入

色彩的种类繁多，具象联想和抽象联想内容丰富，具体如表 4-1 所示。

表 4-1　色彩的联想简表

色相	具象联想	抽象联想
红色	火、血、夕阳、苹果、红旗	热情、喜庆、危险、敬畏
橙色	橘子、晚霞、秋叶、太阳	温暖、华丽、冲动、背叛
黄色	香蕉、黄金、黄菊、向日葵	明快、活泼、嫉妒、藐视
绿色	树叶、草坪、森林、蔬菜	新鲜、安全、希望、轻松
蓝色	水、海洋、冰川、蓝天	沉静、理智、真理、冷酷
紫色	葡萄、茄子、紫罗兰、紫云英	高贵、梦幻、神秘、悲凉
褐色	木头、咖啡、巧克力、土地	自然、朴素、沉稳、失望
白色	白雪、白云、棉花糖、婚纱	纯洁、神圣、无私、脱俗
黑色	黑夜、头发、墨汁、煤炭	永恒、严肃、恐怖、孤独
灰色	水泥、阴天、沙石、钢铁	优雅、谦逊、平凡、消极

请思考：

色彩在化妆中有哪些作用？请相互讨论并简要说明。

知识讲解

一、色彩的基本常识

了解色彩的常识对化妆来说意义重大，一个理想的整体形象的设计，包含了形与色两个要素，而色彩的运用主要体现在妆面、服饰等。在化妆或搭配服饰时，要正确了解和掌握色彩常识、色彩搭配技巧，才能使个人形象更加完美。

（一）色彩的概念

色彩是不同波长的光刺激人的眼睛后产生的视觉感受。

（二）色彩的分类

1. 从色性上分

色彩从色性上分为无色彩系、有色彩系、独立色系。

（1）无色彩系指有明有暗，通常指白色、黑色及深浅不同的灰色（图4-1）。
（2）有色彩系指色环谱上的红、橙、黄、绿、青、蓝、紫及不同明度、纯度变化的颜色（图4-2）。
（3）独立色系指金色、银色及各种珠光色。

图4-1　无色彩系

图4-2　有色彩系

2. 从色温上分

色彩从色温上可分为冷色和暖色。

1）冷色
（1）冷色调的特征：表达安静、内向、退缩、下沉、消极、深远、内敛等。
（2）冷色调的颜色：通常包括蓝色、绿色、紫色等（图4-3）。

2）暖色
（1）暖色调的特征：表达丰满、突出、前进、开朗、膨胀、积极、乐观等。
（2）暖色调的颜色通常包括橙红、红色、黄色等（图4-4）。

色彩的冷暖不是绝对的，而是相对存在的，同一色相也有冷、暖之分。如柠檬黄与蓝色相比时，柠檬黄是暖色，而与中黄相比则显得比较冷。

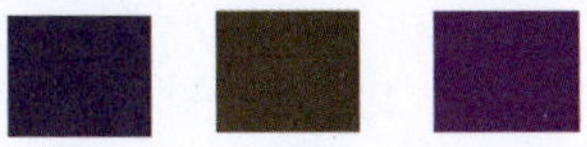

图4-3　常见冷色调

图4-4　常见暖色调

3. 从光照上分

色彩从光照上可分为光源色和固有色。

（1）光源色是指受到光的照射，物体表面的色彩成像。
（2）固有色是指物体借助光照，通过吸收与反射呈现在人们眼前的，在特定环境下存在的物体自身的色彩。

（三）色彩的基本属性

色彩的辨别比较复杂，人类能够见到的颜色多种多样，有各种鲜艳、柔和、明亮、深重不同的颜色，区分这些颜色，要考虑色彩的三个属性。

1. 色相

色相也称彩调，指色彩的"相貌"及"特征"，是区别色与色之间差别的方法。红、橙、黄、绿、青、蓝、紫是人们所识别的七个基本的色相，而色与色之间还能区分出上百种甚至更多种的颜色。色相与色彩的强弱、明暗没有关系，只是表示色彩相貌间的差异。

图4-5　12色相环

一般来说，12色相环（图4-5）中的各色都有较明确的色相，它们由红、黄、蓝三原色产生橙、绿、紫等间色，再由原色、间色产生复色。12色相环继而可产生24、48等色相环，它们均有很鲜明的色彩倾向，可称它们为纯色。纯色产生的明度和纯度的变化，构成了丰富的色彩变化。

2. 明度

明度指色彩的明暗程度，决定了颜色的深浅。在无彩色系中，白色明度最高，黑色明度最低，黑色与白色之间有明度渐变的灰色系列。提高一个颜色的明度，可适量加入白色，降低一个颜色的明度，可适量加入黑色。但在加入白色或黑色的同时，颜色的纯度也会降低。

人类的正常视觉对不同颜色的敏感程度是不一致的。人们对黄色、橙色、绿色的敏感程度高，所以感觉这些颜色比较浅且较亮；对蓝色、紫色、红色视觉敏感度低，所以觉得这些颜色比较暗。当然，同一种颜色也存在着明度的差别。比如，同样是红色，有深红、大红、浅红、棕红色等之分。纯色本身就有明度变化，从12色相环图中可以看到，黄色明度最高，紫色明度最低，其他颜色则依次形成明度的过度转化。

3. 纯度

纯度是指色彩纯净程度，也指色彩的彩度或饱和度。纯度越高，颜色的色相倾向越明确。

三原色纯度最高，其次是间色，再次是复色、再复色。当一个纯色加入黑、白、灰时，其纯度就会降低；纯度降低到一定程度，颜色就会失去其明确的色相；当颜色纯度降至为零时，就成为无彩色灰色，也叫浊色。

（四）色性的属性

色性指色彩的冷暖属性。色彩本没有冷暖之分，而是由人在现实生活中对不同事物颜色的感受而产生的一种感官联想，从而给人们的心理造成冷暖的感觉。

色彩的冷暖也是相对而言的，任何一个颜色的冷暖感觉是由周围色彩的对比决定的。如绿色与黄色、红色相比时绿色偏冷，而与蓝色相比又偏暖。在同类色相中，如黄色，柠檬黄要比中黄冷，橙黄则比中黄暖。所以说色彩的冷暖是相对的，一个颜色会随周围色彩环境的变化而转变自身的冷暖性质。此外，一个颜色加入白色后会变冷，加入黑色后会偏暖。

（五）色调的因素

色调是色彩的调子，指色彩群外观色的总色彩倾向，即色彩的感觉，色与色之间的整体关系构成的颜色阶调。它是由占据主要面积的色彩决定的。

化妆时，色调是构成色彩统一与协调的重要因素。色调是由色相、明度、纯度、色性等因素决定的。

（1）从色相上分，色调有红色调、蓝色调、黄色调等。

（2）从明度上分，色调有亮色调、暗色调、灰色调。

（3）从纯度上分，色调有鲜色调、浊色调。

（4）从色性上分，色调有冷色调、暖色调。

（六）色彩的基本术语

色彩的变化是丰富多彩的，同时也有一定的规律，运用规律进行组合，就会变幻出无穷的颜色。但无论色彩怎样变化，有三种颜色无法用其他颜色调配出来。这三种颜色即是所谓的原色。

1. 三原色

原色又称为基色，也称第一次色，是世界上最单纯的颜色，无法由其他的颜色混合而成。原色是用以调配其他色彩的基本色，色纯度最高，最纯净、最鲜艳，可以调配出绝大多数的色彩。

三原色为红色、黄色、蓝色（图4-6）。

图4-6　三原色

2. 三间色

间色是指由两种原色调配出来的颜色，因此也称第二次色。其中，红色与黄色调配出来的颜色为橙色，黄色与蓝色调配出绿色，蓝色与红色则调配成紫色，橙色、绿色、紫色三种颜色就是三间色（图4-7），在调色时原色的量不同，可以产生丰富的间色的变化。

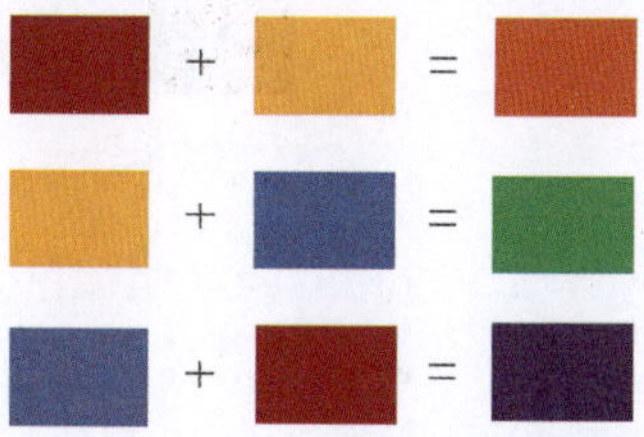

3. 互补色

互补色也被称为余色，是指色环谱上呈180°相对的两个颜色。如蓝色与橙色，黄色与紫色，红色与绿色两两之间的对比（图4-8）。

图4-7 三间色

4. 对比色

对比色是指三个原色间的相互对比，如红色与黄色，黄色与蓝色，红色与蓝色对比（图4-9）。在色相环上的120°以外的颜色，其中处于180°相对应的互补色，对比最为强烈。对比色的效果活泼、刺激，变化丰富。

图4-8 互补色

5. 复色

复色是用原色与间色调配出来的颜色，故也称第三次色、从色、复合色。复色千变万化，富有极强的表现力，在化妆中被广泛运用。

图4-9 对比色

6. 同类色

同类色是指同一色相、色彩的不同纯度与明度。以24色相环来划分，色相环中相距45°角，或者彼此相隔两三个数位的两色，为同类色关系，属于弱对比效果的色组。同类色的色相主调十分明确，是极为协调、单纯的色调，能起到色调调和、统一，有微妙变化的作用。

7. 邻近色

邻近色是指色环谱上距离接近的色彩。邻近色也是类似色关系，仅是所指范围缩小了一点。从同类色、类似色、邻近色的含义来看，都含有共同色素。采用此类色彩配合给人以统一而调和的感觉。

> **课堂讨论：**
> 色彩的视觉心理效应有哪些？请相互讨论并简要说明。

二、化妆色彩对比的运用

化妆是利用各种各样、不同颜色的化妆品，并通过化妆技巧来体现面部的形态。色彩的运用决定了妆面的效果，不同的色彩搭配有不同的情感表达方法。颜色搭配合理，则妆面显干净，整体形象统一；错误的颜色搭配会使妆面凌乱、不协调。因此，色彩的搭配在化妆中有很重要的作用。

（一）化妆时配色的规律

化妆中的配色通常是指眼部色彩的搭配，妆面与服装颜色的搭配等。在运用色彩进行面部化妆时，配色的一般规律为：任何一个色相均可以成为主色调，与其他色相组成对比色关系、互补色关系、邻近色关系和同类色关系的色彩组织。化妆时，色彩的情感运用要与妆面的要求达成一致。错误的色彩搭配，会影响整体形象。常见的色彩搭配方法有以下几种。

1. 色相的对比配色

色相的对比有原色与原色的对比、间色与间色的对比、原色与间色的对比等。其对比规律有以下几种。

1）色相的强对比配色

（1）对比色对比（即原色与原色的对比配色）。对比色对比（图4-10）是指三个原色之间的对比，属于强对比。

（2）互补色对比（即间色与间色的对比配色）。互补色对比（图4-11）是指色相谱中呈180°的相对的两个颜色的对比。互补色对比的效果比较强烈，引人注目，常用于舞台装、晚宴妆等场合。在实际运用时还要注意使用量。

图 4-10　对比色配色

图 4-11　互补色配色

2）色相的弱对比配色

（1）邻近色对比。邻近色对比（图 4-12）是指色相环上 90° 以内的颜色的对比，如橙色与红色的对比，黄色与绿色的对比，蓝色与紫色的对比等。邻近色因色相相距较近，容易达到调和，而且色彩的变化要比同类色丰富。在运用邻近色对比时，同样应注意加强色彩明度和纯度的对比，使邻近色的变化范围更宽、更广。在化妆应用中，使用邻近色进行对比，也可与同类色对比搭配进行妆面的处理。使妆面效果显得柔和。

（2）同类色对比。同类色对比（图 4-13）是指在同一色相中，色彩不同纯度与明度的对比，如深蓝色与蓝色的对比。在日妆常用于眼部眼影的颜色，使妆面效果显得协调、柔和。当然，同类色的对比也容易使妆面显得平淡、单调，缺乏立体感。所以，在运用同类色时应注意明度和纯度对比的变化，使其对比效果丰富起来，避免单调。

图 4-12　邻近色对比

图 4-13　同类色对比

2. 色彩明度对比的搭配

明度对比是色彩的明暗程度的对比，深与浅的对比，也称色彩的黑白度对比。明度对比是色彩构成的最重要的因素，色彩的层次与空间关系主要依靠色彩的明度对比来表现。只有色相的对比而无明度对比，则图案的轮廓形状难以辨认；只有纯度的对比而无明度的对比，则图案的轮廓形状更难辨认。在化妆时，常运用明度的对比。例如，立体晕染法就是通过明度对比完成的，利用深浅不同的颜色使较扁平的五官显得有立体感。此外，明度对比有强弱之分。

3. 色彩纯度对比的搭配

纯度对比是指由于色彩纯度的区别而形成的色彩对比效果。色彩中的纯度对比有强对比、弱对比之分。

（1）强对比。纯度强对比使画面明朗、富有生气，色彩认知度也较高，效果强烈，但反差较大（图 4-14）。乘务员在化妆时，要根据妆面需要选择色彩纯度的强与弱。

（2）弱对比。纯度对比的画面视觉效果比较弱，形象的清晰度较低，适合长时间及近距离观看。其对比效果和谐、含蓄、自然柔和（图 4-15）。

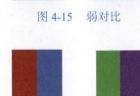

图 4-14　强对比

图 4-15　弱对比

4. 冷暖的对比

色彩原本没有冷暖之分，通常说的色彩的冷暖是人的一种心理感受。暖色使人感到温暖，如看到红色会使人联想到火苗，让人感到温暖。冷色使人安静，如看到蓝色让人想到大海，让人安静。红与蓝是色彩冷暖的两个极端，绿色和紫色居中（图 4-16）。化妆时，暖色系的妆面加入冷色的点缀会使妆面显得冷艳。在具体运用时，要考虑妆面的要求。

图 4-16　冷暖的对比

5. 面积的对比

同样的两种颜色对比时，由于面积的不同，会产生不同的效果。

（1）两个色块的面积相同或接近时，对比效果强烈，属于强对比（图 4-17）。

（2）两个色块的面积相差较大时，属于弱对比（图 4-18）。

图 4-17　面积的对比 ①

图 4-18　面积的对比 ②

（二）色彩的搭配与情感

色彩本身是没有情感的，丰富多彩的色彩给人们带来不同的心理或视觉感受，颜色对眼睛的刺激也会对人们的情感产生影响。所以，在化妆时，可以利用色彩的情感作用，表现不同的妆面效果。

1. 三原色与其他颜色的搭配

（1）红色代表热情、喜悦、开朗、艳丽、直爽、幸福、吉祥、赤诚、血腥、恐怖等特点。

① 在化妆时，红色可与无色彩系——黑、白、灰色搭配。与黑色搭配显得稳重，与白色搭配显得活泼，与灰色搭配显得优雅（图4-19）。

② 红色也可以与金、银色搭配，显得时尚、动感。

（2）黄色代表温暖、希望、丰收、明快、警惕、生命力、注意等特点。

① 在化妆时，黄色可与无色彩系黑色、白色搭配。与黑色搭配显得沉稳，与白色搭配显得可爱（图4-20）。

图4-19　红色与无色彩系搭配　　　　图4-20　黄色与无色彩系搭配

② 黄色与金色、咖啡色搭配，有和谐、自然、华丽的感觉（图4-21）。

③ 黄色与蓝、绿、紫等颜色搭配，可突出黄色的明度（图4-22）。

图4-21　黄色与金色、咖啡色搭配 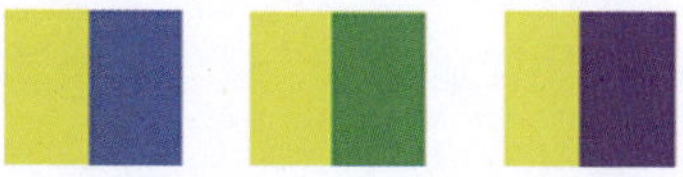　　　　图4-22　黄色与蓝、绿、紫色搭配

（3）蓝色代表深沉、永恒、冷静、信仰、收敛、寒冷等特征，可与黑、白、粉、黄、橙等颜色搭配。

① 蓝色与白色搭配，可用于职业妆的塑造（图4-23）。

② 蓝色与黄色搭配，给人清爽、明快的感觉，常用于夏季日妆（图4-24）。

③ 蓝色与粉色搭配，显得时尚动感，可用于春季日妆（图4-25）。

图4-23　蓝色与白色搭配　　　　图4-24　蓝色与黄色搭配　　　　图4-25　蓝色与粉色搭配

2. 三间色与其他颜色的搭配

（1）橙色代表着丰收、成熟、健康、积极、光明、兴奋、快乐，可以与黑色、金色、绿色、黄色、紫色等搭配。橙色通常适用于皮肤较深有健康肤色的人（图4-26）。

（2）紫色在色彩中的光波最短，有神秘、内敛、孤傲、失落、高贵、优雅之感，可与黑、白、粉红、金、银、黄等色搭配（图4-27）。

橙色与无色彩系搭配　　　　紫色与黑、粉、黄色搭配

图4-26　　　　图4-27

（3）绿色给人博爱、和平、生命力、希望、年轻、快乐、新鲜、安全的感觉，可与黑、白、粉红、金、银、黄、橙等色搭配（图4-28）。

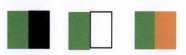

图4-28　绿色与黑、白、橙色搭配

3. 咖啡色与其他颜色的搭配

咖啡色也称为化妆中的"万能色",即"最安全"的颜色,有成熟、稳重、内敛、中庸、温暖、安静的感觉,可与任何颜色搭配,最适合与米色、金色、黑色、红色等色搭配(图4-29)。

图4-29　咖啡色与米色、黑色、红色搭配

4. 中性色与其他颜色的搭配

金、银、黑、白、灰在色彩的感觉上属于中性色,可以与任何颜色搭配,起到缓冲、协调的作用,突出其他颜色。

5. 色彩的情感

色彩的心理感觉受个人的喜好、学识、年龄等方面的影响。

(1)冷暖感。所谓色彩的冷暖感是心理感觉,而不是因为色彩本身有冷暖变化。例如,看到红色会联想到火焰,有温暖的感觉;看到蓝色想起大海,有清爽的感觉。在同一色相中,由于纯度、明度及光照的不同,也会形成一定的冷暖差异。

(2)前进与后退感。同一背景、面积相同的物体,由于其色彩的不同,有些给人以凸出向前的感觉,有的则给人以凹进深远的错觉。前者称为前进色,后者称为后退色。一般来说,明色与暖色有突出向前感,如橙色、红色、黄色等;暗色与冷色则给人后退感,如棕色、墨绿色、深蓝色等。

(3)轻重感。色彩能使人看起来有重量感,一般来说,明度越高感觉越轻,明度越低感觉越重。在无彩色系中,黑、白色具有坚硬感,暖色则有柔和感。

头脑风暴:

请找出五对强对比和弱对比的色彩。

小贴士

色彩的季节分类

不同的色彩可以带给人们不同的感受,也可以使人联想到不同季节的变化(图4-30)。

1. 属于春季的色彩

春季颜色的特点是柔和、自然。

2. 属于夏季的色彩

夏季颜色的特点是明亮、鲜艳。

3. 属于秋季的色彩

秋季颜色的特点是成熟、稳重。

4. 属于冬季的色彩

冬季颜色的特点是沉着、冷静。

图4-30　色彩的季节分类

任务二　化妆用品与工具基本知识

任务导入

孙婷婷刚开始学习化妆,首先要先备齐一套化妆用品和工具,因此,她立即去了商场,当面对琳琅满目的化妆品和工具时,她犯愁了,完全不知道应该如何选择,为此她非常苦恼。

> **请思考：**
> 你认为孙婷婷苦恼的原因是什么？你会给她提哪些建议？

知识讲解

一、彩妆用品的选择与使用

（一）妆前用品：隔离霜

1. 隔离霜的功效

隔离霜（图4-31）是妆容的基底，它能在皮肤表面形成自然的保护膜，保护皮肤不受化妆品的侵蚀，具有防污、防晒的功能，如果不使用隔离霜就涂粉底，粉底会堵住毛孔，并且伤害皮肤，容易产生粉底脱落的现象。

2. 隔离霜的种类

（1）具有防晒功效的隔离霜，就是一般低SPF值的防晒霜，基本以欧美产品为主。

图4-31　隔离霜

（2）具有防晒和修饰肤色作用的隔离霜，以日本、韩国产品居多，具有防晒、修饰肤色的作用。

（3）隔离霜的颜色有紫色、白色、绿色、粉色、肤色等。

3. 隔离霜的选择与使用

（1）紫色。在色彩学中，紫色互补色是黄色，因此紫色具有中和黄色的作用，让肌肤呈现健康明亮的效果，适合偏黄的肌肤。

（2）绿色。在色彩学中，绿色互补色是红色，绿色隔离霜可以中和面部过多的红色，使肌肤亮白，适合偏红肌肤或有痘印的肌肤。

（3）粉色。浅色隔离霜没有调色功能，适合肤色偏白或无血色的肌肤。

（二）底妆用品及功效

1. 粉底

1）粉底的功效

粉底能够改善肤色，保护皮肤。给面容增添青春、健康的色彩，同时遮盖导致面部肤色不均匀的色素及细小瑕疵，避免彩妆品直接接触皮肤，并防止外界粉尘进入毛孔。

2）粉底的种类

粉底大致分为液体状、膏状、霜状三类；产品包括粉底液、气垫粉底液、粉底霜、粉底膏和粉底棒等。

3）粉底的选择与使用

（1）粉底液（图4-32）。液体，配方轻柔、紧贴皮肤，油脂含量适中，延展性强、流动性强，具有透明、自然、保湿的效果。优点是与皮肤贴合自然无痕，使肌肤看起来细腻、清爽；缺点是单独使用容易脱妆，对瑕疵的遮盖效果不够好。适合油性、中性、干性皮肤。

（2）气垫粉底液（图4-33）。便于携带，使用方法简单。优点是可以打造出具有微微光泽感的"陶瓷肌"，妆感清透水润。缺点是单独使用容易脱妆，持久性不强，并且遮瑕力较弱，对于皮肤状态要求非常高。如果肌肤瑕疵过于明显，妆效就会大打折扣。

图4-32　粉底液

图4-33　气垫粉底液

（3）粉底霜（图4-34）。属于固体，质地较浓稠，油脂含量较高，优点是有光泽、有张力、滋润，特别适合干性皮肤，且遮盖力强，能掩饰细小的干纹和斑点；缺点是长时间使用会堵塞毛孔，导致皮肤呼吸不畅。使用的时候要适当控制用量，如果用量太多，妆感会较为厚重，显得不自然。

（4）粉底膏（图4-35）。粉底膏偏粉质，油脂含量高，水分较少，和粉底霜比起来，质地更为厚重，不容易推开。优点是颜色均匀、遮盖力强；缺点是干性皮肤或者气候干燥的季节使用后都会使皮肤更加干燥，因此需要做好保湿工作。适合用于舞台妆、影棚妆、新娘妆等浓妆。

（5）粉底棒（图4-36）。包装像口红，体积小，携带方便，适合外出时使用。粉底棒油脂含量较低，整体质感略干，如果肤质较干或保养不到位，使用时容易卡粉和浮粉，影响整体妆感，但用于局部遮瑕效果很好。随身携带时，要注意高温可能会使粉底棒融化。

图4-34　粉底霜　　　　图4-35　粉底膏　　　　图4-36　粉底棒

2. 遮瑕

1）遮瑕的功效

遮瑕产品可以对细小的瑕疵，如斑点、痘印和黑眼圈等进行遮盖，使皮肤呈现更好的状态。

2）遮瑕的种类

常见的遮瑕产品有遮瑕膏、遮瑕液、遮瑕棒和遮瑕气垫，遮瑕产品的颜色大都接近肤色，通常选用的颜色要比粉底颜色稍深。

3）遮瑕的选择与使用

（1）遮瑕膏（图4-37），质地厚重且油脂含量高，遮瑕力强，适用于面部瑕疵较多者，可遮盖黑眼圈、斑点、痘印等明显瑕疵。使用时，少量涂抹即可，否则会显得厚重、不自然。

（2）遮瑕液（图4-38），质地较为滋润，可营造自然不留痕迹的遮瑕效果，用于遮盖面部较小的瑕疵，但遮盖力不强，适合中干性皮肤使用。

（3）遮瑕棒（图4-39），易于携带，市面上还有唇部遮瑕棒、法令纹遮瑕棒等各类产品，可根据需要选择。

（4）气垫遮瑕（图4-40），其实就是给遮瑕液换了一种包装形式而已，从成分和质地上来说并没有太大的区别，只是使用起来更方便。

图4-37　遮瑕膏　　图4-38　遮瑕液　　图4-39　遮瑕棒　　图4-40　气垫遮瑕

3. 定妆

1）定妆的功效

定妆产品用在底妆之后，具有吸收面部多余油脂、减少面部油光，起到固定妆容、令妆容更持久的作用；还可以全面调整肤色，弱化脸上的瑕疵，让皮肤看起来更加柔滑细致。

图 4-41 散粉

2）定妆的种类

定妆分为控油型、保湿型两种，产品有散粉、粉饼、湿蜜粉、定妆喷雾等。

3）定妆的选择与使用

（1）散粉（图 4-41）。散粉也称蜜粉。散粉的粉质较为细腻，外包装较大，适合居家使用。油性肌肤者可以在油脂分泌旺盛的 T 区多次叠加按压散粉，加强定妆的效果，但是需要避开珠光类散粉，否则时间久了，脸上的油光就会和珠光混合在一起，使妆面看起来更脏。挑选颜色时，可以依旧遵循暗黄肌肤选择紫色、泛红肌肤选择绿色、健康肤色选择自然色的原则。

（2）粉饼（图 4-42）。通常有干粉、湿粉和干湿两用粉饼，是将散粉压制后呈现出的饼状产品，适合外出时携带。除了和散粉一样可以用于定妆，还可以作为粉底使用。由于粉饼属于干粉，且油脂含量较低，干性皮肤使用时很可能出现浮粉、卡粉、不服帖等情况，因此干性皮肤要避免单独使用粉饼，仅在外出时用其补妆即可。

（3）湿蜜粉（图 4-43）。湿蜜粉和散粉无论是外部包装还是质地相似度都非常高。但是湿蜜粉中含有保湿成分，比普通蜜粉更为滋润，上脸后会有微微的清凉感与水润感，适合干性肌肤以及眼下细纹较明显的肌肤。如果用了湿蜜粉后依旧觉得眼下细纹明显，建议在上蜜粉的时候避开眼下的位置。

（4）定妆喷雾（图 4-44）。原理就是里面的成膜剂可以将粉质和水融合在一起，减少空隙的同时，又在妆容上形成一层薄膜，是一款集定妆补妆、控油保湿为一体的化妆产品。它的水雾很细腻，轻轻一喷就能锁住妆容，成膜效果好，延缓肌肤出油，从而减少浮粉，让肌肤看起来更有光泽度。

图 4-42 粉饼

图 4-43 湿蜜粉

图 4-44 定妆喷雾

（三）眉妆用品

1. 眉妆的功效

常用的画眉产品有眉笔、眉粉和眉膏。眉妆可以加深眉色，填补眉毛的缺失，增加眉毛的层次感与立体感，画眉时可以单独使用，也可以三种产品配合使用。

2. 眉妆用品的种类

常用的画眉产品包括眉粉、眉笔、液体眉笔、眉膏和撕拉眉胶。

3. 眉妆用品的选择与使用

图 4-45 眉粉

（1）眉粉（图 4-45）。眉粉盘一般都是深浅色搭配形式，亮色适合提亮眉部轮廓，中间色适合打底，画出眉毛的大致轮廓，深色适合加强眉毛的立体感与真实感。对于断眉、残缺眉者来说，可以填补眉毛间的空隙，帮助修饰眉形。使用眉粉时，应配合专用的眉刷，避免眉粉过多造成局部眉毛过重。

（2）眉笔（图 4-46）。眉笔是最常用的画眉工具之一，对于眉毛稀疏的人来说，用眉笔可以画出相对细致、硬朗的眉毛轮廓。眉笔的笔芯有软硬之分，通常来说，笔芯偏硬的眉笔，笔尖可以削得相对尖些，能画出根根分明的眉毛效果。而笔芯偏软的眉笔容易折断，笔尖无法被削得很尖，画眉时着色较重，容易晕开。也可以将眉笔和眉粉搭配使用。

图 4-46 眉笔

（3）液体眉笔（图4-47）。笔尖细小，能画出与真实毛发相似度极高的眉毛线条。它还有速干、不易修改的特点，因此对化妆者的技术要求相对较高，适合有足够化妆经验者。如果眉毛比较稀疏，又觉得用其他眉妆产品画出来的眉毛真实感不够，就可以尝试使用液体眉笔。

（4）眉膏（图4-48），主要用于调整眉毛的颜色。亚洲人的毛发颜色大多偏向青黑色，当染发或者改变妆容风格后，青黑色的眉毛会很突兀，如果想要让整体风格一致且色调和谐，就需要用染眉膏使眉毛的颜色和发色接近。另外，染眉膏的遮盖力较强，对于眉毛浓粗的人来说，使用眉膏可以把较黑的眉毛变得柔和一些。

（5）撕拉眉胶（图4-49）。近几年，市面上出现了一种适合懒人的画眉神器，即撕拉式的染眉胶。使用撕拉眉胶时，要先在眉毛上面按照想要的眉形厚敷一层眉胶，然后等待2个小时或整晚，最后将眉胶撕除即可。染眉胶的颜色可以维持3~5天，效果类似于半永久眉毛，并且不会对肌肤造成创伤，颜色褪掉后就可以换其他眉形。

图4-47 液体眉笔

图4-48 眉膏

图4-49 撕拉眉胶

（四）眼妆用品

1. 眼影

1）眼影的功效

眼影赋予眼部立体感，通过亮色与暗色的色差对比，力求达到突出眼周立体感的效果，还具有利用色彩烘托整个脸部形象的作用。

2）眼影的种类

眼影大致分为粉状、膏状、液体状三类，产品有眼影粉、眼影膏、眼影棒和眼影液等。

3）眼影用品的选择与使用

（1）眼影粉（图4-50）。粉质眼影质地服帖，适合混合性、油性肌肤使用。粉状眼影一般以多色组合的形式出现。使用时，通常先用浅色打底，再用中间色晕染，最后用深色点缀。眼影盘非常适合化妆新手，用一盒眼影盘就可以化完整个眼妆。粉状眼影的质地分为哑光和珠光两种，应根据自身的需求选择。

（2）眼影膏（图4-51）。膏状眼影质地轻薄，适合中性、干性肌肤使用。膏状通常都是单色单独包装，色彩清透度极佳，具有3D效果，会随着角度的不同，呈现浑然相异的光泽感，常用于特效妆和舞台妆。但膏状眼影较难卸除和修改，所以在使用前一定要先掌握好化妆技巧。

（3）眼影棒（图4-52）。眼影棒通常分为单头眼影棒和双头眼影棒，其质地介于粉状眼影和膏状眼影之间，适合中性、干性肌肤使用。利用眼影棒画出来的眼妆效果比较浓重，让眼妆的色彩均匀并富有立体感。香槟色的眼影棒打底或画卧蚕都非常好。并且眼影棒小巧便捷方便携带，可以出门在外使用。

图4-50 眼影粉

图4-51 眼影膏

图4-52 眼影棒

（4）眼影液（图4-53）。液体眼影的质地非常清透，延展性好、透明度与光泽度非常好，好的眼影液会瞬时干燥却保留液体质感，但显色效果不如粉质眼影。使用时要注意用量，建议先取少量抹在手背上，再以指腹蘸取，这样就可避免取量上的错误。若想单纯使用液体眼影时，可以用重复涂抹的方式，在眼睑的皱褶处做加强的效果。

图4-53　眼影液

2. 眼线

1）眼线的功效

描画完整的、适合自己的眼线，不但能提升妆容的整体质感，使眼部轮廓更清晰，使眼睛更有神，还可以修饰眼形的缺陷。用不同的眼线产品画出来的眼线风格也大不相同。

2）眼线的种类

眼线用品大致分为粉状、膏状和液体状三类，产品包括眼线笔、眼线液、眼线膏、水溶性眼线粉等。

3）眼线的选择与使用

（1）眼线笔（图4-54）。眼线笔的外形类似铅笔，大多数眼线笔为粉质质感，质地十分柔软，可以描画出柔和的感觉，并且容易操作，对于初学者来说较易掌握。

（2）眼线液（图4-55）。眼线液画出的眼线较为浓郁，线条明显，且不容易晕妆。市面上常见的眼线液有笔状眼线液和瓶装眼线液。眼线液对笔尖的毛刷有很高的要求，毛刷要有弹性且不能开叉，这样才有利于描画线条。使用完眼线液要记得盖好盖子，否则眼线液很容易变干。

眼线笔

眼线胶笔

图4-54　眼线笔

眼线液笔

眼线液

图4-55　眼线液

（3）眼线膏（图4-56）。眼线膏是眼线笔与眼线液的"衍生物"，它综合了二者的优点。使用眼线膏时要搭配专业的眼线刷。

（4）水溶性眼线粉（图4-57）。水溶性眼线粉要用眼线刷沾上水后蘸取使用，但持久性不强。

图4-56　眼线膏

图4-57　水溶性眼线粉

3. 睫毛膏

1）睫毛膏的功效

用睫毛膏能制造出浓密、纤长的睫毛效果，不同功能的睫毛膏能让双眼释放出不同的"电力"，令眼睛更有神采、更有深邃感。

2）睫毛膏的种类

睫毛膏（图4-58）可分为卷翘型睫毛膏、浓密型睫毛膏、防水型睫毛膏和透明睫毛膏。根据睫毛的浓密度与长度选择适合的种类,刷头有四角形、锥形、梭形、弯曲形、精细型等类型;生活妆颜色以深色、深棕色为主。

3)睫毛膏的选择与使用

(1)睫毛纤维。很多睫毛膏配有白色的纤维。利用睫毛膏的黏性和静电将纤维粘在睫毛上,能使睫毛变得更纤长和浓密。涂抹的顺序为:睫毛膏+睫毛纤维+睫毛膏。

(2)四角形刷头。这种刷头的刷毛整体呈圆柱形,使用时,在拉长中间的睫毛的同时,也能照顾到眼头和眼尾的睫毛,让睫毛根根分明,无论从什么角度看都是完美的。

(3)锥形刷头。这种刷头能有效加强睫毛丰盈的效果,刷出浓密且不结块的睫毛。较长一端的刷毛可以自然地包裹住眼尾的睫毛,让眼尾的睫毛卷翘度更出众。

(4)梭形刷头。特点就是中间的刷毛较长,长度逐渐向两头递减。这种刷头可以让眼睛中间部分的睫毛更有纤长和卷翘感。

(5)弯曲形刷头。这种刷头是根据眼睛的轮廓以及睫毛的生长曲线设计而成的,使用起来很便利,可以照顾到每根睫毛。

(6)精细型刷头。精细型睫毛膏刷头很小,刷毛也很短,容易上手。这种小刷头的睫毛刷很适合用来刷下睫毛,使用时无论是竖向刷还是横向刷都很容易把握。

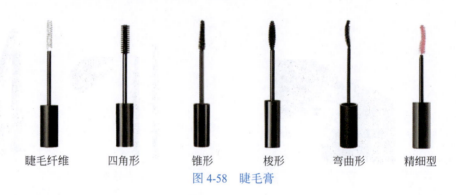

睫毛纤维　　四角形　　锥形　　梭形　　弯曲形　　精细型

图 4-58　睫毛膏

(五)修容用品

1. 高光

1)高光的功效

高光可以涂在脸部需要凸出的部位,能够起到提亮肤色、增强五官立体感的作用。

2)高光的种类

高光(图 4-59)可以分为膏状、粉状和液体状,产品有高光粉、高光膏和高光液等。

3)高光的选择与使用

高光多用在眉骨、鼻梁、下眼睑、颧骨、颌面等部位。高光的颜色多贴近肤色,主要颜色有银白色、白色、米白色、粉色、古铜色等。不同的肤色应选择不同颜色的高光,高光的颜色要比肤色亮2~3度。

高光膏　　　　　　高光粉　　　　　　高光液

图 4-59　高光

2. 阴影

1）阴影的功效

阴影是指用相对自身肤色较深和较浅的修容产品，利用色彩的明暗可以起到修饰脸型、提高鼻梁、增强面部立体感的作用。

2）阴影的种类

阴影可以分为膏状、粉状和液体状，产品有阴影粉、阴影膏、鼻影粉和发髻线粉等（图4-60）。

3）阴影的选择与使用

阴影多用在额头边缘、脸颊外侧、鼻梁两侧、下嘴唇正下方及下颌线下方与唇齐宽的部位。其中液体修容比较自然，用在粉底之后易与粉底衔接，粉状修容用在定妆粉之后。阴影的颜色一般以棕色和咖啡色为主，选择阴影时，阴影的颜色要比肤色暗3～4度。

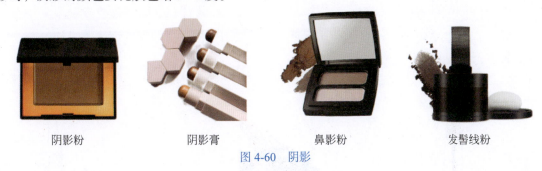

阴影粉　　　　　阴影膏　　　　　鼻影粉　　　　　发髻线粉

图4-60　阴影

3. 腮红

1）腮红的功效

腮红的主要作用是能给皮肤增添活力，提升气色，使肤色显得健康红润，有立体感；还能修饰脸形，掩盖皮肤瑕疵，是打造整体妆容的重要部分。

2）腮红的种类

常见的腮红（图4-61）有粉状、膏状和液体状；产品有腮红粉、腮红膏、腮红液等，生活妆的颜色主要以粉色系、棕色系和橘色系为主。

3）腮红的选择与使用

（1）腮红粉。粉质腮红最常用，质地轻薄服帖、容易控制涂抹范围，适合初学者和油性肌肤者使用。

（2）腮红膏。膏状腮红通常搭配棉扑使用，能够使妆容更自然、更持久，较适合干性肌肤者使用。

（3）腮红液。液体腮红便于涂抹，分含油和不含油两种，非常自然，呈现如同肤色的红润，较适合中性肌肤者使用。

腮红粉　　　　　腮红膏　　　　　腮红液

图4-61　腮红

小贴士

腮红的色彩。一是根据皮肤的色彩属性选择，冷色调皮肤选择粉色腮红，暖色调皮肤选择橘色腮红；二是根据妆面的冷暖选择。

(六)唇妆用品

1. 唇妆的功效

唇妆的主要功能是为暗淡的双唇增添色彩,能提升精气神,还能修饰唇形,使面容看上去更加生动、明艳,起到画龙点睛的作用。

2. 唇妆的种类

目前,唇妆产品(图 4-62~图 4-64)样式更加丰富,延伸出了唇彩、唇蜜、唇釉、唇膏笔等产品,适合更多的人群和场合。

3. 唇妆用品的选择与使用

(1)管状口红。口红是最常见的化妆产品,其优点是色彩饱和度高,遮盖力强,不外溢,最能修饰唇形和唇色,其缺点是不够滋润,短时间内嘴唇容易变干、起皮。因此,涂口红之前应先用润唇膏对嘴唇进行保湿处理,这样可以延迟嘴唇变干的时间。

(2)口红盘。口红盘中包含多种颜色,方便使用者蘸取和根据自己的喜好调色。早期的专业化妆师用口红盘的次数较多,使用时需要用唇刷蘸取上色。

(3)气垫口红。气垫口红其实是液体的口红,只是增加了气垫海绵的特殊包装,使用时的触感很亲肤。

管状口红

口红盘

气垫口红

图 4-62　唇妆①

(4)唇蜜。唇蜜大多属于啫喱状,其颜色通常比较浅淡,可以呈现晶莹剔透的视觉效果,适合淡妆、透明妆或者裸妆。其缺点是对于唇色的遮盖和修饰效果较弱,而且容易从唇纹里面溢出,使唇部轮廓变得模糊。

(5)唇彩。唇彩柔软而富有质感,常呈黏稠液状或薄体膏状。唇彩与唇蜜相比质地更厚,遮盖力更强,通常会搭配口红一起使用。

(6)唇釉。唇釉又称液态口红,是集口红的鲜艳亮丽、唇彩的光泽滋润于一体的产品,其优点是上色度较好,能使唇部长时间保持鲜艳色彩。其缺点是质地比较黏稠,不太适合嘴唇过厚的人使用。

(7)染唇液。优点是色素附着力强,不容易掉色,建议除非有特殊情况,否则应避免长时间使用染唇液。使用撕拉型的染唇液时,撕下薄膜的时候嘴唇很容易受伤,还容易留下色素,需要谨慎选择。

唇蜜

唇彩

唇釉

染唇液

图 4-63　唇妆②

(8)唇膏笔。唇膏笔的特点是笔头小,适合化细致的唇妆。市面上的唇膏笔一般分为螺旋式和刀削式两种。唇膏笔的质地较软,在削的过程中,要注意力度,否则很容易断裂。

（9）唇线笔。唇线笔的主要功能是确定唇妆边界，防止化妆者将口红涂到嘴唇以外的地方。唇线笔的色号非常多，可以与口红搭配，关键时刻还可以充当口红。如果不想唇线过于明显，也可以选择无色的唇线笔。

唇膏笔　　　　　　　　　　唇线笔

图 4-64　唇妆③

头脑风暴：
鼻影产品可以用哪些化妆品代替？

二、化妆工具的种类与性能

（一）底妆工具

1. 粉底海绵

粉底海绵（图 4-65）是涂抹底妆的工具，用质地细密的海绵涂粉底，既均匀又卫生，而且柔软舒适。为了使粉底均匀地附着在皮肤上，要求海绵富有弹性；天然乳胶原料制成的材质较好，质感柔软，易涂抹。常见的海绵形状各异，有圆形、葫芦形等，海绵可以用于鼻子或眼睛下部的细小部位，其平坦的一面可用于打基础底色。

使用方法是先将海绵用水浸湿，然后用纸巾吸出海绵中的水分，使其呈微潮的状态后将粉底在皮肤上均匀地涂抹开。

图 4-65　粉底海绵

2. 粉底刷

粉底刷（图 4-66）能将底妆上得轻薄又均匀，可以照顾到脸上的众多小细节，粉底刷的材质非常重要，刷毛短而稍硬的粉底刷可以让粉底上得轻薄自然，柔软而毛长的，能刷出遮瑕效果的底妆。

使用方法是从面部内轮廓刷，用打圈或顺着肌肤纹理走向的方式刷，用手腕力度刷，且用力要均匀。

图 4-66　粉底刷

3. 蜜粉刷

蜜粉刷（图 4-67）主要用于定妆和扫掉面部多余的散粉和定妆粉，让妆容更干净，蜜粉刷代替蜜粉扑可以营造更自然清透的妆感。首选有蓬松的大刷头的蜜粉刷，刷毛质地柔软舒适，不易脱落。

使用方法是面积较大部位处如画圈般涂抹。在两颊及额头等面积较大部位涂抹蜜粉时，以大幅度画圈的方式扫上蜜粉。注意不要破坏先前涂抹的粉霜。最后用手轻触肌肤，确认是否细腻舒爽，完成定妆。

图 4-67　蜜粉刷

4. 蜜粉扑

蜜粉扑（图4-68）是上蜜粉的定妆工具，在选用时，要选择质地细密的纯棉制品。

使用方法是粉扑蘸上蜜粉，对折后揉搓，使蜜粉在粉扑上分布均匀，再用粉扑按压皮肤。另外，为了避免手蹭掉底妆，应用小拇指套上粉扑进行描画，这样手指不会直接接触面部，以避免破坏妆面。

图4-68　蜜粉扑

（二）修眉工具

1. 修眉刀

修眉刀（图4-69）用于修整眉形及发际处多余的毛发，可以大面积去除多余的杂眉，最大特点是不用忍痛，修出的眉形比较整齐。

使用方法是将皮肤拉紧，刀片呈45°角刮掉多余的毛发。

2. 修眉剪

修眉剪（图4-70）是用于修剪眉毛的工具。购买时宜选择尖部细小，头微微上翘的眉剪。

使用方法是先用眉梳按眉毛的生长方向梳理整齐，再将超过眉形部分的眉毛剪掉。

3. 修眉钳

修眉钳（图4-71）用于拔除杂乱的眉毛，将眉毛修成理想的眉形。在选购时，要注意钳嘴两端内侧应平整、吻合，否则无法将眉毛夹紧拔掉。

使用方法是用修眉钳将眉毛轻轻夹起，并顺着眉毛的生长方向拔除。拔时要一根根地拔。

4. 眉梳

眉梳（图4-72）是梳理眉毛和睫毛的小梳子，梳齿细密。

使用方法是在修眉前用眉梳把眉毛梳理整齐，这样便于眉毛的修剪。眉梳还可以将涂睫毛膏时粘在一起的睫毛梳通。具体操作方法是从睫毛根部沿睫毛弯曲的弧度向上梳。

图4-69　修眉刀　　　　图4-70　修眉剪　　　　图4-71　修眉钳　　　　图4-72　双头眉梳

5. 眉刷

眉刷（图4-73）是整理眉毛的工具，形同牙刷，毛质粗硬。在化妆工具中眉梳和眉刷常常被制作成一体。

使用方法是在画过的眉毛上，用眉刷沿着眉毛的生长方向轻轻刷动，使眉色均匀。

（三）眼部工具

1. 眼影刷

眼影刷（图4-74）是修饰眼睛的工具。眼影刷有两种类型：一种为毛质眼影刷，另一种为海绵棒眼影刷。它们都是眼部修饰工具，不同之处在于海绵棒眼影刷要比毛质眼影刷晕染的力度大、上色多。对毛质眼影刷质量要求较高，应具有良好的弹性。眼影刷要专色专用，最好备有几支大小各异的眼影刷。

使用方法是将蘸有眼影粉的毛质眼影刷或海绵棒眼影刷在上下眼睑处进行晕染。

图4-73　双头眉刷

眼影刷

眼影棒

图 4-74　眼影刷

2. 眼线刷

眼线刷（图 4-75）是用来描画眼线的化妆工具，是化妆套刷中最细小的毛刷。使用方法是蘸上眼线膏或水溶性眼线粉，在睫毛根处描画。

3. 睫毛夹

睫毛夹（图 4-76）是用来卷曲睫毛的化妆工具。睫毛夹夹缝的圆弧形与眼睑的外形相吻合，使睫毛被挤压后向上卷翘。在选购时，应检查橡皮垫和夹口咬合是否紧密，如夹紧后仍有细缝则无法将睫毛夹住。睫毛夹的松紧要适度，过紧则会使睫毛不自然。

图 4-75　眼线刷

使用方法是先将睫毛置于睫毛夹啮合处，再将睫毛夹夹紧。操作时从睫毛根部、中部和梢部分别加以弯曲。睫毛夹固定在一个部位的时间不要太长，以免使弧度太夸张而显生硬。

便携睫毛夹

睫毛夹

电动烫睫毛器

图 4-76　睫毛夹

（四）脸部工具

1. 腮红刷

腮红刷（图 4-77）是用于涂腮红的工具。腮红刷需要用富有弹性、大而柔软，用动物毛制成的前端呈圆弧状的刷子。

使用方法是用腮红刷蘸上腮红，由鬓角处沿颧骨向面颊轻扫。

2. 轮廓刷

轮廓刷（图 4-78）用于修整面部外轮廓。可以选择刷毛较长且触感轻柔、顶端呈椭圆形的粉刷。

使用方法是蘸提亮色或暗影色，在面部的外轮廓及需显示凸显或凹陷的部位，用提亮色或暗影色进行涂刷或晕染。

3. 唇刷

常用于画唇的工具是唇刷（图 4-79），唇刷最好选择顶端刷毛较尖的刷子，这种形状的刷子可利用侧锋刷出唇的轮廓，刷毛较硬但有一定的弹性。

使用方法是先用唇刷描画唇线，然后再用唇刷蘸取唇膏涂抹全唇塑造唇形。

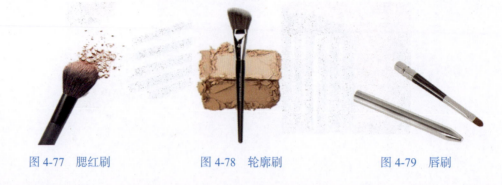

图 4-77　腮红刷　　　　图 4-78　轮廓刷　　　　图 4-79　唇刷

头脑风暴：
如何选购化妆套刷？

拓展延伸

化妆工具的清洁方法

1. 海绵的清洁方法

可以把一块海绵分成表面左侧、表面右侧、里面左侧、里面右侧四个部分，每次使用一个部分，使用 4 次之后要用香皂或清洗剂彻底清洗干净。海绵在使用的时候由于吸收了粉底里的水分而变得潮湿容易造成细菌大量繁殖，所以细致的清洗是非常必要的，可以保证肌肤的安全健康。每次清洁过后要放到通风处，让其自然风干（图 4-80）。如果经常清洗之后与皮肤的触感变得不好，边缘呈破碎的状态时，就该换新海绵了。

图 4-80　海绵的清洁方法

2. 粉扑的清洁方法

粉扑要保持表面毛茸茸的，不要使其表面变硬。如果使用时失去轻柔触感，就需要用香皂或清洗剂清洗一下（图 4-81）。粉扑清洗过之后，不要用手拧，要用毛巾卷住挤干水分，然后在阴凉处彻底晾干。如果粉扑晾干后变得硬邦邦的，就用手轻轻揉搓一下。尽量将粉扑独立装在一个盒子里，以保证其清洁、不会与其他彩妆用品混色。如果粉扑不管怎么揉搓都无法恢复表面弹性，变得发硬，就该换新的了。

图 4-81　粉扑的清洁方法

3. 化妆刷的清洁方法

尽可能在每次使用后都将上面的化妆粉用纸巾擦拭干净。清洗化妆刷的时候，可以使用专用清洗剂或在温水里放少量的洗发水，把化妆刷放在水中轻轻地涮，洗干净后用护发素保养一下，然后用水冲洗干净，再用毛巾卷住刷子将其水分拧干。晾干之后，用手把刷毛轻轻地揉一下，再用手指弹一弹，使其恢复蓬松的状态（图 4-82）。一般情况下化妆刷只需 3~6 个月清洁一次。如果保养得好，化妆刷可以长时间使用。

图 4-82　化妆刷的清洁方法

任务实施

◎ **任务描述**

请收集各类妆容图片，指出这些妆容中哪些较适合空中乘务员选用，并说明你的理由。将这些内容制作成 PPT，教师随机挑选 6 位学生进行讲解。讲解时，其他学生可以进行提问或点评，讲解人对提出的问题应予以解答。教师进行总结性评价，并为每位学生的 PPT 打分。

◎ **任务要求**

（1）所选图片可以是浓妆、淡妆等各种妆容，男性、女性妆容均要包含在内。

（2）从众多妆容中选出你认为适合空中乘务员适用的，并说明理由，可以选择不止一种。

◎ **任务评价**

本任务的评价结果如表 4-2 所示。

表 4-2　任务评价结果

序号	评 价 内 容	分值	教师评分	教师评语
1	所选妆容素材丰富	40		
2	能选出适合乘务人员的妆容，并能说明合理的理由	40		
3	问题解答清晰准确	20		
	合　　计	100		

项目五

学习难度：★★★★★
重点概念：美发护理知识、美发用品类别

课件

发型基础知识

项目导读

头发位于人体的"制高点"，俗话说："美丽从头开始。"发型构成了妆容美的重要内容。现代社会，发型的功能不仅是区分性别、美化容颜，更能反映一个人的道德修养、审美水平、知识层次。

有时，人们甚至可以通过一个人的发型准确地判断出他的职业、身份、受教育程度、生活状况和卫生习惯，更可感受出其是否身心健康以及对生活和事业的态度。美的发型，可使人在社交中增强自信心，陶冶人们的情操。

学习目标

（1）了解美发护理的基础知识。
（2）了解发型设计的基本要素。
（3）掌握美发工具的辅助与使用。
（4）掌握基础美发用品的类别。

任务一　美发基础理论

任务导入

国内某知名集团公司的董事长，有一次要接受电视台的访问，为了郑重起见，事前该董事长特意向公司为自己特聘的个人形象顾问咨询，有无特别需要注意的事项。对方专程赶来之后，仅仅提了一项建议，换一个较为儒雅而精神的发型，并且一定要剃去鬓角。对方的理由是：发型对一个人的上镜效果至关重要。果然，改变了发型之后的该董事长在电视上亮相时，形象焕然一新。新发型显得他精明强干，他的谈吐大气稳重，两者相辅相成，使得访谈任务圆满完成。

请思考：
结合案例，谈一谈你对发型美感的理解及其对于职场礼仪的重要性。

知识讲解

一、头发护理知识

想拥有健康秀丽的头发，需要靠平时的保养和护理，否则头发就会受到损伤，影响头发的健康。有一头健康的头发，才能实现美发，健康是美的前提。

（一）发质

头发因不同种族、不同肤色、不同年龄、不同健康状况而有着不同的发质。

1. 根据皮脂腺分泌情况而分为不同类型

健康的头发因其皮脂腺分泌量的不同而大体上可分为以下四种发质：油性发质、干性发质、中性发质和混合性发质。

（1）油性发质：因头皮皮脂腺分泌旺盛，故头发油腻、易黏附灰尘、易脏且易有头皮屑，造型难度大，常呈现平直软弱等特点。油性头发多与遗传有关，此外，也常与精神压力过大或性激素分泌旺盛有关。

（2）干性发质：头发皮脂分泌少，没有油腻感，头发表现为粗糙、僵硬、无弹性、暗淡无光，发干往往卷曲，发梢分裂或容易缠结成团，梳理困难，易断裂、分叉和折断。各种化学处理，如烫发、染发、日光曝晒等，均可吸收头发上的油脂并使水分丧失。含氨过多的游泳池水及海水也会导致头发干燥受损。

（3）中性发质：一种健康的头发，不油腻，也不干枯。头发有自然光泽、润滑、柔顺、有弹性、易梳理、不分叉、不打结、梳理时无静电，做好发型后不易变形。

（4）混合性发质：混合性发质处于头发多油和头发干燥的混合性状态，这种头发根部多油，发梢则易缺油脂而显干燥，行经期女性和青春期少年多见。混合性头发因其头发生长处于最旺盛阶段，而体内的激素水平又不稳定，于是出现干燥与多油并存的状态。

2. 根据物理特性分为不同类型

根据其物理特性分为直性头发、柔软性头发、粗硬性头发、纤细性头发、稀疏性头发。

（1）直性头发：直性头发丰满厚实、又黑又亮，发丝直而粗。

（2）柔软性头发：柔软性头发的发丝柔软，光滑而伏贴，易梳理，不易变形。

（3）粗硬性头发：粗硬性头发的发质粗硬，含水量大，弹性较强，难梳理，不易成型。

（4）纤细性头发：纤细性头发的发质纤细柔软且弹性不足，含水量较小，轻飘而难以成型。

（5）稀疏性头发：稀疏性头发的发质密度稀疏、脆弱、易断。

判断自己头发的软硬程度，可从烫发后头发是否容易保持卷性来断定，较硬的头发保持卷性较好，较软的头发保持卷性较差。

（二）护发用品

有关专家研究发现，头发表层是由无数鳞片组成的，这种鳞状表层排斥蛋白质、维生素、人参、当归等物质，只吸收与纤维质相关的特殊物质，所以在购买护发用品时需根据自身发质选择适合自己的护发用品，这样有益于头发吸收营养素物质，再结合正确的护理方法，便可起到营养和修复头发的作用，增加头发的弹性、柔软性和保湿性，使之看起来光亮照人，如丝绸一般，并易于日常的梳理。

（1）护发素：护发素通过吸附在毛发表面上，形成涂层，使得毛发平滑，整体呈现良好的状态。其主要目的就是改善、恢复和保持头发调理性，防止头发缠绕。

（2）焗油膏：可以定期去理发店或自行在家中用焗油膏护理头发，对改善发质很有帮助。好的焗油膏表面会有一层油光，但是不是浮在表面的一层油，有一定黏稠度，不易流出来。

（3）倒膜：倒膜能加强头发的韧劲和弹性，让发丝更加强劲有力。粗发质应选择发膜上标识着"滋润"或"深层"字样的产品；细发质应选择发膜上标识有"恢复弹性"字样的产品。

（三）护发方法

（1）正确选择洗发露、护发素。干枯毛躁的干性发质应选择碱性较弱，且滋润性强的洗发露；容易出油的油性发质应选择去油控油，清洁力强的洗发露；混合性发质应选择能够舒缓、滋润、温和清洁敏感头皮的洗发露。

（2）正确的洗头方式。选择合适的水温，31～40℃最佳；将洗发露倒入手中揉搓出泡沫，再涂抹至头上，切勿直接倒在头皮上，有部分带有治疗效果的洗发水会造成局部浓度过高，不易洗净，还会损伤头皮。用指腹轻轻揉搓按摩头皮后，用温水将泡沫冲洗干净；最后使用护发素涂抹于发尾处，停留2～3分钟，再次冲洗干净即可。

（3）正确的吹头发方式。不要用热风吹头发，尽量用恒温；用手轻轻拨动头发，先保证发根、头皮吹干；吹头发中间部分时，顺着头发毛鳞片的走向，从上往下吹，且风速不要太大；使用吹风机时，应距头发20～25厘米。

（4）正确的养发方式。若想拥有一头秀发，还要注意养发，即在人体自身内部吸收营养及适当调节上要做到四个注意。

① 注意保持饮食营养均衡，提高自身体质。多吃含蛋白质、铁、钙、锌、镁的食物和鱼类、贝类、橄榄油、坚果类（核桃）等。

② 注意多参加运动，坚持锻炼，有规律的运动可消除工作、学习、生活紧张带来的压力。

③ 注意掌握并运用正确的梳头方法。早晚用梳子梳发3分钟，约100次，这样既可以刺激头发的神经末梢，调节头部神经功能，促进内分泌和头发的新陈代谢，有利于头发的新生，还可以刺激头皮活力，防头屑和脱发。

④ 要注意防止和降低自然环境中损伤头发的因素，如注意防干燥、防曝晒、防潮湿、防寒冷。

课堂讨论：
根据所学内容，你认为你是属于哪种发质？正确护发、养发的方法有哪些？

二、发型设计知识

对自身头发的发质、护发、保养有了一定的了解后，还要选择一个与自己的职业、脸型、体型、发质等和谐一致的发型，从而表现出与众不同的良好仪容——发型美。

（一）发型与职业

不同的职业有不同的工作环境和氛围，发型的设计也要与职业要求和特性相符合。

1. 发型风格适宜

职业发型应以精神、美观、简洁、大方为原则，风格要与职业特点、职业场合和岗位规范相适宜。尤其是从事政务、商务、服务工作的人员，男士不能留大背头、长鬓角、小辫子，也尽量不要剃光头，女士不能长发披散凌乱，遮盖脸面，也不能梳理成个性怪异的发型。若从事文艺或服装模特等其他类型的职业，可应需求突破传统造型。

2. 头发长短适度

成熟干练的男士发型要求前发不覆额，侧发不掩耳，后发不触领。服务场合女士的长发要尽量盘起，发髻高度基本以耳朵上缘的延长线为准，不宜过高、过低、歪扭。要求前发不遮眉，侧发不掩耳，后发不过肩。

3. 头发颜色自然

职场人员头发的颜色要稳重自然，不能一味追求时髦、靓丽而将头发染成黑色系以外的其他颜色。

4. 发饰佩戴大方

女士发饰佩戴一定要简洁大方，不能佩戴过于夸张、活泼、鲜艳、幼稚的发饰。若工作岗位有具体要求，应按照岗位规定佩戴统一的发饰。

（二）发型与脸型

发型与脸型的配合要点主要是突出优点和遮盖缺点，达到美化面容的目的。人的脸型根据几何图形来分，大致可分为椭圆形、长方形、方形、圆形、正三角形等五种，以椭圆形脸为标准脸型。

1. 椭圆形脸型发型修饰

椭圆脸是很理想的脸型，也称鹅蛋脸、瓜子脸。它的特点是额头与颧骨几乎一样宽，同时又比下颌稍宽，脸宽约是脸长的2/3。椭圆脸是一种比较标准的脸型，各种类型的发型均可尝试。

2. 长方形脸型发型修饰

长形脸的脸型比较瘦长，额头、颧骨、下颌的宽度基本相同，但脸宽小于脸长的2/3。且双颊细窄，脸部的宽度明显小于纵向长度，脸颊下陷。这类脸型的人，最好采用二八分头或一九分头，应避免中分。

3. 长形脸型发型修饰

（1）额前刘海。一般长形脸的人容易显老，其原因是眼睛到嘴角的距离长，额头露出较多。因此，为了展示这种脸型的魅力，关键要使它具有华丽而明朗的表现力。华丽的表现要从视觉上缩短脸的长度，同时还可以表现出沉稳的气质形，额前垂下刘海是关键的弥补措施。

（2）加宽额头。长脸形的人天生拥有难以言说的高贵气质，在古代是女性所钟爱的脸型。但脸形太长的话，会导致下巴长而尖，两颊单薄，所以更显柔弱，毫无生气。因而长脸形的人在选择发式时要适当加宽额头宽度，选用蓬松式发式比较恰当，鬓边的蓬松厚度从视觉上可以很好地削弱脸颊的瘦长感。

（3）忌讳发型。在发型选择上避免采用垂直长发或短发，这让人显得老成而且呆板，无形中进一步拉长了脸部长度。

4. 方形脸型发型修饰

方形脸常呈现为腮骨与脸型类似宽度，下巴较短，也就是额头、颧骨、下颌的宽度基本相同。方型脸轮廓分明，极具现代感，给人意志坚定的印象。不足之处，由于脸部棱角略微突出，整体感觉会显得不够柔和。

（1）两鬓蓬松。在鬓边留下自然上卷的发梢，两边对称。发型以长发为佳，如果个子矮小不宜留长发，选择齐肩短发最好。

（2）覆盖脸颊。方形脸的人一般前额宽广，下颌骨突出，人稍显木讷。可以把发尾前梳覆盖住两侧面颊，掩盖下颌骨的突出。如果往后梳，千万不要打薄，厚厚的发层能使两侧脸颊显得纤弱。

（3）覆盖颌角。方形脸选发型的主要目的是尽量把下颌角盖住，不要使下颌角明显。头发要有高度，使脸变得稍长，并在两侧留刘海，缓和脸的方正。头发侧分会增加蓬松感，头发一边多，一边少，可营造鹅蛋脸的感觉。

（4）忌讳发型。一般头发不要剪得太短，也不要剪太平直或中分的发型，这样会显脸方。方形脸的人忌讳留短发，尤其是超短的运动发型。

5. 圆形脸型发型修饰

圆形脸额头、颧骨、下颌的宽度基本相同，整体较圆润饱满。圆脸型的特征为圆弧形发际，圆下巴，脸较宽。圆脸型最好选择头顶较高的发型，较适合垂直向下的发型或盘发，留一侧刘海，宜佩戴长坠形耳饰。

（1）加高头顶。圆脸型男士的发型最好是两边很短，顶部和发冠稍长，侧分头。吹风时将头顶发吹得蓬松一点，显得脸长一些。女短发则可以是不对称或对称式，侧刘海，或者留一些头发在前侧吹成半遮半掩脸腮，头顶头发吹得高一些。

（2）刘海中分。刘海从发梢稍削薄，体现出尖锐感为好。如果留长发，宜用中分缝，使头发偏向两侧垂下，显出成熟的气质。刘海留过眉毛，可以修饰圆形脸。

（3）两鬓修短。圆形脸上下的长度和左右的宽度差不多，给人一种可爱的感觉，像小朋友的脸型一样，因此，两侧的线条要向上修剪，头顶要弄蓬松，才不会让脸显得太圆。

（4）忌讳发型。避免烫卷发之类的发型，本身脸型较圆，再加上头发烫卷后过分蓬松，会让脸部轮廓看起来没有线条感。

6. 正三角形脸型发型修饰

正三角形脸型是额头比较窄，脸的最宽处是下颌，呈现上小下大的正三角形，在视觉上是最有稳定性的一种脸型，能给人亲切、温和、不拘小节的感觉，同时也显得脸比较宽，而且缺少柔美感。

（1）刘海修饰。在发型设计上应体现额部较宽，把太阳穴附近的头发弄得高一点儿，厚一点儿，以平衡下颌的宽度，尽量把刘海剪高一点，使额头看起来高一些。

（2）腮部修饰。避免腮部附近头发太多。如发型上半部有动感，下半部稳稳垂下，能在一定程度上纠正脸形的不均衡感。

（3）忌讳发型。齐刘海是忌讳，因为这样露出的是整张脸中最没有优点的部分，而且整齐看不见额头的刘海会显得整个人沉闷。

(三)发型与体型

人的体型有高矮、胖瘦之别,发型是体型的组成部分,选择合适的发型对体型有着直接影响。

1. 高瘦型

高瘦型的人容易给人细长、单薄、头部小的感觉。要弥补这些不足,发型要求生动饱满,避免将头发梳得紧贴头皮,或将头发搞得过分蓬松造成头重脚轻。一般来说,高瘦身材的人比较适宜留长发、直发。应避免将头发削剪得太短薄或高盘于头顶上。头发长度至下巴与锁骨之间较理想,且要使头发显得厚实、有分量。

2. 矮小型

个子矮小的人会给人小巧玲珑的感觉,在发型选择上要与此特点相适应,应以秀气、精致为主,避免粗犷、蓬松,否则会使头部与整个形体的比例失调,给人一种大头小身体的感觉。身材矮小的女士不适宜留长发,因为长发会使头显得大,破坏人体比例的协调。烫发时应将花式做得小巧、精致一些。高位盘头有增高身材的视觉效果。

3. 高大型

高大型能给人一种力量美,但对女士来说,缺少苗条、柔和的美感。为适当减弱这种高大感,发型设计的原则是简洁、明快、线条流畅。女士一般以直发或者大波浪卷发为宜,头发不要太蓬松。

4. 矮胖型

矮胖者显得健康,要利用这一点造成一种有生机的健康美,譬如选择运动式发型。此外应考虑弥补体型缺陷,矮胖者一般脖子显短,因此女士不要留披肩长发,尽可能把头发向高处梳理,头发应避免过于蓬松或过厚。

(四)发型与发质

发质对发型是有一定影响的,头发的发质因人的遗传、营养、护理等而异。通常发质分为两种,一种是硬发质,一种是软发质。

(1)硬发质比较挑发型。多半适合自然生长的直发,如果要烫发,可以选择以大卷和微卷为主,稍显自然。

(2)软发质人群。在做造型时不易定型,但这种发质比较伏贴,适于留长发,梳成发髻。细软发也适合烫发,会使头发的蓬松度和流向感更强。

> **课堂讨论:**
> 根据所学内容,你认为你的脸型、发质和未来职业最适合哪种发型?

任务二　美发工具与用品的基础知识

任务导入

在追求标新立异的年代,发型设计是一门艺术。发型设计不只讲求精细的手艺,更崇尚特立独行,走在时尚最前沿,乃至成为众人跟风的对象。可以说,创新的发型设计理念比精细的手艺更为宝贵。影响发型设计主要有头型、脸型、五官、身材、年龄,其次有职业、肤色、着装、个性嗜好、季节、发质、适用性和时代性。要想设计一款适合自己的发型,就需要先学会使用基础美发工具与了解基本护发常识。

> **请思考:**
> 使用恰当的美发工具对发型设计的影响与意义?

知识讲解

一、美发工具的种类及用途

发型设计是个人形象展示的重要方面之一，塑造得体、美观的发型，需要正确使用美发工具。大家比较熟悉的美发工具主要是梳子、吹风机、夹板直发器、其他造型的辅助工具等。爱美之心人皆有之，了解并正确使用美发工具，可使自己的发式亦庄亦雅、亦美亦潮而不落俗套。

（一）梳子

日常多用的梳子有尖尾梳（图5-1）、恤发梳（图5-2）以及可辅助吹风机吹出C形波浪的滚筒梳（图5-3）。其中尖尾梳有两种，一种是平的尖尾梳，另一种是用于恤发的恤发梳。恤发梳有三层齿，可以接触到头发的三个层面，除了可以分发线以外还可以用逆刮的方式使头发呈现蓬松感以便于造型，尾端更能调整头发流向和线条感。鬃毛梳（图5-4）也有恤发的功能，它能防止静电，让头发尽量避免受损，还可使头发梳得更蓬松，更有质感，是做卷发造型必备的工具。利用热风和鬃毛梳特有的强摩擦力，可塑造出最流行的自然卷发，不仅如此，鬃毛梳还能防静电，最适合冬天使用。

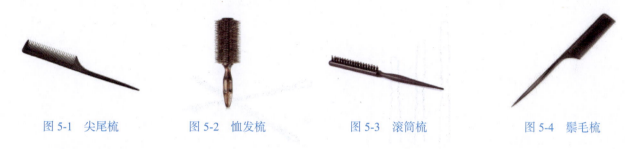

图5-1　尖尾梳　　　　图5-2　恤发梳　　　　图5-3　滚筒梳　　　　图5-4　鬃毛梳

（二）吹风机

1. 功效

日常生活中，人们主要用吹风机来吹干头发，有时也可利用热风吹出卷曲的弧度，做出不同的漂亮造型。在选择吹风机时应注意它的款型，买适合自己的，手感好的，用起来也非常容易上手。此外吹风机的品质也很重要，好的吹风机不仅款式漂亮，而且安全系数高，也可以更好地帮助头发塑形。

2. 种类与选择

（1）恒温功能型。这款一般是高温、低温、冷风3个档位，高温档干发速度快，但长时间用会伤害发质，所以现在出现了恒温档位，会把温度控制在一个既能干发又不会伤害发质的温度。

（2）负离子型。适用于卷发和富有弹性的发质，可以吹出令你满意的自然卷。负离子一旦被发丝吸附，就能渗透至发芯，同时，在发丝表面形成水分保护层，锁住发丝内的水分，因而能长时间地保持头发的湿润度和光泽度，还可以消除静电。

（3）纳米离子型。适合有头屑和干枯的发质。（细微水分子）Nanoe将空气中的水分子进行超微粒子化处理，将水分量提高了约1000倍，它的作用在于可从发芯深处滋润头发，收紧毛鳞片，从而减少水分和营养的流失，令头发保持清爽滋润。

（4）超静音型。这种吹风机的重量通常较轻，但是风力并不小。适合受不了吹风噪音的人群使用。

（三）夹板直发器

1. 功效与使用

直发夹板是现代比较常见的一种美发工具，其原理就是使用电能将夹板预热，后挑取一缕头发，按"发根—发中—发梢"的顺序，从上而下分三个部分，慢慢滑动直板夹，在每个部位停留2秒即可。如果头发出现毛躁或天生自然卷，又想做成直发的造型，使用夹板直发器便能让毛糙、卷曲、翘起的头发变得顺直，更好地修饰脸型，时刻保持想要的状态。

2. 种类

（1）陶瓷发热体。最大的优点是升温速度快、发热板绝缘性能好，同时也很环保。但有可能在操作过程中会接触到使用者并烫伤皮肤，以及存在拉扯头发的现象，故有一定的安全隐患。

（2）PTC发热体。PTC发热体是在高温状态下烧结而成，夹板表面的温度是能够自由进行控制的，安全性较高。但是PTC发热体唯一的缺点就是它的升温速度慢，拉直的效果略差。

（3）负离子发生器。负离子的作用是在造型过程中闭合毛鳞片，从而锁住水分，抚平毛躁，使头发保持柔顺亮泽，且能够中和静电，有效减少头发分叉。

（四）造型的辅助工具

干胶、发蜡、发泥都是常用的造型品。干胶也是美发造型的流行趋势之一，喷雾轻巧易干，造型感强。发蜡分为油性发蜡和水性发蜡，油性发蜡梳理工整干净的光马尾最漂亮。发泥一般用于抓、捏男发造型的层次感、线条感以及定型效果。

（1）发夹。U形夹（图5-5）可以很好地控制头发摆放的位置。不同的发夹有不同的功效，一字夹（图5-6）适合亚洲人的发色，常使用在头发的表面。而Y形夹只能做隐形夹，但它的力度是一字夹的3倍，并且可以随着头型的弧度而改变。

图 5-5　U形夹

图 5-6　一字夹

（2）橡皮筋。黑色橡皮筋（图5-7）可以固定头发，而且不会抢走发型焦点。不宜买太小太细的橡皮筋，这样不宜于造型，而且容易断裂。在拆卸橡皮筋时，最好使用剪刀剪掉橡皮筋，以免伤到头发和头皮。

（3）鸭嘴夹。在使用电卷棒造型时，鸭嘴夹（图5-8）可以将分区的头发进行固定，是塑造美丽发型时的重要帮手。

图 5-7　橡皮筋

图 5-8　鸭嘴夹

> **课堂讨论：**
> 根据所学内容，谈谈你的盘发小技巧有哪些？

二、美发用品的种类及作用

想要拥有完美发型，首先要学会选择具有养发功效的定型用品，购买适合自己的美发工具，掌握打理发型的基本技巧，如此才能得心应手地为秀发轻松造型。

1. 蓬松粉

使用起来十分简单，在想要提升整体造型的蓬松效果时，用蓬松粉（图5-9）直接抓揉头发，可以快速呈现发束效果，对于不容易造型的顶发与后侧头发，也可以轻松实现空气感。

2. 发蜡

打造发梢或梳理前发时，使用发蜡（图5-10）可以增添头发动感。其添加的原料不同，有很多品种。在使用时，要根据自己的需求进行选择。

3. 喷雾

打理完发型后简单一喷可获得持久定型效果，喷雾（图5-11）的特点在于容易凝固，在使用时不会弄脏手。其中有增添头发光泽感的，也有强力固定发型的，种类丰富，可供选择。

图5-9　蓬松粉

图5-10　发蜡

图5-11　喷雾

课堂讨论：
根据你的了解，请讨论蓬松粉、发蜡、喷雾这三种美发物品使用时的注意事项。

拓展延伸

发型的种类

1. 女士发型

（1）"马尾"。"马尾"是一种将头发一把扎在脑后而不编结辫的发型。由于其简单易行，所以用途极广。这种发型会使女孩显得活泼可爱，但是，它会使背部不直的人看上去负荷过重。

（2）独辫子。独辫子是一种将长发在后脑编成一根辫子的发型，它给人以怀旧的情结。

（3）娃娃头。娃娃头又称童花头，它以齐眉的刘海和齐耳的短发塑造女孩乖巧可人的形象，可使女士看上去更年轻。

（4）直发。直发是一种将齐肩或披肩的长发拉直的发型，可使女孩变得青春靓丽。

（5）"大波浪"。"大波浪"是一种流行卷发发式，由于其发型纹理就像大海的波浪一样，故而得名。大波浪发型柔软又不失淑女形象，既有轻盈飘逸的发型轮廓，又有妩媚迷人的视觉冲击，是深得时尚女孩追捧的发型。

2. 男士发型

（1）西式发型。西式发型亦称西装头，泛指现代人三七分或四六分的一种露出后颈部的短发型，是正式场合最常采用的一种发型，给人以端庄和严谨的感觉。

（2）对分发型。对分发型是一种五五对开，额前头发比较长的发型。这种发型只适合前额宽大，脸型呈"国"字形的人，反之是橄榄头型人的大忌。

（3）卷曲发型。给人以异国情调或自由浪漫的感觉。

（4）板寸头。板寸头俗称平头。脑袋四周基本无发，只是头顶留有1～2厘米的短发，而且顶部呈水平面。这种发型给人以刚毅和果敢的形象。

此外还有刺猬发型、爆炸发型和光头等，但是对于男职员来说，此类发型不适宜。

任务实施

◎ **任务描述**

请根据所学内容结合自己的见解,对不同脸型所适合的发型,以图文形式,以小组为单位制作成PPT在课堂上进行分享。教师进行总结评价,并为每位学生的PPT进行评分。

◎ **任务要求**

PPT以视频或图片的形式结合文字进行介绍与描述。

◎ **任务评价**

本任务的评价结果如表5-1所示。

表 5-1 任务评价结果

序号	评价内容	分值	教师评分	教师评语
1	格式符合基本要求	40		
2	内容新颖突出重点	40		
3	问题解答详细清晰	20		
	合　计	100		

学习难度：★★★★★

重点概念：服装概念、着装礼仪、服装面料、服装搭配

项目六

课件

服装基础知识

项目导读

随着科学文明的进步和制造工艺的发展，服装已经成为反映人们物质生活和精神追求的统一体。服饰的材质、款式趋于多样化，服饰所承载的文化、传递的信息也日渐丰富。

本项目通过对服装的概念、分类、着装礼仪的介绍，从面料、心理学角度认知服装色彩，旨在让同学们对服装建立初步认知，并能够通过对服装款式、面料、色彩等内容的学习，掌握选择和穿着服装的基本规范、技巧。

学习目标

（1）了解服装的概念、特点和分类。
（2）了解着装的基本礼仪。
（3）熟悉服装色彩与面料的相关知识。
（4）掌握色彩心理学基本知识，并能运用于服装的选择、搭配。

任务一　服装的基本分类

任务导入

服装，指装饰人体的物品总称，包括衣服、鞋、帽、袜子、手套、围巾、领带、配饰、包等。服装的历史源远流长，可以上溯至原始社会人类用树叶、动物毛皮做成衣服。公元1933年，考古学家在北京周口店龙骨山山顶洞穴里一处原始人生活遗址中，挖掘到一枚骨针（图6-1）。这枚骨针长82毫米，直径3.1～3.3毫米，针身圆锐，是刮削和磨制而成的。针眼窄小，由刮挖而成。骨针是原始人专用于缝制兽皮衣服的工具，制作过程极为复杂，须切割兽骨并加以割削，挖穿针眼，再加磨制。据考证，居住在这里被命名为"山顶洞人"的原始人类生活年代距今为18000年，那时我们的祖先就已经制造出精巧的工具，开启了人类远古服饰史的新阶段。

图 6-1　山顶洞人使用的骨针

请思考：
结合上文对远古服饰的介绍，说一说推动服装史不断发展的因素有哪些？

知识讲解

一、现代服饰的概念与特点

（一）现代服饰的概念

服饰是人类生活的要素，它除了满足人们的物质生活需要外，还代表一定时期的文化。现代服饰融合人们的社会身份、生活习俗、审美情趣及文化观念，是社会历史风貌最直观的反映。从这个意义上说，现代服饰文化是社会文化的组成部分。

改革开放以来，现代概念的时装与时装文化进入我国。人们除了在裁缝店加工服装外，已有条件购置成衣，服装加工业也随着中国改革开放的深入而迅速发展，市场上的服装品种、花色也越来越丰富，购买者越来越信任品牌服装所代表的品质和时尚品位。20 世纪 60 年代末在世界范围内开始流行的喇叭裤、牛仔服于 70 年代末传入中国。20 世纪 80 年代中期，时装的款式越来越多，时装的款式、面料不断推陈出新。服装面料的不断创新给中国人带来了多变的服饰形象。中国人可选择的服装面料由原来的丝绸、亚麻、棉布、动物毛皮增加到了针织、毛纺品和各种人工合成纤维。穿西装、扎领带已开始成为正式场合的着装，且为大多数人所接受。

从 20 世纪 90 年代开始，国外时装品牌纷纷瞄准了中国的消费市场，在北京、上海、深圳、广州等大城市开设专卖店，中国本土的时装品牌也逐渐引起人们的关注。随着 1988 年中国第一本引进国外版权的时装杂志的诞生，越来越多的报纸、杂志、广播、电视、网络等媒体进入传播时尚领域，世界最新的流行信息可以在最短时间内传到中国，来自法国、意大利、英国、日本、韩国的时装、发式、彩妆潮流直接影响着中国的流行风尚，"时尚"所代表的生活方式和着装风格已被越来越多的中国人所接受和追逐。20 世纪业已证明是迄今最具时尚意识的世纪，高销售量的服装、配饰、化妆品市场与日益强大的传媒业的发展，使越来越多的人得以走近时装、欣赏时装、以时装为美。时装已构成了大众理解并乐于投资的一种生活方式。而自 20 世纪 70 年代末以来，经过 40 多年的发展，中国已建立起规模庞大、品类齐全的服装加工体系，加工能力位居世界第一，成为服装加工大国。随着经济的发展和加工水平的提高，中国服装业正在从加工优势转向产品贸易和品牌经营，北京、上海、香港三个国际知名大都市及一些沿海经济发达地区的中心城市，正在成为中国乃至世界日益重要的成衣中心。

（二）现代服饰的特点

中国人习惯把日常生活概括为"衣食住行"，将服饰排在第一位，可见它在生活中的重要性。在这个历史悠久的衣冠大国，不仅有丰富的考古资料记录其服饰发展的历史，在古代神话、史书、诗词、小说以及戏曲中，与服饰有关的记载也随处可见。在这个多民族国家，伴随着民族文化的发展及民族间的相互融合，服饰的样式和穿着习俗不断演变。不同的生存环境、生产生活方式、风俗习惯、审美情趣无不体现在其民族服饰中。随着现代化进程的加速，越来越多中国城市人的服装已不再具有典型的民族性特征，而在广阔的农村，特别是一些少数民族聚居区，多姿多彩的服饰仍以鲜活的形象装点着当地人的日常生活。在世纪之交的几年间，中国的时装潮流顺应国际趋势，着装风格趋向严谨，特别是职场人士格外注重职业风采，力求庄重大方。

1. 凸显个性

当代服饰，因伦理与政治生活的剥离，日益脱离传统的价值方向，沿着个性主义的发展方向发展。服饰不再是捆绑个性、体现阶级的工具，而成为反映个性主张的符号。

2. 风格多元

现代服饰文化受到西方服饰文化、地方传统服饰文化、周边地区服饰文化的影响，呈现出多元发展的风格。服饰风格也体现出文化的多元性，如传统复古风、环保简约风、潮流时尚风、民族风等。

3. 讲求实用

现代服饰分为日常装、节庆礼服、工装、西装、中装、家居服、特殊职业装等，其质地、款式皆以实用、适用为原则。穿着时能起到标识身份、调节温度、适应场合、方便行动等作用。

4. 注重审美

现代服饰文化是社会文化的组成部分，服饰既代表穿着者的身份，也彰显人们的审美品位。人们选择、购买和穿着服饰，以表达自我审美观念，并满足精神上美的享受。影响美观性的因素主要是纺织品的质地、色彩、花纹图案、服装款式等。

二、服装分类与标准

现代服装分类通常可以按照服装本身的特点来分，即按穿着组合、用途、服装面料与制作工艺、基本形态与造型结构等分类，按商品名称及编码协调制度分类，按针织服装的生产和加工特点分类，也可以按年龄、性别、民族、特殊功用等进行分类。

（一）按穿着组合、用途、服装面料与制作工艺、基本形态与造型结构等分类

1. 按穿着组合分类

（1）整件装：上下两部分相连的服装，如连衣裙等。因上装与下装相连，故服装整体形态感较强。

（2）套装：上衣与下装分开的衣着形式，有两件套、三件套、四件套。

（3）外套：指穿在最外层的衣服，有大衣、风衣、雨衣、披风等。

（4）背心：穿在上半身的无袖服装，通常短至腰、臀之间，造型较为贴身。

（5）裙：遮盖下半身用的服装，有一步裙、A字裙、裹裙、裙裤等，变化较多。

（6）裤：从腰部向下至臀部后分为裤腿的衣着形式，穿着行动方便。有长裤、短裤、中裤等。

2. 按用途分类

（1）内衣：紧贴人体，起护体、保暖、整形的作用。

（2）外衣：由于穿着场所不同，用途各异，品种繁多。又可分为社交服装、日常服装、职业服装、运动服装、室内服装、舞台服装等。

3. 按服装面料与制作工艺分类

服装按面料与制作工艺可分为中式服装、西式服装、刺绣服装、呢绒服装、丝绸服装、棉布服装、毛皮服装、针织服装、羽绒服装等。

在服装界，业内人士将服装分为针织与梭织（图6-2）。目前，我国的面料绝大多数都是针织和梭织的。梭织面料就是把经纱和纬纱相互垂直交织在一起形成的织物。针织面料则是用织针将纱线或长丝构成线圈，再把线圈相互串套而成。针织类服装生产速度快，难度比梭织低，因此价钱上也会便宜一些。

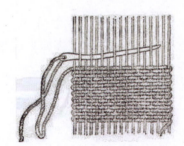 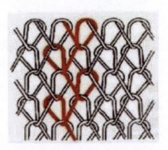

图6-2 梭织（左）与针织（右）图示

4. 按基本形态与造型结构分类

服装的种类很多，不同的风格与特色变化万千、十分丰富。依据服装的基本形态与造型结构可分为体形型、样式型和混合型三种。

（1）体形型。体形型服装是符合人体形状、结构的服装，起源于寒带地区。这类服装的一般穿着形式分为上装与下装两部分。上装与人体胸围、项颈、手臂的形态相适应；下装则符合腰、臀、腿的形状，裁剪、缝制较为严谨，如西服类多为体形型。

（2）样式型。样式型服装是以宽松、舒展的形式将衣料覆盖在人体上，是起源于热带地区的一种服装样式。这种服装不拘泥于人体的形态，较为自由随意，裁剪与缝制工艺以简单的平面效果为主。

（3）混合型。混合型结构的服装是寒带体形型和热带样式型的混合形式，剪裁采用简单的平面结构，但以人体为中心，基本的形态为长方形，如中国旗袍、日本和服等。

（二）按商品名称及编码协调制度分类

1. 概念

商品名称及编码协调制度（The Harmonized Commodity Description and Coding System，简称HS），它是在《海关合作理事会分类目录》和联合国《国际贸易标准分类》的基础上，参照国际其他主要的税则、统计、运输等分类协调制度的多用途国际商品分类目录。

2. 编码方式

HS编码，以六位码表示其分类代号，前两位码代表章次，第三、四位码为该产品位于该章的位置（按加工层次顺序排列），第一至第四位码为节（Heading），其后订续的第五、六位码称为目（Subheading），前面六位码各国均一致。第七位码及以后是各国根据自身需要制订的码数。

3. 服装编码

服装属HS分类制的第十一类及第61、62章，第61章为针织或钩编制品，编号从6101.1000～6101.9000共120个，第62章为非针织或非钩编织服装及衣着附件。适用于除絮胎以外，任何纺织物的制成品。编号从6201.1100～6217.9000，共155个编码，分别是按款式、性别、年龄、原材料的不同进行分类，如棉制男式羽绒大衣的HS编号为：6201.1210，棉制女式羽绒大衣的HS编码为6202.1210。服装HS编码分类中对成衣性别的规定有具体要求，即性别分男式、男童、女式、女童、婴儿；左门襟在右门襟之上归男性，反之归女性，中性成衣归女性类别。

针织、梭织成衣及衣着附件其编序依照产品特性由外套类至内衣类，针织、梭织相互对应，再次则为其他产品。如6203.1100为羊毛或动物细毛制男式西服套装（为外衣），6207.1100为棉制男内裤（为内衣、编码在后），又如6104.3100为羊毛或动物细毛制针织或钩编的女式上衣，与此相对应的6204.3100为羊毛或动物细毛制女式上衣。

（三）按针织服装的生产和加工特点分类

1. 毛针织服装分类

1）按原料成分分类

（1）纯毛类（包括毛类混纺类）：可分为羊毛衫、羊绒衫、驼毛衫、羊崽毛（短毛）衫、兔羊毛混纺衫、驼羊毛混纺衫、牦牛毛羊毛混纺衫等。

（2）混纺类：可分为羊毛/腈纶、兔羊/腈纶、马海毛/腈纶、驼毛/腈纶、羊绒/锦纶、羊绒/蚕丝混纺等。

（3）纯化纤类（包括化纤混纺类）：可分为弹力锦纶衫、弹力丙纶衫、弹力涤纶衫、腈纶膨体衫、腈纶/涤纶、粘纤/锦纶混纺衫等。

（4）交织类：可分为羊毛腈纶、兔毛腈纶、羊毛棉纱交织衫等。

2）按纺纱工艺分类

（1）精梳类：采用精梳工艺纺制的针织绒、细绒线、粗绒线织制的各种羊毛衫、粗细绒线衫等。

（2）粗梳类：采用粗梳工艺纺制的针织纱线织制的各种羊毛衫、羊绒衫、兔毛衫、驼毛衫、雪兰毛衫等。

（3）花色纱毛衫：采用花色针织绒（圈圈纱、结子纱自由纱、拉毛纱）织制的花色毛衫。这类毛衫外观奇特、风格别致、有艺术感。

3）按编织机器类型分类

毛衫类织物一般为纬编织物，有圆机产品和横机产品两种。圆机产品是指用圆形针织机先织成圆筒形坯布，然后再裁剪加工缝制成的毛衫。横机产品是指用手摇横机编织成衣坯后，再经加工缝合制成的毛衫。也可指计算机横机织成坯布，经裁剪加工缝制成毛衫。

4）按坯布组织结构分类

一般分为单面、四平、鱼鳞、提花、扳花、挑花、绞花等多种。

5）按修饰花型分类

按修饰花型分类可分为印花、绣花、贴花、扎花、珠花、盘花、拉毛、缩绒、镶皮、浮雕等。

印花毛衫是在毛衫上采用印花工艺印制花纹，是毛衫中的新品种，外观优美、艺术感染力强、装饰性好。绣花毛衫是在毛衫上通过手工或机械方式刺绣上各种花形图案，花型细腻纤巧，绚丽多彩，以女衫和童装为多。浮雕毛衫是毛衫中艺术性较强的新品种，是将水溶性防缩绒树脂在羊毛衫上印上图案，再将整体毛衫进行缩绒处理，印上防缩剂的花纹处不产生缩绒现象，织品表面就呈现出缩绒与不缩绒凹凸为浮雕般的花形，花型有强烈的立体感，优美雅致。

2. 棉针织服装分类

1）按面料的生产方式分类

针织服装面料按生产方式分为经编和纬编两大类。

2）按面料的组织结构分类

经编针织面料的单梳节经编基本组织有经平组织、经缎组织、经绒组织等。双梳或多梳经编组织有经平绒组织、经平斜组织和经斜编链组织等。纬编针织面料的基本组织主要有纬平针组织（俗称"汗布"）、螺纹组织（俗称"弹力布"）、双螺纹组织（又称双正面组织，俗称"棉毛布"）、双反面组织（也称"珍珠编"）等。还有衬垫组织、集圈组织、毛圈组织、菠萝组织、纱罗组织、波纹组织、长毛绒组织、衬经衬纬组织等花色组织以及复合组织等。

（四）按年龄、性别、民族、特殊功用等分类

1. 按年龄分类

（1）成人服有男服、女服、中老年人服之分。

（2）儿童服分婴儿服、幼童服、中童服、大童服、青少年服等。

2. 按性别分类

服装按性别可分为男装、女装、中性服装三类。

3. 按民族分类

民族服装包括中国民族服装和外国民族服装，如汉族服装、藏族服装、墨西哥服装、印第安服装等。

4. 按特殊功用分类

按特殊功能可分为耐热的消防服、高温作业服、不透水的潜水服、高空穿着的飞行服、宇航服、高山穿着的登山服等。

5. 按服装的厚薄和衬垫材料不同分类

按服装的厚薄和衬垫材料不同分类有单衣类、夹衣类、棉衣类、羽绒服、丝棉服等。

6. 按服装洗水效果分类

按服装洗水效果分类有石磨洗、漂洗、普洗、砂洗、酵素洗、雪花洗服装等。

7. 按国家标准分类

（1）A类：指36个月以下的婴幼儿服装产品的安全标准。

（2）B类与C类：指儿童或成人的安全标准，其中B类型是可以直接接触皮肤类的产品；C类是不可直接接触皮肤的产品。

8. 按穿着季节分类

将人们日常生活中常穿的各种服装，按季节分为春装、夏装、秋装、冬装。

> **课堂讨论：**
> 结合本模块内容，谈一谈大学生选择服装可以参照哪些分类标准？

三、服装穿着礼仪

服装穿着礼仪是服饰文化和生活礼仪的重要内容。对于服饰的选择和穿着应符合身份地位、所处场合及社会礼俗，服饰穿戴必须符合一定的礼仪规范。在现代社会中，服饰除了御寒、蔽体等基本功能外，还被

称为人的"第二肌肤",在社交场合发挥着无声语言的作用。

(一) 服饰礼仪原则

1. 符合身份

着装一定要注意符合身份。包括强调男女之别、长幼之别、职业之别、身份之别。国际交流中还要注意民族之别,彰显本国文化。

2. 扬长避短

服饰可用来修饰形体,改善形象。如利用款式在视觉上调整身材比例,运用颜色、图案衬托体型。

3. 区分场合

办公场合着装宜庄重保守;社交场合着装宜时尚个性;休闲场合着装宜舒适自然。

4. 遵守常规

着装应遵守通行规则。比如穿西装的规则有以下两点。

(1) 三色原则。穿西装的时候,包括上衣、裤子、衬衫、领带、鞋子、袜子在内,全身的颜色不宜多于三种。

(2) 三一定律。重要场合穿西装套装外出的时候,鞋子、腰带、公文包颜色应统一,首选黑色。

(二) 服饰选配原则

1. TPO 原则

目前国际上通行的着装礼仪要遵循 TPO 原则,TPO 是 Time、Place、Occasion 三个词开头字母的缩写。TPO 原则要求:着装要随着时间、地点、场合的变化而变化。这里所指的时间包括一天中的不同时间段,也包括一年四季不同日期;地点包括公共区域、私人区域等;场合主要包括非正式场合和正式场合。从整体来讲,人们的着装往往体现着自身的修养和对时间、地点、场合的判断与应对,着装应体现自己的社会角色,表现出人的个性与喜好,更应尊重他人与社会公共道德。

2. 整体性原则

培根曾经说过:美不在部分而在整体。正确的着装可以起到修饰体形、容貌的作用,形成和谐的整体美。服饰的整体形象,由人的形体、内在气质和服装的款式、色彩、质地等构成,整体性原则要求着装的各个部分相互呼应、精心搭配,在整体上尽可能做到完美、和谐、得体,展现着装的整体美。

3. 整洁、文雅原则

服饰不一定追求高档时髦,但要庄重整洁,避免邋遢,尤其是衣领和袖口处。整洁原则要求:一是整齐、无褶皱;二是清洁,要勤洗勤换,保持卫生;三是保证衣服无破损,无补丁;四是扣子、拉链等配件都应齐全、完好。

文雅原则要求着装符合一定的传统道德,给他人带来悦目、美好的感受。身体部分的过分暴露或奇装异服,不但有失自己的身份,而且会给他人带来不便。尤其在正式场合,这种做法是非常失礼的。在正式的社交场合,忌穿过露、过透、过短、过紧的服装。

(三) 现代服饰分类与着装礼仪

1911 年以后,清代的服饰制度大部分被革除,传统服饰至此发生了整体上的变化,中西合璧的服饰或纯西式的服饰逐渐进入中国人的生活中,"中山装"和"旗袍"成为这一时期的经典服装。

20 世纪 20 年代,长袍马褂或西服、中山装等,都是这一时期男子的流行服饰。受西方服饰文化的影响,男子开始穿着西装,但并不排斥原有的服饰,长衫、马褂与西装革履并行不悖。20 世纪 20 年代的女子流行穿着上衣下裙,上衣有衫、袄、背心;款式有对襟、琵琶襟、一字襟、大襟、直襟、斜襟等;领、袖、襟、摆等处多镶滚花边,或加刺绣纹饰;衣摆有方有圆,宽瘦长短的变化也较多。上衣下裙的女装后来一直流行,但裙式不断简化。女子的发式,随着流行而不断变化。曾经时尚的发髻有螺髻、朝天髻、空心髻、盘辫髻、坠马髻、舞凤髻、蝴蝶髻等。年轻女子除了梳髻以外,有的还留一缕头发于额上,俗称"前刘海儿"。"前刘海儿"的式样一般都盖在眉间,也有遮住两眼的,还有将发剪成圆角,梳成垂丝形的;或者将额发分成两绺,并修剪成尖角,形如燕尾,时称"燕尾式"。到了民国初年,更风行一种极短的刘海儿发,远远看去若有若无，名叫"满天星"。女子剪发以后，一般多用缎带束发，也有用珠翠宝石做成各种发箍套在发上的。20世纪30年代，烫发流传到中国。

1. 中式服装

在社交场合中，较有代表性的中式服装以男士中山装和女士旗袍为首，这两种服装不仅合乎礼仪，而且能够显现着装者的独特魅力和风采。

1）男士中山装

中山装是由孙中山先生创导并率先穿着的，故称中山装。中山装意在不全盘照搬西方服装风格的前提下迎合当代的理念。这种服装制式可以追溯到一战时期的英国军队制服以及美西及菲律宾战争时期的美国军服。它综合了西式服装和中式服装的特点，曾被赋予了革命及立国的含义，以衣服的结构寓意"礼、义、廉、耻""以文制国""五权分立"和"三民主义"等。封闭的衣领显示了"三省吾身"、严谨治身的理念。中山装穿起来收腰挺胸，舒适自然。中山装夏用白色，其他季节用黑色；外观轮廓端正，线条分明，有庄重的美感。

在正式场合或参加外事活动时，中山装的穿着是有严格要求的。在颜色和面料方面，需穿着深色毛料套装，上衣和裤子的颜色、面料必须一致。内着白衬衣，脚穿深色袜子、黑皮鞋。所有衣、袋扣子，包括风纪扣必须全部扣好。所有衣裤口袋，不可装太多东西，最好以不装东西为宜。穿着中山装时，如需携带公文包，应选择牛、羊皮制作的公文包，并注意颜色要与服饰、皮鞋的颜色相协调。

2）女士旗袍

旗袍本是满族女子喜爱的服装，20世纪20年代以后，汉族女子也开始穿着，它经历了无数次的变化，终于成为具有独特民族风格的中国女性的主要服装。旗袍的流行原因有二：一是简洁；二是具有东方神韵。旗袍加上高跟皮鞋的衬托，最能体现出东方女性的优雅柔美（图6-3）。

在正式国际社交场合中，领扣式旗袍是首选旗袍式样，它既保留了传统旗袍的优点，又吸收了现代服装的特点，融传统和时尚于一体，使穿着者更显优雅合体、雍容华贵。穿旗袍时，必须穿肉色或浅色长筒丝袜或袜裤，忌黑色或深色丝袜，且注意不能将袜筒露在旗袍的外面。鞋子与旗袍的搭配也非常重要，旗袍必须配以高跟或半高跟皮鞋，不能是布鞋或其他质地样式的鞋子，平跟皮鞋也不适宜。随身携带的包具以皮质手袋为宜，避免肩挎包。佩戴的饰品也不宜过多，以不超过3件为宜，否则让人感觉眼花缭乱或庸俗不堪。

图6-3　旗袍

2. 西式服装

西式服装是相对中式传统服装而言，主要指从欧美等西方国家传入的服装，如西装、夹克、连衣裙、职业女装等。这里主要就能够出席正式国际社交场合的男士西装和女士套裙进行介绍。

1）男士西装

西装的穿着应合时、合地、合景，在重大场合，要穿深色西服套装；上班、娱乐、会友，以浅色、暗格、小花纹套装为宜；外出旅游可穿着款式新颖、色调华美的西装。这里主要就国际正式场合穿着西装的基本要领进行讲解。

（1）色彩协调。首先要做到色彩协调统一。男士在出席正式场合时，全身衣着的色彩应不超过三种，否则有失庄重。皮鞋、腰带、公文包三处保持一个颜色，黑色为最佳。其次，穿西服时必须系皮带、穿皮鞋。若是西服套装只可配以黑色皮鞋，袜子应当是与裤子、鞋子同色或较深色的西装袜。

（2）扣子的扣法。男士西装扣的扣法是有一定讲究的。双排扣西装，扣子需全部扣上；单排两粒扣西装，只扣第一粒，也可都不扣；单排三粒扣西装，可扣中间一粒或上面两粒，或者都不扣；单排一粒扣西装，扣与不扣皆可；如穿三件套西装，马甲上所有的扣子需全部扣上，外套扣子可不扣（图6-4）。

图6-4　男士单排双粒扣西服

（3）领带适宜。出席国际正式场合时，穿着西服套装时必须配以领带。领带打好之后的长度应稍稍长过裤子的腰带，下端正好抵达皮带扣，过长或过短都会显得不雅。如果是常规社交场合，即无须着西服套装时，可以不打领带，此时应将衬衣领口的纽扣解开。领带夹曾经是一种重要饰品，但在已很少使用，在欧洲一些国家甚至将使用领带夹看成一种坏习惯。除制服要求外，不建议使用领带夹，如确有使用的必要，应当别在衬衣的第四、第五粒扣子之间。

（4）内衣得体。着休闲西装时，可内穿T恤衫或高领衫，但出席正式场合着西服套装时，只能内穿长袖衬衫，且衬衫的袖口应露出上衣袖口之外1～2厘米。如有御寒需要，也可在衬衫内着贴身U领或V领内衣，但切勿穿着高领内衣，以免内衣外露，影响美观。有人会在西装内穿羊毛衫，一般不建议如此搭配。若确有需要，只可穿一件素色的V领薄型羊毛衫，既可打领带，也不至于过分花哨。

（5）注意细节。在穿着西装时，还有一些细节问题需要注意。如穿之前，务必将位于上衣左袖袖口之上的商标、纯羊毛标志等剪掉，这些与西装档次、身价无关；另外，不能在衣袋里乱放东西，否则有损美观。

2）女士套裙

在正式场合，女士是不适宜穿着裤装的，一般以西装套裙为主。西装套裙是西装上衣与裙子统一设计、配套制作而成，也可以用一件西装上衣再配一条裙子自由搭配组合。正规的西装套裙是指前一种。女士套裙比男士西服套装的选择余地要大得多，但必须要遵循套裙穿着的一些原则事项（图6-5）。

（1）选择讲究。套裙的选择，必须考虑面料、颜色、图案等方面的问题。套裙所选面料必须质料上乘，上衣和裙子使用同一面料，如此才能给人以高雅、脱俗之感。颜色应当以黑色、藏青色、灰褐色、灰色、暗红色等冷色调为宜，旨在体现着装者的端庄、稳重。图案不可过于花哨，除素色面料外，也可选择格子与线条图案以及规则的圆点图案面料。

（2）造型合体。套裙造型要做到合身可体，长短和腰身都是有讲究的。上衣最短可齐腰，裙子最长可至小腿中部，过短或过长都会影响美观。同时，套裙不宜过于肥大，否则会给人拖沓散漫的感觉；也不宜过紧，否则会显得轻浮庸俗。此外，穿着套裙时，绝不可露臂、露肩、露腰、露腹。

图6-5 中国国际航空公司女乘务员制服

（3）搭配协调。套裙是不可随意搭配的。西装上衣无法与牛仔裤、裙裤等搭配，黑色皮裙也不可作为正装来搭配。套裙与鞋袜的搭配也是有讲究的。西装套裙应配以黑色或白色高跟、半高跟皮鞋，皮鞋颜色也可与衣服下摆一致或再深些。袜子应选择长筒丝袜或连裤袜，不能穿半截袜子，造成恶意分割，俗称"三截腿"。丝袜颜色以肉色和黑色最为常用，避免色彩艳丽的丝袜。

（4）系扣规则。套裙的单排扣上衣可以不系扣，双排扣则一定要系上，包括内侧的纽扣。在正式国际场合，无论怎样的上衣都必须将纽扣全部系好。

（5）内衬得体。着套裙时，上衣内需穿款式适宜的衬衫。衬衫不宜透明，避免显现内衣。衬衫的领口也要选择得当，切勿让内衣露出领口，有失身份。裙子如果是丝、麻、棉等较薄面料，或颜色较浅，必须内穿衬裙，以免走光。

小贴士

西式礼服的分类及穿着场合

目前，可供男士在正式场合穿着的经典礼服主要有燕尾服、晚礼服和晨礼服三种传统礼服。

燕尾服又称大礼服，是欧美各国以及亚洲的日本等国的男士在参加或出席重大庆典仪式、重要活动等最正式的场合时所穿的礼服。与其搭配的是贴身白色双翼领礼服衬衣，胸前有U形胸衬；衬衣外穿三粒扣或四粒扣的方领白色礼服背心；配白色领结；戴白色手套；脚穿黑色袜子及黑皮鞋。燕尾服是男士出席18：00时以后的正式场合穿着的服装。现在，除了国家级的典礼、婚礼、大型乐队指挥、古典交际舞比赛、豪华宾馆指定的公关先生外，男士们已经很少有机会穿着燕尾服了。

晚礼服又称小礼服、晚餐礼服或便礼服，是目前使用频率最高的礼服。为全白色或全黑色的上装，形式类似普通西服，前门襟只镶一粒扣，圆摆。领型采用与燕尾服相同的形式，衣领也镶有缎面，质地为面料同色的缎面布料；口袋为双开线无兜盖式。背心为与外衣同料的"U"形四粒扣礼服背心，衬衫则应为白色双翼领，胸前带褶皱的礼服衬衣，一般配黑领结。下装为配有缎带或丝腰带的黑色长裤，脚穿黑色袜子及黑色皮鞋。它是用于参加18：00时以后的正式宴会、舞会、戏剧、授奖仪式、鸡尾酒会的正式服装。

晨礼服又称常礼服。其特征是：上装为前面裁成大幅后斜圆摆的黑色或灰色长外套，前身腰部只有一颗扣。与其搭配的有双排六粒扣夹领礼服背心，或一般形式的背心；白色双翼式或普通礼服衬衣；黑底灰条纹礼服裤，打黑白相间斜纹领带，或银灰织纹领带，手套是白色或灰色。脑袋装饰巾为白色；袜子和皮鞋为黑色，可戴黑色礼帽。白天要出席一些正式、隆重的活动，如国家级的就职典礼、授勋仪式，晨礼服就属最佳选择。

相对于男士，女士的服装可谓种类、样式、花色繁多。女式礼服也可分为常礼服、小礼服和大礼服等。常礼服为质料、颜色相同的上衣与裙子，可戴帽子与手套。小礼服为长至脚背而不拖地的露背式单色连衣裙式服装。大礼服则为一种袒胸露背的单色拖地或不拖地的连衣裙式服装，并佩戴颜色相同的帽子、长纱手套及各种头饰、耳环、项链等首饰。

（四）配饰礼仪

1. 配饰的概念与分类

服装配饰，是除主体时装（上衣、裤子、裙子、鞋）外，为烘托美好的仪表而增加的配饰，其材质多样，种类繁杂。服装配饰逐渐演变成为服装表现形式的延伸，成为服饰美的重要组成部分。头部及面部配饰如帽子、头花、耳坠等。颈部配饰如丝巾、披肩等。胸部配饰如项链、围巾等。腰部配饰如皮带、腰带。手部配饰如手链、手镯、戒指、手表等。脚部配饰如脚链、鞋子、袜子等。衣服上的配饰如胸针、领带等。随身携带的装饰品如包、手袋等。

服装配饰与服装相比，处于次要的、从属的地位，但同时又具有时代的鲜明性和引导时尚的前瞻性。服装配饰的发展体现出社会性与民族性。一方面，不同时期的文化、科技、工艺水平、政治、宗教及各方面对其产生了深刻影响，这种影响必然反映在服装配饰的艺术性、审美性、工艺性、装饰性等方面。另一方面，不同的民族风俗、地域环境、气候条件等因素，使不同民族、不同地域的服装配饰具有各自不同的形式和内容。

2. 配饰佩戴方法

配饰与服饰不同，它主要起到点缀、美化、烘托的作用，是服装的有机组成部分，是个人整体形象的有力衬托，可以起到画龙点睛的作用。配饰需遵循一定的礼仪规范才能起到提升形象的作用。

（1）配饰的分类。配饰主要分为两大类，一类是首饰，主要包括戒指、项链、耳饰（耳环、耳链、耳钉、耳坠等）、手镯和手链、脚链。第二类是衣饰，主要包括胸饰（如胸花、胸针）、围巾、帽子、墨镜等。

（2）佩戴饰物的规则。在现代职场，根据个体职业及身份、场合、年龄的不同，配饰的选择和佩戴也要有所不同，佩戴饰物的规则如下。

第一，数量宜少。饰物的佩戴在数量上以少、精为佳。如果同时佩戴多种饰物，在总量上不得超过3种。

第二，色彩和谐。饰品应力求同色，如果同时佩戴两件或两件以上的饰品，应力求使其色彩接近或一致，做到得体、大方。

第三，质地统一。同时佩戴两种或两种以上的配饰，应以同一质地为宜。帽子、围巾、手套要求其质地相同；项链、戒指、耳环等要求其质地相同。

第四，因人而异。选择配饰，切勿盲目跟风。配饰作为一种工具，帮助我们在塑造个人形象的过程中扬长避短，凸显个人魅力。如果个体的脖子短而粗，则应选择细长的项链，而不应选择紧贴脖子的项链；如果个体头部比例相对较大，则不应选择大的帽子；个子较矮的人不应围长围巾。

除在职场中应遵守以上原则之外，配饰的选择还应与所处的场合相协调。较为庄重的社交场合可选用高档饰品，如穿着礼服时佩戴珠宝首饰。在西方，女士参加葬礼时允许佩戴的饰品仅限于结婚戒指和珍珠项链，违反此规定难免会招人非议。不同民族和地区的人佩戴饰品的规则也不同。当我们身处异国他乡或与不同文化背景的人交往时，首先应对其习俗或惯例有所了解，要尊重这种习俗或惯例。

课堂讨论：

小陈的困惑

小陈是一家国际品牌酒店营销部的新职员。她平时工作十分努力，得到了同事们的好评。有一次，主管通知小陈和几位同事去外地出差，并约好第二天一早在酒店门口见面，一起去机场。第二天早晨，小陈穿了一身做工讲究的职业套裙如约来到酒店门口，却见到主管和同事都穿了休闲装，心里不禁纳闷："不是说出差吗？怎么穿得像是去度假呢？"上了飞机，小陈发现乘客们都穿得比较休闲，自己穿着正装感觉很不合时宜。在客舱有限的空间内，看到同事们穿着宽松舒适的服装很是惬意，再看看自己身上的正装，穿着很受束缚，而且快压出褶皱了，心想："难道是我穿错了？"

请思考：

小陈的问题出在哪里？结合该案例，谈谈你对着装礼仪的理解。

任务二　服装色彩知识

任务导入

中国各民族服饰的色彩观念，来源于中华民族古老的哲学思想。赤、黄、青、白、黑五色观深入各民族的色彩审美意识。下面重点介绍中国服饰中的红色、黄色、紫色。

1. 红色

红色是人类最早使用的色彩之一，世界上许多地方的原始岩画中都发现了早期人类涂抹红色的矿物颜料和动物鲜血的痕迹。汉族最常用和最喜爱的颜色就是红色。"赤，赫也；太阳之色也。"赤是熊熊燃烧的火焰之色，俗为红色，是人类生存不可缺少的火的颜色。红色是中国宫殿建筑的主色调。在婚礼或者各种喜庆的场合，人们都喜欢穿着红色的装扮来传达喜悦，这都表明了人们的一种利好心理，用红色表达美好的心愿。

2. 黄色

"黄，晃也；晃晃日光之色也。"黄是中国土地之色，黄土、黄河、黄种人是中国的象征，在漫长的中国古代社会被历代统治者视为至尊之色。黄色是地上处于最高地位的一种颜色，天子的御道称为黄道，天子的衣服叫黄袍。黄龙是中国母亲河流——黄河的象征，黄土高原是中华民族世代栖居之地。在中国几千年历史长河中，黄色被视为至高无上之色。《史记·历书》云："王者易姓受命，必慎始初，改正朔，易服色。"五行学说中，青、红、黑、黄、白这五种颜色被视为正色，并以黄为贵，定为天子朝服的颜色。

3. 紫色

紫色是介于红色和蓝色之间的色彩，在光谱中是人类可见光所能看到的波长最短的光。在日常生活中，紫色又常被称为雪青色、藕荷色。在中国长达几千年的历史长河中，紫色一直保持着它的神秘和尊贵，也代表了普通百姓对生活寄予的美好愿望。道家奉最尊贵的神仙为紫皇，神仙居住之地称为紫府、紫台、紫海等。道家认为紫为天空之色，具有神圣之意。帝王的宫殿为紫禁城，帝王所在的区域为紫禁城。古人认为紫气是宝物所发出的紫光，当天上有紫色云彩出现时，古人以为祥瑞之气。在我国"紫气东来"一直表示祥瑞和美好希冀，在民间风俗春节时，书"紫气东来"四字作为春联横额贴于门上，以期盼日后生活吉祥如意。

> **请思考：**
> 结合传统文化，谈谈你对中国服饰色彩的认识。

知识讲解

一、服装色彩的特征

服饰是社会文化现象的反映，是区分族群的标志。由于每个民族的生活环境、风俗、信仰、审美等方面的差异，服饰的材料、样式、色彩、图案、配饰、制作工艺等也千姿百态，风格迥异。面料、颜色、款式是服装的三个基本要素，色彩是服装的灵魂。服装由人们遮身蔽体的物品上升为社会的文化现象，其中，服装的色彩起到很大作用。

（一）服装色彩的社会特征

服装色彩具有一定的社会象征性。不同时代的社会文化，赋予色彩不同的释义，这并非出于视觉美学方面的考虑，也不是传达某种感情，而是色彩对社会意识形态的象征性。20世纪60年代，人造卫星上天，人们青睐"宇宙色""太空色"。70年代，受社会气氛影响，服装色彩多为灰、蓝、军绿色等。服装反映了每个时代特有的观念意识和精神面貌，而色彩正是对这些观念意识和精神面貌最为直观的表现形式。

（二）服饰色彩的符号特征

在服装审美中，最先让人感知的不是服装款式而是色彩。色彩是单纯地对客观物质颜色的简单描绘与记录，但是当色彩赋予不同的客观物质上，就逐渐成为侵入某种政治和社会的文化载体，包含了丰富的政治、思想和文化意义。无论在古代还是现代社会，根据不同的场合、身份、季节，通过色相、明度、色调的差异，体现了服饰色彩的符号特征。

在中国服饰中黄色是符号特征体现最为明显的色彩。封建社会时期的中国，黄色是无比尊贵的色彩。中国历来有"天玄地黄"之说，我国古代帝王的传统礼服冕服，殷周以来，各代沿用，至清代方终，其色彩为上玄下黄，即上衣黑色，下裳兼有赤黄之色，后世黄色（地色）逐渐演化成帝王专用服色。黄色作为帝王的既定的神圣色彩，它的符号特征是不言而喻的。现代社会，黄色则由于其本身的色彩特性成为警示符号，广泛使用于施工制服、道路标志、儿童雨衣等物品。

（三）服饰色彩的情感特征

在纺织服装发展过程中，色彩的情感特征逐渐实物化。随着社会的发展，人们将自身的情感转化为实物，通过设计不同的物品来寄托自己内心的情感，并且能够融入自身的创意实践来实现情感表达。在实际生活中，设计师能够将情感融入设计中，能够实现与消费者之间的情感共鸣，打动消费者，从而使消费者产生购买商品的欲望，这种设计就达到了情感化设计，引起了精神共鸣，将情感与商品进行了有机结合。以中国传统服装为例，虎头帽就象征着很多家长对孩子健康成长的美好期望；在古代女子出嫁的嫁衣上绣了很多寓意吉祥的花鸟鱼虫，寓意着富足平安；在新郎新娘大婚之日，则使用的是大红色的服装，表示热情、喜庆、吉利，象征着婚后生活红红火火。由此可知，情感化在传统中国服饰中已经有着非常具体鲜明的体现。在西方国家情感化设计中，也有着源远流长的历史。人体美，从古希腊时期就得到重视，并且提出了黄金分割率这一概念；到了中世纪时期，由于对圣母玛利亚的崇拜，民间开始流行一种苏尔考特的女士外衣，体现着对神、对美好的崇拜。

（四）服饰色彩的群体特征

服饰色彩文化是由人创造的，因而其发展与人有着不可分割的关系。在具有相同生存条件与色彩文化背景的群体中，人们有着相同的生活方式、认识方式、感情方式、评价方式和行为方式，表现出群体特征的趋一。那么在这一群体中，服饰色彩文化必然呈现出连续性与稳定性，从而表现为服饰色彩文化的传承，这种传承除了作为服饰色彩文化表层的服饰色彩构成形式外，更主要体现在服饰色彩观念等深层的服饰色彩文化。随着社会的发展、人类的进步以及不同群体间色彩文化交流的不断进行，对过去的东西重新认识，逐步更新，使传统的服饰色彩文化在一定程度上发生变化，并进一步导致旧的服饰色彩文化模式的消失，新的服饰色彩文化模式的诞生，从而形成服饰色彩文化的变异。

> **课堂讨论：**
> 结合服装色彩的特征，谈谈你对服装色彩的认识。

二、服装色彩与面料

（一）服装色彩

科学的描述不能充分地表达出色彩的感觉或情绪，所以人们命名颜色时也依靠对于世界的普遍共识，例如，以动物命名（大象灰和金丝雀黄）；以花和蔬菜命名（丁香紫、蘑菇白、番茄红）；以糖果和调料名（太妃色、藏红色）；以矿物和珠宝命名（珍珠色、珊瑚红、绿玉色）等。

1. 服装色彩标准体系

对颜色的联想在记忆颜色的深浅度和命名一套颜料时非常有用，但是对服装配色的要求而言是不够的。为了做到这一点，目前已开发了一系列标准化的商用色彩搭配系统。在服装制造业和纺织业中使用最为广泛的标准色彩模式是"潘通色彩体系"和"国际纺织品标准色卡"，这些标准色彩体系都是在阿伯特·曼赛尔所发明的"以色相、明度及彩度来测定颜色"理论的基础上发展而来的。

潘通体系能精确地标定出六位数字，以显示颜色在色环上的位置（前两位数字）、与黑白对比出的明度（中间两位数字）、纯度（最后两位数字）。许多计算机设计软件都包含潘通色彩体系。使用了这个体系，印染师将服装设计作品按照精确的要求重复生产就可成为现实。染色和印花用的墨水都有自己的化学名称和编号，以此可以得知它在校准色谱上所占的区间和变化范围。印染公司通常设有自己的化学制品公司，例如 ICI、BASF、Zeneca、Bayer 等公司，目前有越来越多的印染厂致力于用自然和环保的方式进行纺织品的印染。

2. 服装色彩术语

以下是一些在印染业和时装业中用来区分和混合色彩的术语。

（1）色调：同色渐变。

（2）深色：浓的、深的颜色。

（3）深浓色调：强烈的、饱满的色调。

（4）浅淡色调：渗入了白色的色调。

（5）暖色调：和火焰、阳光、激情联系在一起的（如红、橙、黄、紫红）色调。

（6）冷色调：和天空、海、冰、宁静联系在一起的（如蓝、蓝紫、浅粉色）色调。

（7）中性色：第二、第三色（如米黄色、灰色、棕色、卡其色、橄榄绿）。

（8）柔和色：通过添加黑色、白色、灰色或互补色而加深或减淡的颜色（如黄色加入一点紫色就形成深金色）。

（9）单色：使用单一色相，从黑色排至白色的灰度色阶或整个区间。

（10）地色：主导性的底部色相、阴影或色调。

（11）强调色：只占小比例却有着强烈视觉吸引力的颜色。

（12）类似色：放在一起看起来平衡愉悦的两种或更多的色彩。

（13）对比色：放在一起时对比强烈的色彩，通常在色环上是直接相对的（如蓝和橙）。

（14）互补色：几乎对立的色相；当它们分别采用暖色调和冷色调时，看起来更为和谐。

（15）类似色：在色环上紧紧相邻的色彩和色调。

（16）减色混合：用颜料和染料混合的颜色。

（17）加色混合：用光线吸收混合的颜色。

（18）光学混色：当两种不同的颜色以经向和纬向交织在一起排列时，从不同角度看织物会细微的变色。这种视觉混合用在夹花纱线的毛衫、棉布和闪光丝绸上。

（19）易褪色：会洗掉的易渗色、脱色的色彩（但褪得并不快）。

（20）对比调和：色彩的纯度随背景的明暗，或由于处在同一系列色彩中而产生的变化效果；常见于条纹布或印刷品中，也见于肤色与服装的对比中。

（二）服装面料

在正式的社交场合所穿着的服装，多选用优质的混纺面料。而纯棉、纯毛、纯丝、纯麻等天然面料因为有着易皱、易变形等天然面料的缺点，较少作为高档服装用料。混纺面料有着天然面料吸汗透气、柔软舒服的特点，又吸收了化纤面料结实耐穿、垂悬挺括、光泽好、颜色鲜亮等优点。一般服装面料分为两大系列：第一，梭织面料，主要用于服装的外衣和衬衣。第二，针织面料，主要用于内衣和运动系列服装，但随着科技的发展，针织布也向厚重、挺括发展，逐渐使针织内衣外化，针织面料梭织做法，成为外衣的补充。随着现代人生活质量的提高，人们对穿着要求也越来越高，不再限于服装的造型、款式，更注重服装的面料是否舒适、环保。

1. 纤维

纤维或纱线是形成织物的原材料，纤维主要分三种：动物型（毛发）、植物型（细胞膜质纤维）和矿物型（合成材料）。有经验的设计师通常能通过触摸和观看确认基本的纤维。当今，出现了许多复杂的混合纱线和名牌的人造纤维。纱线的长度、直径及其纺纱方式将决定面料的特性，混合纤维改变了纤维成分原有的特性。例如，棉和亚麻布吸水性好并且容易起皱，但当混入聚酯纤维后，它们能干得更快并且可以熨烫得更平直。纤维的特性包括重量、保暖性、外观和属性，它们决定着纤维的质量及其适用于机织还是针织。

2. 纤维的类型

（1）醋酯纤维：这是一种用纤维素浆液和醋酸合成的半化合材料，通过冲压使之成为醋酯人造丝纤维。大规模地进行人造丝的生产是从1921年开始的。

（2）丙烯腈纤维：这是一种从汽油内提取并和空气进行化学反应后生成的合成纤维，其质感类似于羊毛。杜邦公司于20世纪40年代开始发展这项技术。它是一种轻薄、便宜和易于护理的纤维。

（3）羊驼毛纤维：来自于南美羊驼身上的柔软而纤细的毛，属于奢侈型材料。

（4）安哥拉兔毛纤维：从安哥拉兔子身上梳下来的轻细的毛，是很受欢迎的纤维材料。澳大利亚博坦尼精纺纱细毛纤维是来自于生长在澳大利亚博坦尼海湾地区的美利奴绵羊身上的顶级羊毛。

（5）驼毛纤维：从骆驼身上脱落下来的毛。它是一种重而耐用、保暖性好的奢侈材料。

（6）山羊绒纤维：来自于亚洲山羊身上的细软绒毛，多用于奢侈品。

（7）纤维素纤维：从植物纤维中得到的或木浆经过冲压后得到的纤维或薄片。

（8）棉纤维：从棉籽里面提取的纤维。棉是一种成本低廉并且种植分布十分广泛的农作物，它的品种也十分多样。多样化、柔软、易于染色和洗涤是棉纤维的特点。

（9）纱支：纱线粗细的计量单位；也是精纺毛料和毛料的公制单位。

（10）绉织物：纤维被按照"S"或"Z"形进行加捻，"Z"形的捻向能够让其手感更加富于弹性。

（11）弹力纤维：通常由经过高强度拉伸并恢复后的聚氨酯形成的纱线。

（12）毡纤维：在加工和使用的过程中，密实的纱线或纤维缠结在一起就形成了"毡"形态纺织品。

（13）季隆羊毛纤维：从八个月的美利奴羔羊身上剪下来的极细的羊毛。

（14）大麻纤维：从大麻植物上剥离下来的纤维，是制作麻包和麻席的强韧而易弯的纤维。

（15）平针织物：机械针织面料。有平面的、管状的、单面或双面（双螺纹针织）的。

（16）黄麻纤维：从芦荟上剥离下来的束状的纤维。

（17）羊羔毛纤维：指100%的未成年羊羔毛，通常情况下这类纤维应当至少保证有三成羊毛是来自于尚未断奶的小羊羔身上。

（18）亚麻纤维：从亚麻植物的茎上剥离下来的纤维，特点是耐用、凉爽、吸水性好。

（19）卢勒克斯纤维：金属化的、闪光的纤维，其横截面是扁平的，多应用于晚礼服。

（20）混色毛纱：将两种不同颜色的单股纱线混纺在一起的双股纱。

（21）混色纱：印色或喷涂成多种颜色的纱线以及用其制成的服装。

（22）美利奴羊毛纤维：美利奴羊毛（原产地为西班牙）是一种高质量的羊毛纤维原料。

（23）超短纤维尼龙纤维：被纺成非常小的丹尼尔（纤度单位），其面料的手感很柔软。

（24）马海毛纤维：从安哥拉山羊身上获取的长而有光泽并且耐磨的纤维。常用于制造高级的针织衫和套装。

（25）尼龙纤维：世界上第一种完全经化学方法合成的纤维，由杜邦公司在1934年发明，后来其将所开发并经营的这项生产技术注册为"Nylon""Bri-Nylon"或"Celon"。它是一种坚韧而多样化的人造纤维。

（26）聚酰胺纤维：尼龙只是聚酰胺的一个品种，聚酰胺是一种平滑、坚韧而富于延展性的纤维类型，在针织类服饰和内衣中的应用尤其广泛。

（27）聚酯纤维：由英国多乐士集团和杜邦公司于1941年共同研制开发的一种廉价而易于护理的合成纤维，涤纶、大可纶和克林普纶等这些市场上出售的常见的纤维都属于此，它们是从再生塑料和煤炭颗粒中提炼出来的聚酯纤维。通常它们都与其他的纤维进行混纺。

（28）PVC材料：即聚氯乙烯，是一种广泛应用在雨衣上的塑料。

（29）苎麻纤维：从苎麻上获取的纤维，性能类似于亚麻。

（30）丝绸：一种从蚕茧中抽离出来的纤细、强韧、富于光泽的长丝纤维，用于制作最奢侈和昂贵的时装。

（31）小羊驼毛纤维：从受到保护的南美洲羊驼身上获取的纤细而回弹性高的纤维。

（32）黏胶纤维：从木浆和苏打中提取的纤长、半合成、多用途的纤维。

（33）粗纺毛料：用短羊毛纤维按照非平行的经纬方向编织而成，手感丰厚、柔软而蓬松。

（34）精纺毛料：用纤长的羊毛纤维按照平行的经纬方向纺织而成，其纱线平滑而耐用。

3. 织物结构

纤维变成织物主要有两种方式：机织和针织。用其他方式制造出的织物，如毛毡、网眼、蕾丝和黏结织物，被归类为非编织物。对服装设计者而言，了解如何运用织物和制成成品，考虑成衣上身时将被如何穿着、拉伸和变形是很重要的。

纺织织物是由经纱和纬纱以垂直的角度交织而成的。这些线的交织纹路也被称为织物的纵向或横向的纹理。织物的松紧是由每厘米或每英尺的经线和纬线的数量决定的。服装的底边通常用更密实或更牢固的线加固织物，称为织边。因为经纱在纺织前已被均等地拉抻，大部分的纺织织物有良好的纵向稳定性，因此，成衣通常沿着平行于织边的方向裁剪，从而使衣服的主体顺着纵向纹理，而横向纹理的拉伸性有助于像臀部、膝盖和肘部的伸展。

针织织物由联结的纱线线圈组成，水平排列的叫作线圈横路，垂直排列的称为线圈纵路。它们都可以向两个方向伸展。其伸缩性使它们具有很好的悬垂性和抗皱性，但同时也易于因穿着和洗涤而变形。因为这种织物的结构相当松散，可以"呼吸"，能使人体保持温暖或凉爽，所以适于做内衣及运动服装。好的针织品易于贴身，因此也常用来做晚礼服。与机织品一样，针织织物也有颜色和式样的变化。

现在大多数的针织机由手工编织技术发展而来。与手工编织相比，现代化的机器可以高效率地生产出更为复杂的织物及成衣。完成一件完整的外套仅需45分钟。然而，手工编织的服装因其独有的特点和魅力在时装界仍占有一席之地。

4. 面料特性

面料特点对服装设计尤其是色彩设计具有重要影响，例如有的面料穿着非常舒适，有较好的透气性和弹性，而相应其他面料具有较强的悬垂度，在服装设计过程中，能够较好地表达服装设计的创意。因而在服装设计及选用中，不同的服装面料对效果有直接的影响。

1）面料的舒适性

特定用途的服装对面料有不同的要求，例如贴身的内衣要与皮肤直接接触，在面料的选择中，要选择较为舒适透气的衣服。在外衣或秋冬的衣服中，要求服装具有良好的保暖性。面料的舒适度和原料纤维有密切的联系，天然纤维的纺织面料具有吸湿性、透气性和舒适性，而化学面料具有一定的塑形性、致密性、紧贴性。天然纤维的纺织面料通常与象征着自然、健康的色彩相结合，如大地色系和森林色系，织物面料原色或肤色、原木色等象征着自然、天然的色彩。化学面料有较强的功能性，因此色彩选择更具个性化与多样化，以凸显穿着者的个性特征与服饰对人体的修饰效果。

2）面料的弹性

不同的服装类型对面料的弹性要求不同，如较为合体的服装要求面料具有较高的弹性。一旦服饰的弹性降低，会严重影响服饰的设计和穿着效果，例如运动服饰，如果弹性较差，会严重影响正常的体育活动，但是一些较为宽松的服饰对面料弹性的要求较低。不同的面料材质影响面料的弹性，例如，棉麻织物的弹性较差，丝织物、毛织物具有良好的弹性，化学纤维织物也具有较好的弹性，是设计合体服饰最佳的面料选择。

3）面料的垂感

面料的垂感影响服装的风格，例如，较为宽松的服装要求其服装面料具有较强的垂感；在西服的面料选择中，服饰要有一定的垂感和流动性，在选择面料时，要选择有较高垂悬性的织物，面料的垂感和纤维的细度与纺织物的密度有着密切的联系，纤维越细，纺织物的密度越小，垂感就越强。

> **头脑风暴：**
> 校服是校园文化的重要组成部分，请结合你对服装色彩与面料的认识，谈谈对校服色彩与面料的想法，并给出你的建议。

三、服装色彩与心理

色彩心理学家的研究发现，色彩能够表达情感，不同的色彩搭配对人的心理和情绪有不同的影响。研究调查发现，红、黄、橙这种明朗的颜色能够刺激人的神经细胞，使人感受到愉悦、开心和激动；黑、灰、棕这类较暗的颜色，容易抑制大脑神经，使人感到烦躁无力，会让人的心情变得抑郁；绿、蓝、灰这类冷色调能够营造一种宁静的感觉，让人感受到清爽整洁，舒适安宁。在色彩的冷暖、强弱的搭配下，产生不同的情感与心理体会。

（一）服饰色彩心理结构

康定斯基在《论艺术的精神》中说："色彩能唤起一种相应的生理感觉，毫无疑问，这些感觉对心灵会发生强烈的作用。"色彩文化心理的深层结构是色彩文化心理的精神本质的层面，是一个民族在悠久的历史长河中逐步形成的一种心理特征，它是由各民族古代社会形成的特殊历史途径所决定的。真正的民族色彩文化之根正是存在于民族色彩文化心理结构的深层特质之中。体现着这样一种心理结构特征的服饰形式与服饰观念具有较大的稳定性，并且较难改变。这种相对不变的服饰色彩观念与服饰色彩构成形式正是服饰色彩文化遗传的典范。我国传统服饰色彩文化追求的是一种装饰的美，而西方则注重自然的美。这种装饰的服饰色彩构成形式与服饰色彩观念，形成了我国服饰色彩文化的重要特征。我国服饰色彩文化的这种特征是中华民族几千年来色彩文化的积淀发展而形成的，它是由中华民族色彩文化心理深层结构特征所决定的。

色彩文化心理的深层结构是服饰民族化的根本心理因素，随着社会的发展，社会群体的人生态度、情感方式、思维模式、价值取向等都将产生缓慢而深远的变化，从而形成色彩文化心理深层结构的变化，导致从根本上改变服饰色彩的民族化特点。

（二）服饰色彩心理机制

1. 服饰色彩与心理联想

在视觉转化为信息的过程中，人们总是会对所看到的事物进行联想，人们看到一种颜色，通常会联想到某种事物。色彩对于人的感官具有强烈的影响，通常能唤起人们心中各种情感的联想。色彩大致可以分为3种：冷色、暖色、中性色。红色、黄色、橙色都属于暖色系，暖色系的服装在视觉和心理上给人温暖、阳光、积极的感觉，通常在秋冬季服装上使用。蓝色、紫色、绿色都属于冷色系，冷色系的服装给人冷静、沉稳、静谧的感觉，通常在夏季或在工作服装中使用得较多。黑色、白色、灰色属于中性色，中性色的服装给人时髦、前卫、冷酷的感觉，通常为都市通勤服装，这些颜色通过配比产生色轮，通过色轮来研究色彩的基本寓意，将色轮中的颜色进行规律的搭配，通过颜色的组合给人带来不同的心理效果。

自然色系能给人的视觉与心理上带来舒适、温暖、自然、宁静的感觉，颜色配比通常以奶油色、白色、卡其色为其色，然后搭配亮色调的颜色以及中灰色调的颜色，如橄榄绿、灰蓝色，将配比后的颜色体现在服装上，在风格上会偏向于冷淡，这类颜色适合居家、户外服装。

在服装中，好奇色系能给人视觉和心理都带来极大的冲击，给人活泼、开朗、大胆的感觉，好奇色系的颜色再搭配明度和纯度都较高的颜色，如天蓝色与深红色、紫色与薄荷绿、珊瑚红与青绿色。使服装更具突破性，更有创新力，让服装更有艺术表现力，这类服装适合参加个性化的派对以及在童装上使用。

在设计中，复古通常代表一种设计风格，更多的是营造一种怀旧的感觉，怀旧感通常在人的印象中就像老照片这类颜色的服装给人沉稳、冷静、亲切的感觉，在色彩搭配上，通常是珊瑚色、橘黄色、铁锈色、海军蓝等色调，配合面料的粗糙肌理线，可以打造出较强的年代感。通常也是对比色的搭配，使颜色在设计上展现出对比感，这类色调适合用在男士西装和女士礼服上。

梦境通常是脱离现实的一个不可触摸的世界，在这种不真实、抽象的状态下，颜色通常是超然于寻常物之外的，在色彩的搭配上，梦幻色系通常是由柔和的淡色与温暖的中性色相结合，如灰粉色、玫红色、亮黄色、淡黄色、春日青，这类颜色的服装给人较为舒缓、纯净的感觉，给人无限的遐想，就像美国作家特里古娜梅茨所说："有些颜色只存在梦里。清醒时候的光谱里是没有的。"这类颜色通常运用在女性及无性别服装中。

2. 服饰色彩属性

1）情感属性

在对不同颜色进行心理信息分析后不难发现，颜色与人的情感密不可分。因此，利用颜色进行产品的设计时，满足人的情感需求尤为重要。从物理学来讲，色彩只是色彩本身，只是由于光的波长与振幅所定的。但从心理学来说，人具有丰富的情感与想象力。色彩能引起人们的各种心理变化与情感内涵，色彩的情感化实质是人内心情绪、情感、态度的物化与外化，是审美主题的一种情感表现。心理学的观点普遍认为，感觉与直觉是大脑对事物反应的低级阶段，而具有语义性质的认知才是大脑对于事物反应的高级阶段，因此，颜色的内涵、意义、和谐等高级的认知还在逐渐被研究，与颜色的情感有着重要的关系。

在我国的语言文化中，颜色与情感密不可分，人们将表色词与表情词相结合，弱化色彩的自然属性，加强色彩的情感属性，如惨白、娇黄、羞红等词都体现出色彩所隐喻的情感属性。

2）政治等级属性

在不同的国家、地区、政治背景、经济实力和宗教信仰下，对服装颜色的理解与应用也千差万别。在中国古代的服饰文化中最为明显。不同的色彩代表了不同的阶级地位、文化背景、政治背景等。

早在我国商周时期，就已经开始划分服装色彩的等级制度，周代以红色作为高等地位人的穿着颜色；秦朝以黑色作为最高统治者的着装颜色；汉朝以后，以黄色为君主专属色，唐朝开始，各品官员就已经有了严格的穿着制度，三品以上为紫袍，佩金鱼袋；五品以上为绯袍，佩银鱼袋；六品以下为绿袍，无鱼袋。官吏有职务高而品级低的，仍按照原品服色。

3）社会属性

从色彩的社会属性来看，色彩是一种表象的符号，在长期的社会历史背景下，色彩逐渐有了某种象征功能，比如在庆祝的场合，通常是穿着红色服装，寓意多为喜庆、热闹；而在丧葬场合通常身着黑色或白色服装。

研究表明，服装的颜色对着装者自己或者他人的影响非常明显，主要表现在对人的心理暗示。通常这种心理暗示广泛存在于当下社会的多种现象中，着装者服装颜色的不同通常会导致他人对社会认知产生不同的变化。

4）身份标识

现代社会，虽然少数服装仍代表不同的等级地位，但绝大多数服装已经在当今社会成为一种身份、职业的象征。例如，不同的外卖公司会用不同的颜色设计配送人员的衣服，就是为了给消费者在视觉及心理上带来一致性以及体现不同商家的识别性。

（三）服饰色彩心理反应

1. 冷暖

暖冷在人心中是相对的，暖色是指在光谱范围内波长较长的颜色，如红色、黄色，反之即为冷色，如蓝色、绿色。色彩本身是没有实际温度的，但却给人的心理造成冷暖的感觉。这即是色彩在着装心理造成的正常反应。这种冷暖的感受是由视觉感官传递出的信息，并经过大脑的认识得出的结论。从视觉感官得到的信息经大脑转换反映到着装上的这一行为过程中，不能忽视客观事物造成的心理暗示，比如太阳和火是红色的，所以红色给人们的感觉是温暖的，天空、海洋是蓝色的，造成蓝色带给人们的感觉是冷的。但是色彩又是具有相对性的，比如深红色是暖色，但是当它与朱红色作对比时，又偏向冷色调。再比如大面积的冷色调中，如果有一小片暖色，那么这片暖色就会有些偏冷。

2. 轻重

色彩明度较高，给着装者的视觉感受是重量较轻，有上升的感觉，而深的颜色会给人向下沉的感觉，这样的色彩轻重感可以给着装者带来视觉上的错觉，在搭配服装的时候，也可以合理利用这样的视觉效应。比如搭配的时候会尽量选择上身颜色较轻，下身颜色较重，这样给人比较稳重的视觉效果。

同样一件裘皮大衣，黑獭兔毛皮的大衣就会显得很有重量，而白色的獭兔毛就会让人觉得很轻盈，其实重量是一样的。在这样的情况下，着装者在选择服装时是想要轻盈一点还是厚重一点基本是由颜色决定的。比如，着装者在挑选服装时，如果试穿时发现A比B的实体重量要重，但是A的颜色是浅色系，而B的颜色是深色系，而这位着装者倾向于浅色系，那么他会选择A，这也说明实际服装的重量没有办法和色彩视觉带来的重量相抗衡，这就是颜色对于着装者的心理影响。由此可以延伸到整体搭配形象上，上深下浅会带来轻盈感，但搭配不当也会导致整体不稳，头重脚轻。而由浅入深，不管搭配怎么样，至少整体效果给人稳重感，这也是色彩心理学的奥秘。

3. 偏好

着装者在选择颜色时会有自己的主观情感，这也是常见的现象。有人偏爱白色，甚至连冬天的羽绒服也买白色的。虽然没有硬性研究将人们对于颜色的心理偏好进行划分，但还是可以根据一些共性做基本的区分。以国家为划分点，据抽样调查，中国人比较喜欢红、蓝、黄，美国人更喜欢灰色和奶油白，印度人更倾向于色彩浓郁的绿色、金色，非洲几乎所有国家都喜欢白色。

4. 情绪

着装情绪包含在着装心理中，但是情绪却是不受控制、灵活性强的概念，当环境氛围变化的时候，伴随而来的情绪也会变化。在着装心理学中，人们把色彩与着装情绪归到色彩情感中，因为色彩对着装者情绪影响是最直接也是最为明显的，所以着装者在服装色彩上的所有情感活动都是由色彩引起的情感共鸣。

服装色彩会影响着装者情绪，同样，着装者会根据当时的情绪来选择服装，这两者是相互制约相互影响的。比如医院工作人员会选择白色的服装，一是因为白色会让自己觉得干净淡雅，另外白色也影响到病人的情绪，会使病人更加冷静，不像其他色彩会刺激他们的神经让他们亢奋。但是像游乐园的人员就会穿着颜色鲜艳的服装如红色、黄色、橘色，是为了吸引游客的注意，带动游客的情绪。政府执法工作人员的服装色彩以黑、灰或深蓝为主，给违法人员以震慑感，让违法者在黑色的刺激下产生严肃恐惧感。

> **课堂讨论：**
> 服装色彩与心理、情感有着千丝万缕的联系，结合教学内容与你的着装色彩，讨论服装色彩对心理的影响。

拓展延伸

2022春夏中国国际时装周

（节选自《2022春夏中国国际时装周开幕，多元化潮流新风尚助推消费升级》，中国日报网，2021.09.06）

9月3日，"2022春夏中国国际时装周"于北京751D·PARK拉开帷幕。本季时装周以"原生动力"为主题，聚焦中国设计美学、科技创新、商贸合作、可持续发展、知识产权保护五个关键议题，汇聚来自意大利、荷兰、美国、英国、韩国、法国、加拿大、哥伦比亚、日本、澳大利亚等国家的时尚力量，开启一场时尚盛宴。

关键词：中国设计美学——承中国文化之底蕴，展多元化创意设计

本季时装周涵盖男装、女装、礼服、运动、泳装、内衣、童装、亲子装等品类发布秀，传统与现代、新锐与潮流、创意与商业碰撞，全方位表达时尚态度。

本土时尚的崛起必须有自己的文化特色，中国文化表达是本季时装周的亮点之一。专场发布涵盖中国传统文化、武侠文化、民族文化、丝绸文化、敦煌文化、文学作品等相应主题发布秀，以服饰为媒介，将中国文化结合当代审美进行年轻、潮流化表达，多维度展现蕴含着中国文化之美的服饰。盖娅传说将缂丝、苏绣等诸多非遗工艺应用到服饰中，诠释新国风设计；致力于传统服饰文化传承与创新的楚和听香从2019年至今已连续推出三季"楚和中国色"，本季将展示第四季"楚和中国色"，并推出"新时代中国美·2021"峰论坛活动，继续对中国传统文化深耕，探索更高维度的中国哲学、美学和"新时代中国美"；Damowang用武侠的元素表达文艺摩登的概念，加入诸如旗袍、立领、斜襟以及古典花卉纹样，来表达复古新潮的设计理念；今日青年将解构汉服、机能中山装、金属赛博格盘扣等设计手法大胆运用，构建东方赛博美学；在民族文化表达方面，金景怡将打造中国鄂伦春文化服饰秀，中元素"将乳源瑶族风情艺术——瑶绣"融入现代时尚设计中，蕃巴秀以"九色甘南·时尚蕃巴"为灵感主题，展现藏族文化美学，天山将呈现新疆艾德莱斯绸的时尚魅力；除此之外，宋锦、漳缎、夏布、罗、缂丝、唐锦、侗锦，以及苏绣、潮绣、苗绣、瑶绣等中国传统织物和非遗工艺也被大多数品牌传承并应用，承中国文化之底蕴，展多元化设计。

关键词：可持续——责任的召唤，创造绿色行业生态

可持续是本季时装周的重要议题，时尚产业若要健康、长久发展，创造绿色、可持续的行业生态是必然。参与本季时装周的品牌深谙此道，在设计、制作、节能减排等方面充分践行可持续的理念，如Jumperzhang、捡子、Wanmay、天山、德锦等大多数品牌均采用棉、麻、真丝、羊绒等天然材质制作服装；楚和听香、兼持、Joooys、Demainz等品牌则采用草木染、矿物染等天然染色方法以减少制作过程产生的污染；Damowang、361°、弥加J11、D. Martinaqueen等品牌则应用到再生纤维材质，从回收利用的角度践行可持续。"变废为宝"也是品牌践行可持续的有效途径，如旗艺将丢弃材料制作成盘扣作品，今日青年推行Vintage文化，Mackzheng将面料进行二次改造应用，Nildet把库存材料再利用，均在一定程度上减少浪费。

关键词：科技、智能——智能时尚，科技引领未来

科技已经涉及时尚产业的方方面面，本季时装周在创意设计、展示及营销方面着重体现。大多数品牌从面料研发及结构的角度出发，借助科技手段，打造功能性面料或适合人体的结构，如邓兆萍私人定制采用轶纶95（聚酰亚胺）这种集保暖、轻盈、抑菌、阻燃等功能于一体的新型材质，强调穿着的舒适度；A. 1Fashion Changes Life应用到注入了高科技研发成果的玻尿酸蚕丝面料，能有效防止体表的水分流失；莱莞莎设计团队与医学团队共同研发设计出适应人体不同部位需求的内衣塑形面料，最大限度地满足人体对着装的功能性要求。除此之外，3D打印技术、激光切割技术、LED光纤发光科技也是不少品牌最常用的科技设计形式。"互融·共生——科技重塑时尚"主题论坛则聚焦"数字技术加持的背景下，时尚产业未来路指何方""设计师品牌如何应对"等话题深入探索科技对时尚产业的影响。

任务实施

◎ **任务描述：服装色彩设计与搭配**

请结合人物性格、职业、气质类型和喜好，进行服装色彩设计与搭配。

◎ **任务要求**

可结合某位真实人物，或设定人物的性格、职业、气质类型和喜好完成设计。

结合图片、视频展示设计效果并运用服装色彩特征、面料与心理等知识进行讲解。

展示和讲解控制在 3～4 分钟。

◎ **任务评价**

教师根据学习小组提交的材料以及课堂表现给予评价，内容要求结合教材、联系生活实际，有时代性，体现大学生健康审美观。

本任务的评价结果如表 6-1 所示。

表 6-1 任务评价结果

序号	评价内容	分值	教师评分	教师评语
1	图片视频及文字材料	40		
2	表述和内容	40		
3	分工合作情况	20		
	合　计	100		

项目七

学习难度：★★★★★
重点概念：面部结构、五官比例、脸型分类、妆容设计

课件

化妆技巧与妆容设计

项目导读

化妆主要是针对人物面部的客观条件和五官基本特征具体实施的技巧。

本项目主要讲述面部五官的美化技巧，为了掌握好整体的化妆技术，使整体妆面效果突出，熟练掌握面部各个局部的修饰技巧，了解面部各部位的特征，掌握面部五官美化的要领，这些是掌握整体化妆造型的关键。

学习目标

（1）了解面部结构与五官比例。
（2）了解脸型分类与测量方法。
（3）掌握基础化妆的步骤与技巧。
（4）掌握不同脸型的妆容设计。

任务一　认识面部结构

任务导入

涵田田是个爱美的女生，她天生有些"婴儿肥"，在度过一个舒适的暑假后，变得"白白胖胖"的，脸显得更圆、更大了。还有几天她就要开始工作了，已经来不及减肥，她决定通过化妆将自己脸上的肉肉"遮盖"一下，达到快速"瘦脸"的目的。

请思考：

人的面部结构名称有哪些？请相互讨论并简要说明。

知识讲解

一、面部结构名称

（1）额：眉毛至发际线的部位（图7-1）。
（2）眉毛：位于眶上缘一束弧形的短毛。
（3）眉上：生长眉毛的鼓出的部位。
（4）上眼睑。
（5）眼角：也称眼眦。分为内眼角和外眼角。
（6）下眼睑。
（7）鼻翼：鼻尖两旁的部位。
（8）鼻孔：鼻腔的通道。
（9）唇：口周围的肌肉组织，通称嘴唇。
（10）眉心：两眉之间的部位。
（11）眼眶：眼皮的外缘所构成的眶。

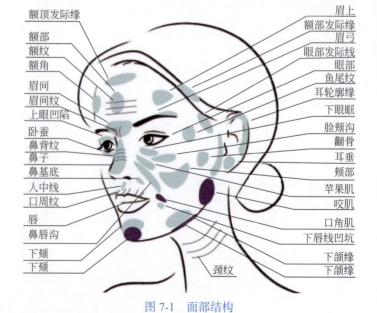

图 7-1　面部结构

(12) 眼角：内眼角。
(13) 鼻梁：鼻子隆起的部位，最上部称鼻根，最下部称鼻尖。
(14) 面颊：位于脸的两侧，从眼到下颌的部位。
(15) 鼻唇沟：鼻翼两旁凹陷下去的部位。
(16) 颌：构成口腔上部和下部的骨头与肌肉组织，上部称上颌，下部称下颌。
(17) 颏：位于唇下，脸的最下部，俗称"下巴颏儿"。

> **课堂讨论：**
> 人的面部结构名称有哪些？请在课堂上讨论和分享。

二、面部五官的比例

化妆之前要仔细观察自己的面部结构，五官比例状况，在此基础上有针对性地进行妆面设计。我国美学家不约而同地把椭圆脸形和比例匀称的五官认定为最理想的美人标准。在面部结构上，脸的长度和宽度是由五官的比例结构所决定的，五官的比例一般以三庭五眼（图7-2）为标准，正中垂直轴上又有四高三低（图7-3），横轴上符合"丰"字审美准则，达到以上的基本指标就是美人脸了。精确地了解以下信息对面部化妆有重要的参考价值。

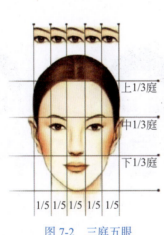

图7-2　三庭五眼

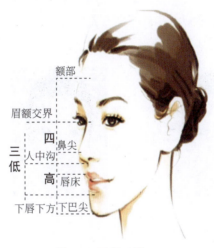

图7-3　四高三低

1. 三庭五眼

三庭是指脸的长度，即由前额发际到下巴分为三等份，故称三庭。上庭为前额发际至眉间距离；中庭即鼻的长度；下庭为鼻底至下颏的距离，它们各占脸部长度的1/3。五眼是指脸的宽度。以眼睛长度为标准，把面部宽度分为五等份。外眼角延伸到同侧发际的距离各是一只眼睛的长度，两眼之间也是一只眼睛的长度，再加上两只眼睛本身的长度，这就是五眼。面部的层次应是，鼻梁直而高，颧骨略为突出，前额与下颌呈水平，眼窝略有凹陷。

2. 四高三低

四高三低从侧面来看最为明显。四高分别是额头、鼻尖、唇珠和下巴尖。三低，一是指两眼之间与鼻根交界处；二是人中沟是凹陷的；三是下唇的下方是凹陷的。

> **课堂讨论：**
> 你认为自己是符合标准的美人脸吗？为什么？请说明面部五官的比例标准。

三、脸型的分类

人的脸部形状差别很大，不同的人适合的妆容以及需要修饰的部位也完全不一样。脸型是指脸的类型，本书按脸部的形状为其分类。

本书将通过"四线八点测量法"判断脸型，让大家可以更直观、更准确也更简便地知道自己是什么脸型。这里用虹膜和瞳孔作为基准，因为每个人虹膜和瞳孔的大小、颜色深浅以及瞳距（两个瞳孔之间的距离）都不一样，这也是每个人的标志。

（一）四线八点测量法

1. 脸长线

眼睛正视前方，从双瞳距离的1/2处作垂直线，得到的从发际线到下巴的连线就是脸长线。脸长线（图7-4）的长短决定了面部的长短。

2. 额宽线

眼睛正视前方，从瞳孔中心的位置向上延伸至发际线，取连线的1/2处作垂直线，向左右延伸至两侧发际线，得到的线段就是额宽线（图7-5）。在判断是倒三角形脸、正三角形脸还是菱形脸时，额宽线的作用很大。

3. 脸宽线

眼睛正视前方，从瞳孔中心的位置向下延伸至鼻底延长线，取这条连线的1/2处作垂直线，向水平方向延伸至脸颊边缘，得到的线段就是脸宽线（图7-6）。脸宽线的长短决定了脸部的宽窄。

4. 下腮线

下腮线（图7-7）指的是连接两个嘴角并向左右两侧延长至面部边缘得到的线段。每个人的左右脸都不是完全对称的，所以画出的线略有歪斜很正常。下腮线的长短对于脸型的影响非常大，是方形脸还是瓜子脸，主要看下腮线的长短。

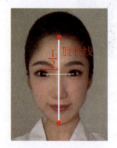  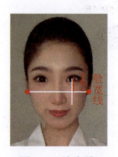 

图7-4　脸长线　　　　图7-5　额宽线　　　　图7-6　脸宽线　　　　图7-7　下腮线

（二）确定脸型

将头发全部束于脑后，露出额头，正视前方，用手机（勿用任何美颜工具）拍一张脸部的照片，再根据上述方法测量，就能明确自己的脸型。脸型大致分为以下几种。

1. 椭圆形脸

椭圆形脸（图7-8）唯美、清秀、端正、典雅，是传统审美眼光中最佳标准的东方美人脸型，也是最均匀理想的脸型，又称鹅蛋形脸。

脸长线和脸宽线长度的比例接近1.5∶1，且面部轮廓的线条较为圆润，没有明显的棱角。在实际生活中，椭圆形脸的脸长线和脸宽线的长度比看起来会在2∶1左右，因为人的脸是立体的，宽度会显得窄一些。

2. 圆形脸

圆形脸（图7-9）又称娃娃脸，这种脸型比较圆润丰满，有点儿像婴儿一样，所以就显得比较活泼、可爱、健康、很容易让人亲近，但也容易给人幼稚和不信任的感觉，看上去会显得不成熟。

脸长线和脸宽线的长度比接近1∶1，且面部没有明显的棱角，通常下巴较短。

3. 方形脸

方形脸（图7-10）的额头、颧骨、下颌的宽度基本相同，感觉四四方方的，轮廓分明，极具现代感，糅合了女性的柔美与坚强个性，会显得人比较硬朗，给人意志坚定的印象，不足之处是对于女性来说缺少柔美的感觉。额宽线和下腮线的长度比约为1∶1，额头和下颌角都有明显的棱角。

图 7-8　椭圆形脸

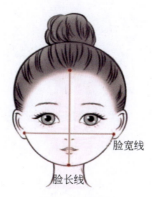
图 7-9　圆形脸

图 7-10　方形脸

4. 长形脸

长形脸（图 7-11）的女士显得理性、深沉而充满智慧，但也容易给人老气、孤傲的印象。

脸长线和脸宽线的长度比是在 2∶1 以上，脸看起来偏瘦长。在实际生活中，长形脸的脸长线和脸宽线的长度比看起来约为 2.5∶1。

5. 倒三角形脸

倒三角形脸（图 7-12）比较瘦小，是"甲"字脸的另一种说法。其特点是额头较宽下巴较尖，看起来就像是倒立着的三角形，也是近些年比较受欢迎的脸形。下腮线的长度是额宽线的 3/4 左右，且下巴很明显。

6. 菱形脸

菱形脸（图 7-13）又称钻石形脸，太阳穴凹陷，颧骨较高，下巴较尖，上下窄，中间宽。虽然高颧骨具有立体感和使面部富于变化的优点，但会给人留下冷漠清高和气势汹汹的不良印象。

脸宽线明显比额宽线、下腮线长，且颧骨较为明显。

图 7-11　长形脸

图 7-12　倒三角形脸

图 7-13　菱形脸

7. 正三角形脸

正三角形脸（图 7-14）一般不多见，脸型的特征是额头比较窄，下颌角比较突出，呈现上小下大的正三角形，在视觉上是最有稳定性的一种脸型，给人不拘小节的感觉，但是缺少柔美感。

这种脸形上窄下宽，额宽线明显比下腮线短，且额头较为窄小。

小贴士

人的脸不可能是完全标准的圆形、菱形或其他形状，只能接近某一种形状。脸型会随着时间的流逝而发生改变，有些人的脸型也可能具有两种及以上的特点。所以在分辨的时候，找一个最接近的脸型或者集合两种脸型的特点就可以。

图 7-14　正三角形脸

课堂讨论：

脸型的分类有哪些？请结合各类脸型的特点，谈一谈你属于哪种脸型。

任务二　基础化妆与各种变化

任务导入

张雅楠刚开始学习化妆，她觉得身边朋友的妆容都很漂亮，显得非常精致。可是自己的妆容却总是很不满意，涂完眼影后眼睛像肿了，刷完腮红像"高原"红，涂上口红后反而显得人黑了，整个人看起来很奇怪。她对此很苦恼，觉得自己长得不好看，所以怎么化妆都不漂亮。

请思考：

你认为张雅楠化妆失败的原因可能有哪些？对此你会给她什么建议呢？

知识讲解

一、底妆画法

粉底在英文里的意思是基础、基本、地基，其实对于化妆而言，底妆就是基础。掌握底妆的技巧并化好底妆，妆容就已经成功了一大半。如今的彩妆流行趋势是回归自然，大家越来越追求零毛孔的无妆感，因此，底妆要做到与肤色贴合，妆感清透自然。

（一）底妆标准画法

1. 妆前打底

在上粉底前，可以先用妆前乳打底；油性肌肤宜选用控油型妆前乳，能有效维持妆效，减少脱妆困扰；干性皮肤宜选用滋润型妆前乳，能让彩妆更服帖，减少浮粉和卡粉。如果想用防晒霜和隔离霜代替妆前乳，也要遵循同样的选择准则。

2. 粉底

上粉底时，一定要先用化妆工具或用手将粉底大面积推开，之后再快速地将粉底涂抹均匀。不建议先将粉底点在脸上，再慢慢推开，因为这样粉底中的水分容易蒸发，导致涂抹不均匀。下面，以椭圆形脸为例，示范底妆的标准画法。

（1）用化妆海绵涂抹粉底的方法如图7-15所示。

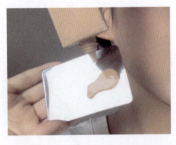
①将适量的粉底挤在透明的隔板上，以便观察粉底色号与肤色的贴合程度。

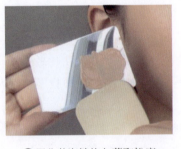
②用化妆海绵均匀蘸取粉底。

③以点压的方式，将粉底按压在眼下和苹果肌的位置。

图7-15　化妆海绵涂抹粉底

④以轻拍的手法,将皮肤上的粉底涂抹均匀。

⑤涂抹额头时,要注意涂抹发际线附近的肌肤,避免出现很明显的分界线。

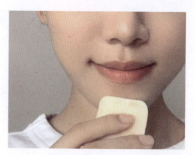
⑥下巴也同样需要涂抹粉底,但是要注意粉底轻透度以及用量。下巴窝凹进去的部分也要涂抹。

⑦最后,不要忘记涂抹脖颈处,不然就会出现面具脸。

图 7-15(续)

小贴士

化妆海绵的使用方法有两种:一种是干用法;另一种是湿用法。

①干用法:用化妆海绵蘸取适量粉底,在肌肤上慢慢推开。推开时,顺着肌肤的纹理,以按压和擦拭的手法上妆。

②湿用法:市面上的化妆海绵大都是干湿两用的。在化妆前,将化妆海绵浸湿,轻轻挤压掉多余的水分,让化妆海绵保持湿润状态,然后蘸取粉底,以轻拍的手法上妆。由于化妆海绵中的水分增加了粉底的湿润度,底妆会更显服帖和水润,也更清透,干性肌肤的人可以使用这种方法。

(2)用化妆刷涂抹粉底的方法如图 7-16 所示。

①首先将粉底挤在透明隔板上,然后用粉底刷的刷毛充分蘸取粉底。

②按照图中箭头的方向和序号的顺序,以打圈的手法上妆。

③从脸颊开始,由内至外上妆。

图 7-16 化妆刷涂抹粉底

④ 眼睛周围的肌肤很容易出现色素沉淀，为了避免化妆之后眼睛周围的肤色与面部其他地方相差太大，涂抹粉底时，应从眼头到眼尾，轻轻扫过眼窝。

⑤ 五官所在的区域是视觉的焦点，为了避免额头太显眼，在上妆的时候，额头的粉底用量不宜过多。

⑥ 刷完面部之后，刷具上还有残余的粉底，这时就可以用来刷下巴窝凹进去的部分。

⑦ 不要忽略颈部。

图 7-16（续）

（3）用美妆蛋涂抹粉底的方法如图 7-17 所示。

① 虽然刷具能涂抹出既服帖又均匀的底妆，但是很容易在脸上留下刷痕，而美妆蛋可以解决这个问题。

② 美妆蛋比较尖细的部分可以将鼻翼附近的粉底涂抹均匀。

③ 嘴角和嘴巴周围也是卡粉的"重灾区"，用美妆蛋轻轻点压可以让这些位置的粉底更加服帖。

④ 如果眼尾细纹比较明显，在化妆后眼尾很容易出现干纹，用美妆蛋按压可以减少干纹。

⑤ 发髻线等位置的粉底也需要均匀涂抹。

图 7-17　美妆蛋涂抹粉底

3. 遮瑕

每个人的皮肤状况不同，肌肤的问题也千差万别，因此需要根据自己的皮肤问题选择合适的遮瑕产品，通过化妆的手法改善肌肤的问题。

（1）毛孔粗大、红血丝肌肤遮瑕如图 7-18 所示。

遮瑕前　　　　　　　　遮瑕后

① 先涂好护肤品，让肌肤足够水润，嘴角、鼻翼等部位要特别照顾到。　② 用刷子均匀蘸取遮毛孔的产品以及适量的绿色遮瑕膏。绿色能有效中和红色，减轻肌肤泛红状态。　③ 将混合后的遮瑕产品均匀涂抹到需要修饰的位置，并轻轻按压至服帖，确保没有黏腻感。

 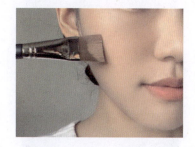 

④ 用粉底刷均匀蘸取适量的粉底。　⑤ 蘸取完粉底之后，要第一时间将粉底在脸上刷开，避免粉底中的水分蒸发而导致粉底变干、不服帖。　⑥ 用完粉底后，若脸上留有刷痕，可以用美妆蛋将刷痕压匀，让妆感更自然。

⑦ 用美妆蛋较为尖细的部分按压鼻翼、嘴角等处。　⑧ 将少许定妆粉倒在粉扑上，揉搓粉扑，使定妆粉均匀分布。　⑨ 用化妆刷蘸取粉扑上多余的定妆粉，以拍弹的方式定妆。

⑩ 最后，用粉扑轻轻按压面部，让定妆粉与底妆更服帖。

图 7-18　毛孔粗大、红血丝肌肤遮瑕

小贴士

在遮瑕时，不建议将自己脸上的痣全部遮盖，因为痣代表着个人特征，并且留着痣也有利于打造裸装效果。

（2）痘痘遮瑕如图7-19所示。

遮瑕前

遮瑕后

①用一支小号的遮瑕刷蘸取适量的妆前乳。

②将妆前乳轻压在痘痘处，并向周围涂抹开。

③蘸取适量的绿色遮瑕膏，因为痘痘一般是红色的，绿色能有效中和红色，减弱红色的存在感。

④将绿色的遮瑕膏着重点按在痘痘上。

⑤将遮瑕膏从下往上刷开。

⑥轻轻拍打涂抹了遮瑕膏的区域，令遮瑕膏均匀分布在长痘痘的地方。

⑦为了让痘痘更加隐形，需要蘸取与自身肌肤颜色相近的遮瑕产品，叠加在之前涂抹的绿色遮瑕膏上。

⑧涂肤色遮瑕膏时，要按照图片中标示的方向涂抹，这样才能照顾到痘痘旁边凹凸不平的肌肤，并且力道要轻柔，才不会把之前的绿色遮瑕膏推开。

⑨如果有个别明显的痘痘没有遮住，可以再次进行点涂，注意使其与周围的肌肤自然过渡，达到使痘痘隐形的目的。

图7-19　痘痘遮瑕

⑩ 最后压上蜜粉进行收尾。由于长痘的地方叠涂的底妆过厚，为了使最终的妆效更自然，建议少量多次按压蜜粉。

⑪ 这样，痘痘就与周围的肌肤融为一体，成功隐形了。

图 7-19（续）

小贴士

如果痘痘刚好处于破开的状态，有外露伤口，化妆时就要避开该部位，不要让伤口接触到彩妆品，以免造成色素沉着和感染。如果必须化妆，可以用痘痘贴防止伤口与彩妆品接触，避免伤口感染。如果正在用祛痘产品，则可以在得到医生的许可后，将祛痘产品与粉底混合，涂在长痘的地方。这样既能遮痘痘，又不妨碍上妆。

（3）黑眼圈遮瑕如图 7-20 所示。

遮瑕前　　　　　　　　　　　遮瑕后

① 蘸取适量的橘红色遮瑕膏。
② 在眼下暗沉的部位，从下往上涂抹遮瑕膏。
③ 蘸取肤色遮瑕膏。

④ 从下往上涂抹，使肤色遮瑕膏覆盖在橘红色遮瑕膏上。
⑤ 将两种颜色的遮瑕膏一起晕开。
⑥ 用小号刷具蘸取适量的定妆粉。

图 7-20　黑眼圈遮瑕

⑦使定妆粉均匀地分布在刷毛上,并弹掉多余的定妆粉。

⑧以点拍的方式将定妆粉拍在刚刚遮瑕的部位,吸走多余的油光。

⑨上完定妆粉之后,难免会有余粉。可以用刷子在眼下清扫,避免遮瑕部位的定妆粉过多,与周围肌肤有色差。

⑩完成。

图 7-20(续)

（4）眼袋遮瑕。在眼袋遮瑕（图7-21）前,需要先了解卧蚕、眼袋和泪沟的区别。卧蚕紧邻睫毛下部,线条圆润；眼袋在卧蚕的下面,呈倒三角形；泪沟是出现在下眼睑靠鼻侧的一条凹沟。卧蚕一般在人们笑起来的时候比较明显,会给人可爱、亲切的感觉,而眼袋无论什么时候看起来都很明显。如果不笑的时候也有卧蚕,就会让人觉得我们一直在笑,增强亲和力和魅力,所以很多人都会选择画卧蚕。但是,千万不要把卧蚕画得太亮,否则会适得其反。

一般来说,可以将比肤色亮的遮瑕涂抹在卧蚕的位置,达到略微提亮的效果。遮眼袋时,可以选用至少比肤色暗两个色号的遮瑕产品。遮泪沟时,则可以将橙色遮瑕与眼部遮瑕调和。可以用化妆工具涂抹遮瑕产品,也可以用手指将其充分涂抹开。

图 7-21 眼袋遮瑕

4. 定妆

定妆粉能吸走面部多余油脂,让妆面干净清爽,使妆效更持久,因此定妆（图7-22）是化妆过程中必不可少的一项程序。

定妆前,如果面部皮肤有出油的情况,需要先用纸巾轻轻按压将油光吸走,不然油脂很容易吸附大量定妆粉,让整个面部变得斑驳。在使用纸巾吸油光时,要轻轻地粘,一定不要擦,以免破坏底妆。

大多数定妆粉的粉盒分隔层上有一个个小孔,通过这些小孔蘸取定妆粉然后直接扑在脸上容易使定妆粉分布不均匀。因此,在用粉扑蘸取适量的定妆粉后,需要将粉扑对折,轻轻揉搓,让定妆粉均匀分布在粉扑上,再用粉扑轻轻拍打全脸。

针对T区等容易出油、晕妆的部位,可以再次补定妆粉进行叠加按压。

①用粉扑蘸取适量散粉,将粉扑对折,轻轻揉搓使散粉均匀分布在粉扑上。

②用粉扑轻扑面部。

③将粉扑折叠,轻扑嘴角和鼻翼等位置。

图 7-22 定妆

④用散粉刷蘸取散粉,轻轻抖掉多余的粉粒子。

⑤从额头开始,轻扫面部,慢慢往下刷,进行定妆。

⑥轻扫脸颊,不要破坏之前涂抹的粉底。

⑦最后清扫下巴和脖子。

图 7-22(续)

小贴士

化妆时一般都在室内,而室内灯光一般偏暖。暖色光源本身就带有模糊瑕疵、减弱妆感的效果,在暖黄光线下化妆会不自觉地下手太重,导致在自然光下,脸上看起来就像糊了一层白色的粉一样。因此,应该尽量在自然光源下或者有模拟自然光源的地方化妆。

(二)底妆变化画法

1. 粉嫩底妆

粉嫩底妆(图7-23)是指打造少女般粉嫩、健康肤色的妆容,这种妆容非常减龄。粉嫩妆容要注意,这种妆容不需要修容,否则会减弱粉嫩效果。在化这类底妆的时候,会在底妆中添加一定比例的腮红或者口红进行混合,让粉底呈现自然的粉色。需要注意的是,添加腮红或口红的量不宜过多,免得上妆之后不自然。

①将粉底和腮红(口红)涂抹在透明隔板上。

②用化妆刷将粉底和腮红(口红)均匀混合。

③先从苹果肌开始涂抹混合粉底。

④然后涂抹额头。

⑤为了使整张脸的色调统一,下巴也要照顾到。

⑥用化妆海绵按压面部,可以让粉色的底妆与皮肤更加融合。

图 7-23 粉嫩底妆画法

⑦用粉扑蘸取定妆粉定妆，这样不但能让底妆更持久，还能吸走油光，使妆容更自然。

图 7-23（续）

2. 健康底妆

健康底妆（图 7-24）的颜色比较偏向古铜色，是一种打造阳光气质的底妆。

① 选择一款比自身肤色深2～3个色号的粉底。

② 从脸颊开始均匀涂抹粉底。

③ 接下来涂抹T区，要处理好鼻梁和鼻翼的分界线。

④ 然后涂抹下巴，用量不必很多。

⑤ 仔细涂抹下巴窝凹进去的部分和颈部，让面部和颈部的肤色没有明显的分界线。

⑥ 涂完粉底之后能看到粉底的颜色和肤色之间的差异。

⑦ 化妆海绵是均匀粉底的好帮手，也可以使粉底更好地贴合肌肤。

⑧ 上完粉底之后，可以看到肤色明显深了几个色号。

⑨ 然后选择一款接近现在肤色色号的定妆粉进行定妆。

⑩ 这样可以保证定妆完成后肤色没有太大变化。

⑪ 健康底妆一般呈古铜色，因此在选择阴影产品的时候，宜选择深古铜色的。

⑫ 在面部轮廓线、侧面颧骨、鼻翼的位置涂抹阴影粉。

图 7-24 健康底妆画法

⑬ 腮红的颜色也很重要，桃粉色、粉紫色等粉嫩的颜色在这里都不太适用，应选择偏深肤色的腮红。

⑭ 这款妆容中腮红的涂抹区域和粉嫩系妆容的也有差别。在这里腮红的作用是强调轮廓感，因此位置一般在笑肌外侧。

⑮ 高光的颜色宜选择偏浅古铜色。另外，选择微微带珠光的高光可以使最后的妆效呈现出健康的光泽感。

⑯ 提亮 T 区和眼下三角区。

⑰ 提亮下巴。

⑱ 最后，喷上定妆喷雾，妆容就完成了。

图 7-24（续）

> **课堂讨论：**
> 底妆在整体妆容中有哪些作用？如何让底妆更加服帖？请相互讨论并举例说明。

二、腮红画法

肌肤白里透红一直被认为是一种健康的状态，但通常上完底妆后，自身肤色的红润感会被覆盖。涂抹腮红不但可以解决这一问题，还可以修饰脸型，强调轮廓，提升面部的立体感。

化妆时，需要遵循色彩统一的原则，脸上的色彩不宜过多。因此腮红和口红的颜色应为同一个色系，妆容才会协调，形成一个整体。

画完腮红之后，再用定妆粉定妆，白里透红的效果会更明显。

（一）腮红标准画法

以椭圆形脸为例，腮红的标准画法如图 7-25 所示。

① 选择一款橘粉色的腮红做示范。

② 在标准画法中，腮红的涂抹位置一般在瞳孔的正下方、笑肌的最高处。腮红的位置会影响人的气质，位置比较靠外，看起来就会很严肃；如果位置靠内，就会偏可爱。

图 7-25 腮红标准画法

| ③ 在上腮红之前，需要先把刷具上多余的或堆积在一起的腮红粉抖掉一些，少量多次上妆，可以有效避免出现两块"高原红"。 | ④ 确定腮红的涂抹位置后，用腮红刷轻轻地拍打皮肤，涂抹腮红。 | ⑤ 画完腮红后，用沾有定妆粉的粉扑轻扑涂抹了腮红的位置，这样不但能令腮红更加持久，还会让腮红与底妆更融合，妆效更自然。 |

图 7-25（续）

（二）不同脸型的腮红画法

1. 圆形脸腮红画法

圆形脸显得活泼可爱，但脸形若过于圆润就会缺乏立体感。因此，圆形脸适合在笑肌的最高点和太阳穴之间的位置涂抹腮红，角度微微倾斜，以达到瘦脸效果（图 7-26）。

圆形脸

| ① 蘸取适量腮红，并用刷具的杆轻轻敲击手背，抖掉多余的腮红。 | ② 从笑肌的最高点向斜上方晕染腮红，角度微微倾斜。 | ③ 圆形脸涂抹腮红的位置不能低于鼻翼，可以比腮红标准画法的涂抹位置稍微靠外和靠上。 |

图 7-26 圆形脸腮红画法

2. 方形脸腮红画法

方形脸的面部轮廓分明，额头两侧、下颌有明显的棱角，适合从笑肌的最高处往鼻翼方向涂抹腮红，使脸部看起来更加柔和（图 7-27）。

方形脸

图 7-27 方形脸腮红画法

① 蘸取适量腮红。 ② 保持微笑，从笑肌的最高处往鼻翼方向晕染腮红。 ③ 腮红的位置靠内，使人的注意力集中于面部中央。

图 7-27（续）

小贴士

正三角形脸适合的腮红位置与方形脸相同。

3. 倒三角形脸腮红画法

倒三角形脸适合在笑肌外侧大面积涂抹腮红，可以让面部显得更饱满（图 7-28）。

倒三角形脸

① 蘸取适量腮红。 ② 从瞳孔的正下方，笑肌的最高处开始，以打圈的方式往笑肌外侧涂抹腮红。 ③ 注意不要将腮红涂到鼻子下方。

图 7-28 倒三角形脸腮红画法

4. 长形脸腮红画法

长形脸涂抹腮红的位置同样在笑肌最高处，但要让涂抹区域从内到外呈一个微微倾斜的角度，向外而不是向上延伸，这样可以显得脸没有那么长（图 7-29）。

长形脸

图 7-29 长形脸腮红画法

| ① 蘸取适量腮红。 | ② 从笑肌的最高处往脸部的外侧晕染腮红，晕染区域的形状为扁圆状。适当加宽腮红的涂抹区域，可以从视觉上拉宽脸形。 | ③ 为了修饰面部长的特点，可以在下巴和发际线附近也适当地晕染腮红，但要注意晕染的力度，不能抢夺两颊腮红的主角位置。 |

图 7-29（续）

5. 菱形脸腮红画法

菱形脸很容易给人刻薄感，因此菱形脸不但要把腮红画在鼻翼两侧至笑肌最高处，还要画在太阳穴上，并把腮红的涂抹面积扩大，让脸部轮廓看起来更饱满（图 7-30）。

菱形脸

| ① 蘸取适量腮红。 | ② 在太阳穴位置附近轻轻扫上少量腮红，让凹陷的太阳穴显得饱满，这样气质会更温柔。 | ③ 从鼻翼两侧向笑肌涂抹腮红，涂抹至笑肌的最高处为佳，但位置不宜过高，这样颧骨才不会更明显。 |

图 7-30 菱形脸腮红画法

> **课堂讨论：**
> 腮红对面部的调整作用有哪些？你觉得自己适合哪种颜色的腮红和腮红画法？请相互讨论并提出建议。

三、修容画法

想要让妆容立体精致、显脸瘦，就少不了修容。修容其实就是修饰脸形，凸显五官，利用视觉效果让脸部显得立体。修容在彩妆的专业术语中有一个专有名词，叫"侧脸 S 线"。所以，找到侧脸 S 线，就能让修容变得简单很多（图 7-31）。

侧脸 S 线分为两个"C"。第一个"C"在眉弓到颧骨的位置。第二个"C"在

图 7-31 侧脸 S 线

颧骨到嘴角的位置。

找到S线后,接下来就是打亮S线。

打亮第一个"C":先用化妆工具蘸取浅色的粉底打亮第一个"C",最亮的部位是颧骨,再慢慢地向"C"的两端过渡,突出苹果肌和眉弓。

打亮第二个"C":同样用化妆工具蘸取浅色粉底打亮第二个"C",打亮这个部位,会使人有很明显的少女感,非常减龄。

打亮S线后,就可以开始修容。下面将演示修容的标准画法。

(一)修容标准画法

以椭圆形脸为例,修容的标准画法如图7-32所示。

① 蘸取阴影粉。为了避免太重,建议混合使用深浅色阴影粉。先在手背上试色,确认颜色深浅,这样效果会更好。

② 颧弓位于颅面骨的两侧,呈向外的弓形,由发际线向颧弓涂抹阴影粉,可以弱化颧弓的存在感,让脸部线条更柔和。

③ 如果太阳穴凹陷,就用高光提亮,如果凸出,就用阴影粉压暗。

④ 在额头靠近发际线的位置涂抹阴影粉,这样不但能使额头看起来更小,还能让发量看起来更多。

⑤ 在靠近下颌角的位置涂抹阴影粉,修饰脸形。

⑥ 在腮帮的位置涂抹阴影粉,这样不但能显脸小,还能让脸部曲线更流畅,减少锐利感。

⑦ 用刷具上残余的阴影粉轻轻扫过脸和脖子相连的部分,避免出现很明显的修容"络腮胡"。

⑧ 选择一款偏肤色的高光产品。

⑨ 在眉弓、额头的位置进行提亮。

⑩ 沿着图中标示的线条涂抹高光,提亮眉眼周围。

⑪ 眼尾的大三角区也需要提亮。

⑫ 提亮眼下三角区。

图7-32 椭圆形脸标准修容画法

⑬ 在法令纹的位置涂抹高光,会带来很明显的减龄感。

⑭ 最后提亮下巴。将刷子上剩余的高光涂抹在图中标示的区域即可。

图 7-32(续)

(二)鼻影标准画法

画鼻影(图 7-33)是修容中一个重要步骤,连接同侧的眉头和鼻孔,得到的线就是画鼻影的位置。画鼻影时,要往脸颊的方向轻轻地带过,根据鼻梁的弧度进行调整,以免鼻影看起来不自然。

① 连接眉头和鼻孔所得到的这条线就是画鼻影的位置。

② 蘸取阴影粉,从眉头开始,逐渐往下晕染。

③ 连接眉头和鼻孔所得到的线是直线,画的时候需根据鼻梁的弧度进行调整,这样的鼻影才会自然。

④ 鼻翼是指鼻尖两侧的部分,位置如图所示。沿着鼻翼外侧轻轻往鼻翼内侧涂抹阴影粉,可以使鼻翼看起来更窄。

⑤ 鼻头下缘也需要修饰,这样会令鼻子更立体。用刷具在鼻尖的"U"形曲线上以画圆弧的方式涂抹阴影粉。

⑥ 蘸取高光,从山根、鼻梁到鼻尖,轻轻刷过。

⑦ 还有一个重要步骤,就是画完了鼻影后,一定要再压一次定妆粉,否则鼻影的痕迹会太明显。

图 7-33 鼻影标准画法

（三）不同脸型的修容画法

1. 长形脸修容画法

长形脸修容画法如图 7-34 所示。

长形脸

① 长形脸的特点是脸较长，因此需要从视觉上缩短发际线到下巴的长度。首先从发际线到额头涂抹阴影粉，逐渐减弱阴影的效果。

② 蘸取高光，提亮颧骨和颧骨下方的位置，打造横向拉长面部的视觉效果。

③ 在下巴上打上阴影，使脸看起来短一些。

图 7-34　长形脸修容画法

2. 倒三角形脸修容画法

倒三角形脸修容画法如图 7-35 所示。

倒三角形脸

① 蘸取阴影粉。

② 倒三角形脸的特点是上宽下窄，所以修容时需要先在额头两侧靠近发际线的位置涂抹阴影粉，让额头看起来窄一点。

③ 之后逐渐往太阳穴的位置晕染。

④ 倒三角形脸的颧骨比较明显，在颧骨外侧涂抹阴影粉可以减弱颧骨的存在感。

⑤ 蘸取高光。

⑥ 用高光提亮额头和眉宇间。

图 7-35　倒三角脸形脸修容画法

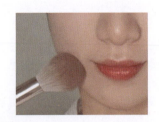

⑦ 提亮鼻梁。　　　　　　　　⑧ 倒三角形脸的下半部分较为窄小，可将高光涂抹在嘴角和腮帮处，使这些区域看起来更饱满。

图 7-35（续）

3. 方形脸修容画法

方形脸修容画法如图 7-36 所示。

方形脸

① 蘸取阴影粉。　　② 方形脸的面部轮廓分明，额头两侧、下颌有明显的棱角，可以用阴影粉重点修饰这些区域。　　③ 蘸取阴影粉之后，顺着耳际向下涂抹至下颌角。

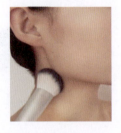

④ 接着由下颌角向脸的内侧晕染。　　⑤ 轻轻扫过脖颈，自然过渡。　　⑥ 方形脸的额头左右两侧较宽，在发际线两侧打上阴影，可以带出圆弧感。

⑦ 修饰完额头之后，整个发际线的线条显得更圆润。　　⑧ 蘸取颜色稍深一点的高光。　　⑨ 用蘸取了高光的刷具轻轻扫过额头和眉宇间，进行提亮。

图 7-36　方形脸修容画法

⑩ 接着轻扫鼻梁，达到提亮的效果。 | ⑪ 轻扫图中所示的区域，提亮眼下三角区。 | ⑫ 提亮下巴，打造拉长下巴的视觉效果。

图 7-36（续）

小贴士

正三角形脸的修容位置可以参考方形脸。

4. 菱形脸修容画法

菱形脸修容画法如图 7-37 所示。

菱形脸

① 蘸取阴影粉。 | ② 菱形脸的颧骨较高，因此需要在颧骨外侧打上阴影，减弱颧骨的凸起感。 | ③ 在额头顶部发际线的位置适当涂抹阴影粉，可以减弱菱形脸的尖锐感。

④ 蘸取高光。 | ⑤ 用蘸取了高光的刷具轻扫额头两侧，使额头看起来更宽。 | ⑥ 再在下颌角和腮帮的位置刷高光，可以使脸颊看起来更饱满。

图 7-37　菱形脸修容画法

5. 圆形脸修容画法

圆形脸修容画法如图 7-38 所示。

圆形脸

① 蘸取阴影粉，从脸颊两侧开始涂抹，减少圆脸带给人的肉嘟嘟的感觉。

② 在下颌角和腮帮涂抹阴影粉，让面部线条看起来更明显。

③ 在颧弓处涂抹阴影粉，可以从视觉上缩短面部的宽度。

④ 在发际线两侧也打上阴影，可以让额头看起来变窄。

⑤ 在下巴两侧涂抹阴影粉，减弱下巴的圆润感。

⑥ 轻轻扫过脖颈，使下巴与脖颈没有不自然的分界感。

图 7-38　圆形脸修容画法

> **课堂讨论：**
> 如何利用五官的缩放来改变脸型？请相互讨论并举例说明。

四、眉妆画法

标准眉形是依照每个人的五官比例延伸出的眉形，所以每个人都有一个属于自己的标准。当要变换其他眉形时，也要在标准眉形的基础上进行调整，才能达到理想的效果。因此，只要学会了标准画眉法，再多加练习，就能举一反三。

（一）眉毛标准画法

1. 确定标准眉形

虽然每个人的五官都不尽相同，但只要找对三个点（图 7-39），就能得到属于自己的标准眉形。

第一个点：眼头往正上方延伸至与眉毛相交的点，就是标准眉形中眉头的位置。

第二个点：眼珠外侧边缘往正上方延伸至与眉毛上缘相交的点，就是标准眉形中眉峰的位置。

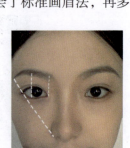

图 7-39　确定标准眉形

第三个点：将鼻翼和眼尾连线，延伸至与眉毛相交的点，就是标准眉形中眉尾的位置。

要注意，眉尾不能比眉头低，不然就会呈现出倒眉（霉）。眉毛的宽度可以根据脸形和五官的大小来调整，粗眉适合大眼，细眉适合小眼。此外，眉头的颜色一定要比眉尾淡。

2. 修眉

找好三个点并确定眉毛的形状之后，就可以将周围的毛发修掉，让眉形更好看。修眉毛前需要用手把皮肤撑平，再顺着眉毛的生长方向修出形状，最后逆着眉毛的生长方向，将眉毛的根部修干净（图7-40）。

① 按照图中的手法拿修眉刀，从上往下，顺着眉毛的生长方向修掉眉毛附近的杂毛。　② 按照图中箭头的方向，修掉太阳穴附近、发际线至眉毛这块区域的杂毛，修出眉尾。　③ 轻轻将眼皮中间向下拉紧，使眉头和眉尾呈一条直线，再按照图中箭头的方向修掉杂毛。

④ 由于眼睛周围的皮肤较柔软，顺着眉毛的方向修眉不容易将眉毛修干净，因此需要逆着眉毛的生长方向，将露出皮肤的毛发根部修干净。　⑤ 最后，从上往下修眉心处的杂毛，用刀头修掉眉心左边的杂毛，定出眉头位置。　⑥ 用刀尾修眉心右边的杂毛。

图7-40　修眉

3. 眉毛的标准画法

以椭圆形脸为例，眉毛的标准画法如图7-41所示。

① 先用螺旋梳梳理眉毛。　② 选择一款颜色和发色相似的眉笔，勾勒眉形和填补眉毛空隙。

③ 用眉笔进行精细的刻画，画出根根分明的眉毛。　④ 完成。

图7-41　椭圆形脸眉毛标准画法

（二）不同脸型适合的眉毛画法

1. 方形脸眉毛画法

方形脸的眉毛不能有明显的棱角和角度，眉毛宽度不宜太细，眉心的弧度要大一些，眉峰可稍稍往外延伸，眉尾要高于眉头至少 0.5 厘米。此外，眉尾可比标准眉延长 0.3 厘米，这样可以让脸看起来圆润些（图 7-42）。

画眉前　　　　　　画眉后

图 7-42　方形脸眉毛标准画法

小贴士

正三角形脸的眉毛画法与方形脸的相同。

2. 菱形脸眉毛画法

菱形脸的特点是眉弓比较突出，额头和下巴较窄。这类脸型在画眉时，可以稍稍将眉峰画圆，使眉形没有明显的角度，面部看起来也会更饱满（图 7-43）。

画眉前　　　　　　画眉后

图 7-43　菱形脸眉毛标准画法

3. 圆形脸眉毛画法

圆形脸的特点是整个脸蛋看起来肉肉的。在画眉毛的时候，可以将眉毛稍稍画粗，并且将眉尾上挑，可以削弱圆脸的肉感，从视觉上拉长脸形。画眉时，还要将眉峰画得略明显一些，眉尾可以比标准眉延长 0.3～0.5 厘米，这样可以从视觉上改变圆脸的弧度（图 7-44）。

画眉前　　　　　　画眉后

图 7-44　圆形脸眉毛标准画法

4. 长形脸眉毛画法

长形脸在画眉时，可让眉头与眉尾同高，眉形不要有太明显的弧度，尽量画平一点儿。眉尾可比标准眉的长度长 0.3～0.5 厘米（图 7-45）。

画眉前　　　　　　画眉后

图 7-45　长形脸眉毛画法

5. 倒三角形脸眉毛画法

倒三角形脸在画眉时，要把眉峰画得圆一些，从眉头到眉峰再到眉尾要呈现缓和、自然的弧度，略带弯度的眉形可以使人的气质更柔和（图 7-46）。

画眉前　　　　　　画眉后

图 7-46　倒三角形脸眉毛画法

> **课堂讨论：**
> 画眉所要注意的虚实部位在哪里？色彩对比的位置对脸型会产生什么影响？相互讨论并举例说明。

五、眼妆画法

脸的理想宽度为五只眼睛的长度，即两眼之间的距离＝眼睛长度＝眼尾到发际线的距离，两只眼睛的长度与双眼间距的比例是 1∶1∶1。画标准眼妆时，可以以此为标准。只要掌握了标准眼妆的画法，就能在此基础上画其他类型的眼妆，接下来，示范标准眼妆画法（图 7-47）。

（一）眼妆标准画法

  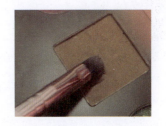

① 蘸取适量浅色的眼影粉。　② 在整个眼窝涂抹浅色的眼影粉。　③ 换另外一支眼影刷，蘸取适量灰棕色的眼影。

图 7-47　眼妆标准画法

④ 涂眼影时，需要先从瞳孔上方的位置开始涂。

⑤ 从眼皮中间往眼尾的方向晕染。

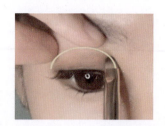
⑥ 从眼尾往眼头晕染，用手指轻轻将眼皮向上提拉，在眼皮褶皱处晕染。

⑦ 晕染之后，要检查是否有晕染不到位的地方，检查并晕染到位后才能进行下一步。

⑧ 选择一款深色的眼影，用较小的眼影刷蘸取适量眼影粉。

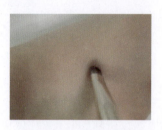
⑨ 在手背上将眼影轻轻晕开试色，使眼影均匀分布在刷毛上。

⑩ 紧贴睫毛根部晕染深色眼影。

⑪ 按照图中箭头的方向在下睫毛根部晕染，晕染的长度不能超过眼睛。

⑫ 蘸取一款颜色更深的眼影。

⑬ 依旧从中间开始，向眼尾晕染眼影。

⑭ 将深色的眼影涂抹于睫毛根部，打造出眼线的效果。

⑮ 慢慢过渡到眼头，现在刷毛上的眼影粉较少，可以有效避免下手过重。

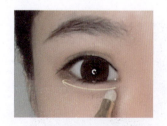
⑯ 选一款浅色眼影画下眼睑，从眼头向眼尾晕染。

⑰ 在画眼线的时候，选择棕色的眼线液笔，看起来较为柔和。

⑱ 将眼皮撑开，用眼线液笔填充睫毛根部的空隙，画内眼线。这样睁开眼睛时，睫毛根部不会出现一条白线。

图 7-47（续）

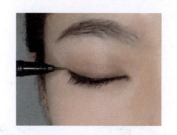

⑲ 慢慢往眼尾方向画。要保证眼睛睁开时眼线的粗细均匀，这样会比较自然。

⑳ 将眼头的皮肤轻轻往上提拉，画眼头的眼线。

㉑ 完成睫毛根部的填补之后，顺着眼形画出自然的外眼线即可。

㉒ 画眼尾时，不需要刻意拉长或使眼线刻意上扬。

㉓ 亚洲人的眼睛弧度较平缓，普通的睫毛夹很难照顾到全部睫毛，因此用局部睫毛夹，将睫毛分为眼头、眼中、眼尾三段，分段夹翘。

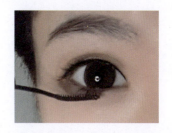

㉔ 以"Z"字形方式移动睫毛刷，涂刷睫毛膏。

㉕ 刷下睫毛时，一不小心就容易把睫毛膏刷到皮肤上，这时可以将睫毛刷倾斜，只用刷子的顶端涂刷睫毛膏。

图 7-47（续）

小贴士

画眼线时，无论是用眼线膏、眼线液笔还是眼线胶笔，都需要在瞳孔的正上方画第一笔，以点的方式往眼头和眼尾延伸。如果从眼头开始画，新手很容易因为下手太重，造成"灾难现场"，很难补救。

画眼影时，先找到眼窝的位置。将眼皮微微上提，用另一只手摸眼球的位置，眼球所在的位置就是大家常说的眼窝，也就是画眼影的范围。除了特效妆外，眼影的涂抹区域一般不会超出眼窝。

眼影画对了，能放大双眸，更能突显眼睛的神采。虽然眼影看起来层次感很强，但其实并不是很难画。无论是内双、单眼皮还是双眼皮，画眼影的宗旨都是距离眼睛越近，眼影颜色越深。只要掌握了这个诀窍，就能把眼影画好。

（二）不同眼形适合的眼线画法

上面展示了眼妆的标准画法。下面在讲眼妆变化画法之前，先重点讲解眼线的画法。只要掌握了画眼线的技巧，坚持练习，就会熟能生巧，想要画不同风格的眼妆时，也能得心应手。在画眼线之前，要先认识自己的眼形，这样才能根据眼型的特点画出适合自己的眼线。下面是一些比较常见的眼形。

1. 标准眼形

标准眼形（图 7-48）的内眼角和外眼角之间的连线应趋于水平，内眼角是打开的，双眼皮折痕线呈自然的月牙形，双眼距离适中，两只眼睛的长度与双眼间距的比例约为 1 : 1 : 1。在画眼线时，拥有标准眼形者按照标准眼妆画法即可。

2. 下垂眼

下垂眼（图7-49），内眼角高于外眼角。在画眼线时，要将下眼头的眼线画得明显一点，再加强上眼尾眼线的刻画。注意要把眼下三角区留出来，这样可以达到平衡眼形的目的。

图7-48　标准眼形　　　　　　　　　　　　　图7-49　下垂眼

3. 近心眼

近心眼（图7-50），两眼距离比较近，可以在眼头位置涂上浅色眼影或者高光，并着重刻画眼尾的眼线和眼影，将眼线和眼影向外拉长，就能达到在视觉上增大两眼间距的效果。

4. 远心眼

远心眼（图7-51），两眼间距明显较大，因此需要着重刻画内眼角。在画眼线的时候，将眼线往鼻梁的位置延伸1～3毫米，可以从视觉上拉近两眼的距离，并且不需要特别刻画和拉长眼尾的眼线。

图7-50　近心眼　　　　　　　　　　　　　图7-51　远心眼

5. 内双

内双（图7-52），是指眼睛睁开后看起来是单眼皮，闭上后能看到一点儿折痕。内双者画眼线时应先睁开眼睛，然后想要眼线出现在哪里，就在哪里做个记号。之后就可以闭上眼睛，在记号到靠近睫毛根部的区域里填充眼线。

6. 三白眼

三白眼（图7-53），特点是上眼皮盖住了过多的虹膜和瞳孔，且虹膜距离下眼睑有一定的距离，眼白过多。建议三白眼者戴美瞳来遮盖过多的眼白，这样人看起来会更有精神。此外，三白眼者不适合画将眼睛框起来的全眼线，只画上眼线或者下眼线就好。

图7-52　内双　　　　　　　　　　　　　图7-53　三白眼

7. 细长眼

细长眼（图7-54），特点是眼睛又细又长，虹膜及眼白露出相对较少。细长眼者画眼线时，需要让眼睛看起来更圆润，因此可以着重加强瞳孔正上方和正下方的眼线宽度，忌加长眼头和眼尾的眼线。

8. 圆眼

圆眼形（图7-55）的上睑缘和下睑缘距离较大，虹膜和眼白露出较多。无论画上眼线还是画下眼线，都可以将眼线略微拉长，减弱圆眼的圆润感，使人看起来更秀气、精致。

9. 丹凤眼

丹凤眼（图7-56）的内眼角略低于外眼角，画上眼线时可以着重画眼头，画下眼线时则着重画眼尾。

图7-54　细长眼 　　　　　　图7-55　圆眼　　　　　　图7-56　丹凤眼

（三）眼妆变化画法

（1）放大双眼的眼妆画法如图7-57所示。

化眼妆前

化眼妆后

① 选择一深一浅两种颜色的眼影。

② 在图中所示的范围，用浅色的眼影打底。

③ 在下眼睑的位置，同样用浅色眼影打底。

④ 从瞳孔的正上方开始。

⑤ 沿着睫毛根部涂抹深色的眼影。

⑥ 用手指将眼影晕开。

⑦ 向上轻拉眼皮，将深色的眼影涂抹在上睫毛的根部。

⑧ 填充眼尾三角区和下睫毛根部的空隙，涂抹眼影的范围不能超过瞳孔。

⑨ 蘸取浅色的眼影粉。

⑩ 在眼窝上缘涂抹浅色眼影粉，达到提亮的效果。

⑪ 从眼头向眼尾，用眼影刷轻轻扫过下眼睑，使整个眼妆看起来更干净。

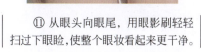

⑫ 选择一支眼线液笔。

图7-57 放大双眼的眼妆画法

⑬ 从瞳孔正上方开始，往眼尾方向画眼线。

⑭ 在眼尾处，将眼线拉长5～6毫米。

⑮ 用手指撑开眼头堆叠的皮肤，确保将眼线画满，使眼头的转角自然流畅。

⑯ 剪掉假睫毛眼头的部分，留下较长的部分。在假睫毛根部涂上睫毛胶水。

⑰ 在接近睫毛根部的位置也涂上一层薄薄的睫毛胶水。

⑱ 在距离眼头3毫米的位置，从眼头往眼尾粘贴假睫毛。

⑲ 向上翻假睫毛进行定型，这样睁眼之后，假睫毛的卷翘程度会更好。

⑳ 贴好假睫毛后，可以刷一次睫毛膏。如果担心睫毛膏弄脏眼影，可以将手指或其他工具放在睫毛上方，隔离眼影和睫毛膏。

㉑ 浓密型的睫毛膏刷头都比较大，为避免弄脏下眼睑，可以用睫毛膏头部较细的部分刷下睫毛。

图 7-57（续）

（2）修饰过宽眼距的眼妆画法如图7-58所示。

化眼妆前　　　　　　　　　　　　　　化眼妆后

① 将眉头稍往眉心画一点，缩短眉心的距离，这样可以从视觉上缩短两眼的距离。

② 选择一支眼线液笔。

③ 用棉签将眼头的皮肤往鼻梁的方向轻轻拉紧，将眼线往鼻梁的位置画出1～2毫米，做出开眼角的效果。

图 7-58 修饰过宽眼距的眼妆画法

项目七 化妆技巧与妆容设计

④ 完成上眼线,从内眼角开始到瞳孔外侧边缘结束,画出眼线的基本形状。

⑤ 从下眼头开始画下眼线。

⑥ 闭上眼睛,沿着眼头,将上下眼线连接起来,注意填补眼头转角处眼线之间的空隙。不要画眼尾。

⑦ 选择一款深色的眼影。

⑧ 沿着睫毛根部画眼影,因为要拉近双眼之间的距离,所以此款眼妆不拉长眼尾。

⑨ 选择一款浅色的眼影,以接近自身肤色为佳。

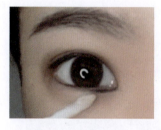
⑩ 用浅色眼影填补内眼头留白的地方,可以从视觉上有效拉近眼距。

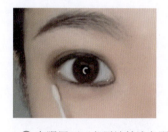
⑪ 在眼尾下三角区涂抹浅色眼影,并晕染开。

⑫ 将上眼皮的眼影稍作晕染。

⑬ 睁开眼睛,检查浅色眼影和深色眼影的融合是否自然,再进行微调。

⑭ 用刷毛较为扁平的眼影刷蘸取深棕色的眼影。

⑮ 将眼影涂在上睫毛的根部。

⑯ 微微晕染眼尾的三角区,让上下眼睑的眼影看起来更协调。

⑰ 将睫毛夹得更卷翘。

⑱ 用睫毛膏将睫毛刷得纤长。

图 7-58(续)

小贴士

此款眼妆的重点是描绘内眼角的眼线，画出伪眼头，提亮内眼角，通过明暗效果拉近眼距。

（3）修饰过近眼距的眼妆画法如图7-59所示。

化眼妆前

化眼妆后

① 修掉眉心的毛发，让眉心变得开阔，为画眼头做准备。

② 选择一款与肤色相近的眼影，将其涂抹在眼头的位置。

③ 用小号眼影刷蘸取带珠光的眼影粉。

④ 将眼影粉涂抹在眼头的上下，达到提亮的效果。

⑤ 睁开眼睛，正视镜子，观察提亮的效果，看看是否需要补涂。

⑥ 选取一款深色眼影。

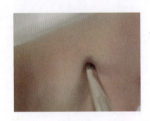
⑦ 在手背轻轻按压化妆刷，调节用量。

⑧ 以瞳孔为基点，从瞳孔的正上方开始涂抹眼影。

⑨ 贴着睫毛根部，逐渐向眼尾晕染。

⑩ 在眼尾的位置将眼影拉长3~4毫米。

⑪ 在眼窝靠近眼尾的位置，稍稍向上方晕染，从视觉上增加眼睛的长度。

⑫ 填补眼尾的三角区，并逐渐往眼头方向晕染，注意边缘不要超过瞳孔正下方。

图7-59 修饰过近眼距的眼妆画法

⑬ 检查眼影晕染的效果。　　⑭ 用较大的眼影刷晕染眼尾的眼影，让眼影自然过渡。　　⑮ 画此款眼妆时，主要在眼睛的后半部分画眼线，不要画眼头，将眼线叠加在眼影之上，以便加强拉长眼尾的效果。

⑯ 眼睛微闭，用眼线液笔拉长上眼尾的眼线。　　⑰ 将睫毛夹得更卷翘。　　⑱ 刷睫毛膏时，着重刷眼尾部分的睫毛，眼头部分的睫毛轻轻带过就好。

图 7-59（续）

（4）调整大小眼的眼妆画法如图 7-60 所示。

大小眼这种情况是普遍存在的，两边双眼皮不对称、眼皮脂肪含量不同、眼窝骨骼形状不同等都会影响眼睛的大小。在调整大小眼的时候要掌握一个原则：调整稍小的那只眼睛，让两只眼睛看起来更协调。

化眼妆前　　　　　　　　化眼妆后

① 准备一款深色的眼影，将眼睛进行对比，根据较大的眼睛双眼皮褶皱的位置，确定较小的眼睛一侧涂抹眼影的位置。　　② 将深色眼影涂抹在上一步确定的范围内，眼头和眼尾先不上色。　　③ 用眼影刷晕染眼影，并向眼头和眼尾过渡。

④ 画这款眼妆时，针对较小的眼睛，深色眼影的涂抹范围比一般眼妆的大。　　⑤ 睁开眼睛，确认晕染范围是否准确。　　⑥ 在眼下三角区晕染同色眼影。

图 7-60　调整大小眼的眼妆画法

⑦沿着睫毛根部逐渐往前晕染,注意晕染范围不能超过瞳孔正下方。

⑧再画稍大的眼睛,在眼窝处涂抹眼影。

⑨晕染眼影,并注意观察与另一侧的眼影是否协调。

⑩蘸取高光眼影粉。

⑪将眼影点涂在眼皮中央。

⑫晕染眼影,让眼影边缘自然过渡。

⑬在平视的状态下比较两只眼睛的大小,确定较小的眼睛眼线的长度和宽度。

⑭确认眼线的位置后画眼线,并将眼线适当加粗。

⑮将假睫毛与眼睛进行比对,确定假睫毛的长度。

⑯将假睫毛多余的部分剪掉。剪假睫毛时要注意,贴在小眼睛那一侧的假睫毛剪眼头,大眼睛那一侧的剪眼尾。

⑰将假睫毛弯曲,让睫毛梗更柔软,更贴合眼形。在假睫毛根部涂上睫毛胶水。

⑱轻拉上眼皮,将假睫毛粘在睫毛根部。

⑲刷一层睫毛膏。

图 7-60(续)

小贴士

在运用眼妆调节大小眼的时候，千万不要认为将眼线画得越粗，眼睛就越大。这样做反而会给别人带来压迫感，效果也不一定理想。想让眼睛变大，更好的方法是画眼影和贴假睫毛。

（5）贴双眼皮贴的眼妆画法如图7-61所示。

贴双眼皮贴后

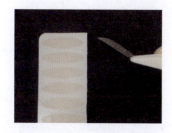

① 准备一个小镊子，用来取双眼皮贴。不建议用手指取双眼皮贴，因为手上的油脂会影响双眼皮贴的黏性，从而影响持久度。

② 在贴双眼皮贴之前，先确定双眼皮的位置。双眼皮的位置和眼睛轮廓的深浅等有关系，多试几次就能找到适当的位置。

③ 用双眼皮贴附带的小叉子将双眼皮贴往内按压。

④ 利用双眼皮贴的黏性使眼皮粘住，形成一条褶皱线。

⑤ 睁开眼睛，检查放松状态下，双眼皮的褶皱是否明显，弧度是否自然。

⑥ 从侧面看的效果。

⑦ 准备一支深棕色的眼影棒。

⑧ 从瞳孔的正上方开始，沿着睫毛根部向眼尾方向涂深色眼影。

⑨ 在眼尾的位置，慢慢沿着眼窝边缘，按照图中箭头的方向涂抹眼影，使眼影呈现"C"形，并晕染开。

图7-61 贴双眼皮贴的眼妆画法

⑩ 用眼影刷蘸取之前用过的深棕色眼影,在图中标示的位置将眼影晕染开。

⑪ 晕染后的效果。

⑫ 用眼影棒填满睫毛根部的空隙。

⑬ 蘸取与眼影棒颜色相近的眼影。

⑭ 在眼尾处涂抹眼影,按图中箭头的方向将眼影晕染开。

⑮ 增加眼影的层次,同时修饰露出的双眼皮贴。

⑯ 用镊子夹取假睫毛。

⑰ 与眼睛比对,确定需要的假睫毛的长度。

⑱ 剪去眼头多余部分的假睫毛。

⑲ 在假睫毛和靠近睫毛根部的位置涂睫毛胶水。

⑳ 从眼尾开始,将假睫毛粘贴在睫毛根部。

㉑ 粘完假睫毛后不要立即松手,要保持按压眼皮的姿势,让假睫毛粘牢固。

㉒ 假睫毛的重量会让假睫毛向下倾斜,为了让假睫毛更加卷翘,可以将眼皮轻轻往上拉,使假睫毛微微向上翻,进行固定。

㉓ 这样就能固定出又卷又翘的假睫毛。

㉔ 用眼线液笔沿着假睫毛根部画眼线。

图 7-61(续)

㉕ 睁开眼睛，检查睫毛根部，并填补睫毛间的空隙。　㉖ 准备浓密型大刷头的睫毛膏。　㉗ 刷一层睫毛膏，使真假睫毛融合得更自然。

图 7-61（续）

> **课堂讨论：**
> 请结合眼部的化妆方法，举例说明不同眼形晕染的技巧及作用。

六、唇妆画法

（一）唇妆标准画法

唇妆标准画法如图 7-62 所示。

① 准备 1 支口红，根据唇形，均匀地涂满双唇。　② 选择比口红深一个色号的唇线刷，按照图示的箭头方向勾勒唇线。

 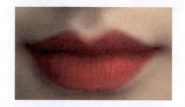

③ 着重勾勒两侧最小的唇线。　④ 完成。

图 7-62　唇妆标准画法

（二）唇妆变换画法

（1）嘴唇轮廓不明显的唇妆画法如图 7-63 所示。

  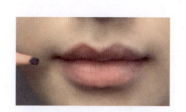

① 在唇峰位置画一个"V"字，唇峰可以稍稍往唇外扩 1～2 毫米，"V"字下面的角则低于唇峰 1～2 毫米。　② 由两侧嘴角往唇峰处画一条明显的唇线。　③ 画完上嘴唇一侧的效果。

图 7-63　嘴唇轮廓不明显的唇妆画法

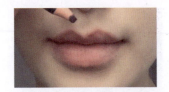  

④ 继续勾勒上下唇的唇线，下唇唇线从嘴角往嘴唇中间画。　⑤ 用唇釉或其他唇部彩妆品填补唇线内的区域。　⑥ 用唇刷将唇釉等彩妆品涂匀，自然过渡到唇线。

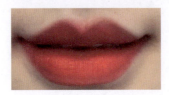

⑦ 完成。

图 7-63（续）

（2）嘴角下垂的唇妆画法如图 7-64 所示。

 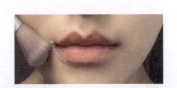 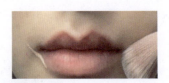

① 选择一款颜色与肤色相近的遮瑕产品，将其挤在透明隔板上，用遮瑕刷均匀蘸取。　② 从嘴唇下缘开始，用遮瑕刷沿着唇线的方向，斜向上刷。　③ 在刷的过程中，要注意盖住下垂的嘴角。

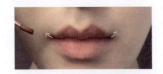  

④ 用唇线笔，按照图示箭头的方向，画出上扬的嘴角线条。　⑤ 画完一侧的效果，能看到嘴角明显上扬了。　⑥ 注意使两侧嘴角上扬的弧度保持一致。

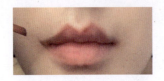  

⑦ 将原本的嘴角与画出来的嘴角线条相连，并填补空白区域。　⑧ 加强嘴角下缘位置的遮瑕。　⑨ 涂抹唇釉或其他唇部彩妆品，叠盖并柔化唇线痕迹。

图 7-64　嘴角下垂的唇妆画法

（3）薄唇的唇妆画法如图 7-65 所示。

  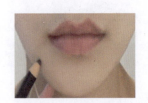

① 先用浅色的唇线笔，沿着原本的唇线外围勾勒唇线，进行第一次外扩。　② 用比肤色深的唇线笔，找到上唇厚度的 1/2 处，确定唇珠位置。　③ 沿着上唇线的弧度，将唇线往外画 1～2 毫米。

图 7-65　薄唇的唇妆画法

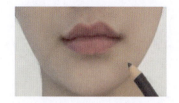
④勾勒下唇线时，也按照本身的唇形，在唇线外侧1～2毫米处画线。

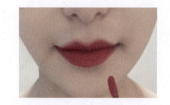
⑤将唇釉或其他唇部彩妆品涂抹在唇线内的区域。

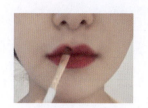
⑥为了明确唇形，可用唇刷沿着唇线边缘再涂抹一次。

⑦完成。

图 7-65（续）

（4）厚唇的唇妆画法如图7-66所示。

①选择一款颜色与肤色相近的遮瑕产品。

②用遮瑕刷沿着唇线，向着嘴唇内侧涂一层遮瑕品。

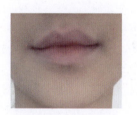
③以盖住嘴唇边缘2～3毫米为佳。

④蘸取定妆粉，给涂抹了遮瑕产品的部位定妆。观察遮瑕产品是否遮盖住了原本的唇线。

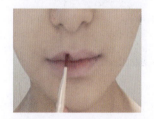
⑤在原本的唇线内侧2毫米的位置，描绘出预期的唇形。

⑥准备一支防油唇线笔。

⑦用唇线笔勾勒完唇线的效果。

⑧准备一支唇釉。

⑨将唇釉涂抹于唇线内。

⑩用唇刷将唇釉涂抹均匀。

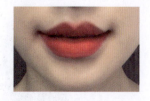
⑪完成。

图 7-66 厚唇的唇妆画法

> **课堂讨论：**
> 请结合唇部的化妆方法，举例说明不同唇形的修饰技巧及作用。

七、黄金三三三化妆法概述

（一）黄金三三三法则

人的五官中，最受关注的眉、眼、鼻、口都集中在面部的中央区域，在化妆时需要投入更多精力来精雕细琢这个区域。

连接眉、眼、鼻、口之后会得到一个三角区，只要把三角区找出来，就能快速地画出立体的妆容。

首先，为大家解析"黄金三三三法则"，教大家如何找到自己的三个三角区，并快速地化出立体妆容。

"黄金三三三法则"及在此基础上衍生的"黄金三三三化妆法"展示了化妆过程中的很多小细节。大家只要加紧练习，记好步骤，便能每天在三分钟内快速化妆，亮眼地出门。

1. 第一个三角区

在双眉正上方2厘米处画一条水平的直线，并延伸到两侧发际线，再将直线与发际线的交点分别与同侧嘴角连起来，这两条线于下巴处相交，形成的这个大三角形区域就是面部的焦点所在（图7-67），也是上粉底的区域。

2. 第二个三角区

找到下眼睑的最低点，水平向眼头和眼尾延伸，画一条长度与眼长差不多的线段。然后找到位于瞳孔正下方3厘米处的一个点，并分别与刚才画的线段的两端连接，形成的这个三角形的区域就是需要修饰眼袋、黑眼圈的地方（图7-68），也是需要提亮的区域。

3. 第三个三角区

将瞳孔正下方约1.5厘米处的一个点和笑肌的最低点连起来，从两个端点分别往眼尾处延伸直到两条线相交，所形成的三角形区域（图7-69）就是涂抹腮红的位置。

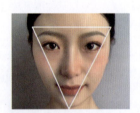  

图7-67　第一个三角区　　图7-68　第二个三角区　　图7-69　第三个三角区

小贴士

在化妆的时候，新手往往容易手忙脚乱。不知道从什么地方开始，不是漏了这里就是漏了那里，其实只要记好"从内到外，从上到下"的原则，就能一步不漏，从容地化好妆了。

从内到外：妆前乳（防晒、隔离）→粉底→遮瑕→腮红→散粉→修容。

从上到下：眉→眼→鼻→唇。

化妆时，先完成"从内到外"的步骤，再完成"从上到下"的步骤。整个妆容完成后，可再微调腮红和修容。

（二）黄金三三三化妆法

以椭圆形脸为例，黄金三三三化妆法如图7-70所示。

椭圆形脸

图7-70　黄金三三三化妆法

① 挤出适量粉底液。

② 用粉底刷将粉底均匀涂抹在第一个三角区中。

③ 用刷子将粉底刷开，与脸周肌肤颜色自然过渡。

④ 用美妆蛋比较尖细的那一端压匀鼻翼、嘴角处的粉底。

⑤ 将额头、发际线等位置的粉底刷刷痕均匀推开。

⑥ 选择比涂在第一个三角区的粉底浅1~2个色号的粉底。

⑦ 以"V"字形手法将粉底涂抹在眼下提亮区，也就是第二个三角区。

⑧ 将浅色粉底轻轻推开，直到与周围的粉底融合，没有明显的界线为止。

⑨ 最后，是第三个三角区——笑肌三角区。将腮红和粉底液混合，降低腮红的色彩浓度，这样能呈现自然的白里透红的效果。

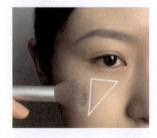
⑩ 在第三个三角区涂抹腮红，并用刷具晕染开。

⑪ 用美妆蛋轻压腮红，降低腮红的色彩浓度，让腮红和底妆融合得更好，使色彩看起来像是从肌肤里透出来的一样，显得气色很好。

⑫ 涂抹完腮红的效果。

⑬ 涂完粉底和腮红后，不要忘记定妆。在进行脸颊定妆时，要使用拍弹的方式，因为擦涂的手法很容易让底妆移位，使妆面变得斑驳。

⑭ 不宜在苹果肌涂抹过多定妆粉，否则不但会影响腮红的呈现，还会让苹果肌比周围的肌肤白，影响妆容的整体效果。

图 7-70（续）

⑮ 针对T区等容易出汗、出油、脱妆的部位，可以多次定妆，以保证妆容的持久性。　　⑯ 最后，嘴角、鼻翼等细小部位的定妆不能忽略。

图 7-70（续）

头脑风暴：
局部比例调整还有哪些方法？请举例分享。

拓展延伸

"瞒天过海"证件照妆

证件照对我们来说很重要，不管是大学毕业证书、投递简历，还是办理身份证、护照等都需要使用证件照。很多人都认为拍证件照时是不可以化妆的，因此往往会素面朝天地去拍照，然后取到照片时很不满意。

其实，拍证件照时也可以化妆，只要把握好妆容的清透度，达到自然、无妆感的效果就可以了。虽然看起来无妆感，但是实际上脸上的每一处妆容都十分精致立体，相信这样的妆容一定可以"瞒天过海"（图7-71）。

① 用灰色的眉笔画出眉毛的轮廓。　　② 选择颜色与发色一致的染眉膏为眉毛染色并固定眉形。　　③ 用深肤色的阴影粉画鼻影。

④ 用手指将鼻影晕染开，避免鼻影颜色过重和过渡不自然。　　⑤ 用眼影刷蘸取棕色的眼影。　　⑥ 从瞳孔的正上方开始下笔，往眼尾方向晕染。

⑦ 确保眼影和肌肤没有不自然的分界线，越贴近睫毛根部，眼影的颜色越深，距离越远，颜色越淡。　　⑧ 在眼尾处将眼影晕染开，并逐渐过渡到下眼尾。　　⑨ 下眼睑的眼影不宜过重，晕染范围也不宜过大，如果妆感太重，拍摄证件照的工作人员会要求卸妆。

图 7-71　证件照化妆方法

项目七 化妆技巧与妆容设计

⑩ 在眼下三角区用点的方式涂抹高光,然后将高光晕染开,起到提亮的效果。

⑪ 以点的手法,用眼线液笔隐秘地填补睫毛根部的空隙,不要将眼线连起来,保持点状看起来会更自然。

⑫ 画下眼线的时候,同样使用点的方式。在从眼头往眼尾点眼线的过程中,不能超出睫毛根部的位置,让人看出画过眼线。

⑬ 点眼线的时候,还要注意力度,下手不能太重。

⑭ 蘸取哑光的高光。

⑮ 在鼻梁处涂抹高光,涂抹之后要注意晕染开,达到与粉底自然过渡的效果。

⑯ 额头也是容易出油和反光的区域,在这个区域也要涂上哑光的高光,避免拍照时呈现油腻感。

⑰ 检查脸上是否有刷痕,如果有,就用化妆海绵轻轻地压匀。

⑱ 蘸取暗色阴影粉。在拍照的时候,影棚内的灯光容易将脸照成大饼脸,因此涂抹阴影粉非常必要。

⑲ 在面部边缘(从两侧发际线到下巴)打上阴影,可以显得脸小。

⑳ 重点涂抹下颌骨,这样可以进一步修饰面部轮廓线。

㉑ 按照图中箭头的方向,从颧骨外侧往嘴角涂抹阴影粉。

㉒ 颧弓明显的,要注意在颧骨与太阳穴附近的发际线处涂抹阴影粉。

㉓ 修饰发际线不仅能从视觉上增加发量,还能让脸显得更立体。

㉔ 在下巴及两侧下巴最突出、最有棱角的部分涂抹阴影粉。

图 7-71(续)

  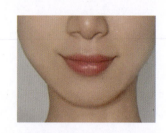

㉕ 用手指蘸取适量的腮红。　㉖ 用手指将腮红轻压在唇上，向四周涂抹。　㉗ 使嘴唇呈现微微红润的状态，唇妆就完成了。

图 7-71（续）

任务实施

◎ 任务描述

请按照各部分彩妆的化妆步骤，为自己或其他同学完成一个完整的彩妆。教师进行总结性评价，并为每位同学的操作及妆容效果进行评分。

◎ 任务要求

（1）请提前化好底妆。
（2）根据肤质及肤色选用合适的化妆品及工具。
（3）画出完整的眉妆、眼妆、颊妆、修容、唇妆。
（4）整体妆效自然、美观。

◎ 任务评价

本任务的评价结果如表 7-1 所示。

表 7-1　任务评价结果

序号	评价内容	分值	教师评分	教师评语
1	所选化妆品适合自身的肤质及肤色	15		
2	所选化妆工具合适	15		
3	底妆自然、清透	10		
4	眉形自然、颜色协调	10		
5	眼妆干净、立体	10		
6	唇形自然、颜色饱满	10		
7	修容位置合适，颜色自然	10		
8	整体妆效自然美观	20		
合　计		100		

学习难度：★★★★★

重点概念： 乘务员发型技巧　乘务员妆容特点　乘务员着装标准

项目八

课件

乘务人员职业形象设计

项目导读

　　乘务人员是在公共交通工具上为乘客提供服务，服务态度的好坏与服务水平的高低都直接影响着公共交通行业在大众心目中的形象。良好的外在形象可以带给乘客好的印象，也有利于服务工作的开展，同时良好的个人形象也代表了企业的形象，因此塑造良好的乘务人员形象尤为重要。

　　本项目以空中乘务人员和高铁客运服务人员为例，着重介绍发型设计、妆容设计和制服着装搭配的内容。

学习目标

（1）了解乘务人员发型设计与服饰搭配的要求。
（2）了解乘务人员妆容设计的规范与特点。
（3）掌握乘务人员职业盘发的操作技巧。
（4）掌握乘务人员妆容设计的操作标准。

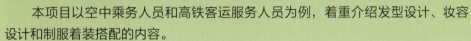

任务一　乘务人员发型设计

任务导入

　　某航班旅客用餐时间段，乘务员正在为旅客提供餐饮服务。在服务过程中有一名旅客指责乘务员递给自己的矿泉水中有异物，该名乘务员拿回旅客手中的杯子仔细一看，上面确实漂着一根头发，乘务员才想起刚刚为旅客倒水时刘海散落开，应该是自己的头发不小心掉进去了。发现问题后乘务员立即向该名旅客道歉，并为旅客重新倒了一杯水，乘客并不接受乘务员的道歉，并填写了意见卡进行投诉。

请思考：
本案例对你有什么启发？结合身边的案例谈谈你对乘务员发型设计的理解。

知识讲解

一、乘务人员发型设计的原则

　　头发生长在头顶之上，即位于人体的"制高点"，通常在观察、打量一个人时，会习惯性从头部开始，头发也就成为一个被关注的重点。由此可见，仪容修饰应该"从头开始"。符合个人形象特色的发型可以提升个人气质，但同时乘务员选择发型的目的是职业特点的需要而不是个人的喜好，需要掌握以下原则。

　　（1）符合服务行业的形象标准，干净整洁、大方得体。
　　（2）修剪得体，不得蓬乱。
　　（3）个人审美服从职业定位，保持自然黑或棕黑色，发色均匀，不允许挑染、片染。

> **课堂讨论：**
> 空中乘务员和高铁乘务员在工作时为什么都要求盘发？

二、女乘务员职业发型设计

航空公司和铁路局对女乘务员的发型要求基本有两种：盘发和短发。乘务员工作有两个重要职责：一是保障旅客安全，二是为乘客提供优质服务。下面以职业要求为根本，分别介绍空中乘务员和高铁乘务员的发型设计。

（一）空中乘务员发型要求

1. 短发

（1）短发长度不遮衣领上线，最短不低于双耳底部（图8-1）。
（2）刘海不过眉，无松散、蓬乱碎发。
（3）禁止超短发及怪异、夸张发型。
（4）执行航班任务时，禁止戴假发套。
（5）使用发蜡和发胶等定型产品进行定型。

注意：部分航空公司短发仅限于乘务长级别（含）以上人员。

2. 长发

（1）长发发型分无刘海大光明式和侧分斜刘海式两种。
（2）盘发分为发髻盘发和法式盘发（图8-2）。
（3）发髻盘发外露发夹一般不超过4个，发夹应使用黑色或棕黑色细钢丝发夹，发髻必须呈饱满状，而法式盘发发夹不得外露，不允许佩戴装饰发夹。
（4）发网可选用黑色无形网，如佩戴头花，必须为航空公司统一配发。
（5）严禁使用假发套，如在短发留长的过渡期，可使用假发发髻，假发发髻颜色要与自身发色一致。
（6）使用啫喱和发胶等定型产品进行定型，保持光滑平整，无碎发。

图8-1 女空中乘务员短发标准

发髻盘发

法式盘发

图8-2 女空中乘务员长发标准

（二）高铁乘务员发型要求

1. 短发

（1）标准直发的长度最短不得短于两寸，可经过烫发打造整体造型，整体造型应柔和、圆润（图8-3）。

（2）短发的刘海需经过打理固定，服务时禁止头发掉下遮住脸颊。

（3）禁止爆炸式、板寸式、翻翘式、倒剃式短发，背面长度不可超过衣领上缘。

2. 长发

（1）发髻：长发必须盘起，并使用隐形发网。将长发扎成马尾式，使用隐形发网盘成发髻，马尾长度不得超过发网，长发扎起的长度适中，发髻不得低于双耳，不可过高或者过低，头顶部头发蓬起高度为3～5厘米；发髻应盘绕成圆形，最大直径不得超过9厘米，厚度不超过5厘米（图8-4）。

图8-3　女高铁乘务员短发标准

（2）前额：根据个人发量和发际线位置自由选择侧分式或后背式造型。

① 侧分式：侧发必须打理、固定，禁止服务时掉下头发遮住眉毛和眼睛。

② 后背式：头顶部头发蓬起高度为3～5厘米。

注意：长发禁止留刘海（包括齐刘海、斜刘海、空气刘海等）。

图8-4　女高铁乘务员长发标准

> **头脑风暴：**
> 女乘务员盘发的种类及禁止的发型。

三、男乘务员职业发型设计

（一）男乘务员发型要求

（1）发型轮廓分明，自然整洁（图8-5）。

（2）双侧鬓角不得盖住双耳，前额头发保持在眉毛上方。

（3）头发长度不得超过衬衣领上线，最短不得短于耳下方。

（4）使用发蜡和发胶等定型产品进行定型。

（5）禁止出现光头、板寸、长发、爆炸式、阴阳头等怪异发型，不得过于追求时尚。

（6）保持头发清洁、无头屑、不油腻。

图8-5　男乘务员发型标准

（二）男乘务员职业发型打理

（1）洗发后，将头发按所需造型方向吹干吹蓬。

（2）将造型产品均匀地涂于手上，按所吹方向涂抹，应先抓发根，然后抓发尾。

（3）打造空气层次感，按所需造型制造纹理感，注意整体轮廓。

（4）喷干胶定型，最后调整，避免毛躁（图8-6）。

图 8-6　男乘务员发型

男乘务员发型打理.mp4

（三）注意事项

（1）吹发及造型时顶区应略高于其他地方。

（2）造型时走向应主要以头发本身方向为主。

（3）干胶应使用雾状，不要使用水状，不要使用啫喱水、啫喱膏。

（4）经过烫发处理做过方向感的头发应使用清爽质感的乳状发蜡，未经处理的头发应使用造型性强的固体发蜡、发泥。

> **课堂讨论：**
> 男乘务员的发型有哪些要求？

四、女乘务员盘发实操训练

（一）准备盘发用具

盘发需要准备剑齿梳、长梳、隐形发网、定型喷雾、皮筋、U形夹及一字夹（图8-7）。

剑齿梳

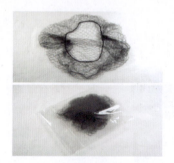

隐形发网

定型喷雾

皮筋

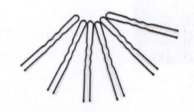

U形夹

一字夹

图 8-7　盘发用具

（二）盘发操作流程

女乘务员发型主要分为大光明式发型（图 8-8）、侧分式发型（图 8-9）和法式盘发（图 8-10）。

图 8-8　大光明发型

大光明发型 .mp4

图 8-9　侧分式发型

侧分式发型 .mp4

图 8-10　法式发型

法式发型 .mp4

课堂讨论：
请根据乘务员发型标准，谈一谈你的脸型更适合哪种盘发方式。

五、实操训练

请同学们利用准备好的盘发所需工具，进行现场盘发操作练习，接受考评。

课堂讨论 / 头脑风暴：
两人一组，为对方设计出适合的职业发型，接受教师的考评。

任务二　乘务人员妆容设计

任务导入

中国民航网消息，自 2013 年 7 月 1 日起，深航乘务员启用了全新的"流光溢彩"系列妆容，用最亮丽、最具活力的妆容，迎接开航 20 周年的到来。深航乘务员制服颜色以红色为主打色调，在领口、袖口等细节处还分别有红金色相互映衬的流线形线条，因此，红色系和金色系正是新妆容的主要色系。乘务员可以根据自己的脸型，选择适合自己的色系来化妆，使妆容在规范的基础上显得更加靓丽、独特。

> **请思考：**
> 结合案例，谈一谈乘务人员妆容的主要作用是什么？

知识讲解

一、女乘务员职业妆的特点

化妆是修饰仪容的一种高级方法，它是指用化妆品按一定技法对自己进行修饰、装扮，使容貌更加靓丽。在人际交往中，进行适当化妆是必要的。这既是自尊的表示，也意味着对交往对象的重视。下面分别介绍空中乘务员和高铁乘务员的职业妆特点。

（一）空中乘务员

（1）执行航班任务时，妆容必须符合航空公司对乘务员化妆规定的色系标准及要求，一般根据制服的颜色妆容分为粉色系、蓝色系、橘色系、蓝紫色系、大地色系。

（2）在执行航班过程中及时补妆。

（3）禁止佩戴美瞳、隐形眼镜。

（二）高铁乘务员

（1）根据不同铁路局的企业文化与整体风格，确定该公司特有的妆面要求。

（2）乘务组成员要从妆面、发型、制服等方面做到统一、协调的妆面效果。

（3）客运服务人员在服务工作中，一般都应适当化妆，即"化妆上岗，淡妆上岗"。

> **课堂讨论：**
> 乘务员职业妆容的特点有哪些？

二、女乘务员化妆的原则

乘务人员在化妆时，并不是随心所欲地涂抹，而是一种审美的艺术，有一定的规律，应遵循一些原则，给人留下美好的印象（图 8-11）。

（1）淡雅。根据肤色特征选择适合的颜色，妆面清新、亮丽。

（2）简洁。简洁不是简单，妆容仍需精细，突显高雅气质。

（3）适度。妆容以自然为主，宜薄不宜厚，宜淡不宜浓，同时避免过量使用芳香型化妆品。

（4）庄重。充分考虑工作的场合和职业特点，工作妆要区别于社交妆和舞会妆。

（5）避短。突出美化自己的美感之处，掩饰面部不足，以达到化妆的最佳效果，但重在避短，而不在于扬长。

图 8-11　完整妆面的调整

小贴士

化妆为了谁？有句古话是"女为悦己者容"，联系到化妆，就是为情侣容、为爱人容、为喜欢你的人容。这自然不错。但是"悦己"显得不贴切，更重要的是要"己悦"。所谓"己悦"，就是在化妆后自己欣赏自己，在容光焕发中平添几分自信，并对生活有更多的乐观态度。"己悦"在前，"悦己"在后，这也是化妆的本义。

三、女乘务员职业妆设计

（一）化妆的程序

1. 底妆

完美的妆容最关键的是底妆，用于底妆的化妆品主要有隔离霜、粉底、遮瑕膏、高光、粉饼、定妆粉等，要充分了解底妆产品的作用，正确使用，为后面的化妆程序打下良好的基础。

难点：分析自己的肤质、肤色，找出适合自己肤质、肤色的底妆产品。

重点：学会底妆上妆的正确顺序和手法。

底妆 .mp4

2. 眉妆

眉毛可以改变一个人的脸型和气质。常用的画眉工具有眉笔、眉粉、染眉膏，要了解三者的区别，并且能正确使用工具画眉。

难点：画眉之前的准备工作——修眉。

重点：眉形设计，画眉时要正确使用眉笔，并掌握好画眉时的力度。

眉妆 .mp4

3. 眼妆

眼睛是心灵的窗户，眼妆也是化妆步骤最多的部位，常言道"画龙点睛"，足见其重要性。眼部用具有眼影、眼线、睫毛膏、假睫毛，美瞳（彩色隐形眼镜）也属于眼妆的一部分。

难点：眼影、眼线的画法。

重点：选择适合的眼影及眼线的颜色。在航空公司，眼影的选择需要结合公司制服的颜色而定，通常航空公司都有自己的色系搭配，空中乘务员需要选择相应的色系进行个人修饰。对于假睫毛的使用，长度一般不超过1厘米，同时空中乘务人员不允许使用美瞳。

眼妆 .mp4

4. 修容

通过腮红—修容—高光，进行脸部最后的修饰，可美化肤色，修饰脸型，增加面部轮廓的立体感。乘务员在选择腮红时也要遵循航空公司妆容色系的要求。

修容 .mp4

5. 唇妆

唇部在妆容中属于重点装饰的部位，通过化妆让设计对象拥有好的唇形和唇色，会显得精神。在上唇部彩妆之前，一定要保证唇部足够滋润。

唇部化妆主要程序：唇部打底—唇部遮瑕—唇线笔勾勒唇形—涂抹口红。

口红包括唇膏、唇彩、唇釉等，能让唇部红润有光泽，滋润、保护嘴唇，增加面部美感及修正嘴唇轮廓，是女性必备的化妆品之一，可显出女性之性感、妩媚。空中乘务人员要严格按照航空公司妆容色系搭配去选择口红色号，不可以追求个人时尚。

唇妆 .mp4

6. 检查妆容

最后，仔细观察整体效果，再用蜜粉定妆，以保持妆面的持久，同时在工作期间要经常检查妆面是否完整，以免影响整体形象与工作质量。

除了面部化妆外，在乘务员工作过程中，手就是第二张脸，对于指甲的修剪及颜色也要严格按照航空公司规定执行。

（1）双手保持清洁无污垢，指甲修剪需整洁美观，长度适中，一般不超过指尖2毫米。

（2）双手可以选择是否涂指甲油，涂指甲油的颜色一般是透明色、裸色、肉粉色，有个别公司会因为妆容色系或制服的颜色而有特殊的规定，比如东方航空在红唇妆容时可选择大红指甲油，在湖蓝妆容下可选择橘粉色指甲油；比如吉祥航空在穿着粉色制服时可以涂粉色系指甲油，在穿着蓝色制服时可涂淡蓝色系指甲油。也有部分公司允许使用美甲，但颜色需符合公司的要求。

（3）指甲油需涂抹均匀，保持完整，不可以有脱落现象。

小贴士

不同的航空公司对乘务人员的妆容有不同的规定，具体内容如表8-1所示。

表8-1 部分航空公司的妆容色系要求

公司	制服	眉毛/睫毛/眼线	眼影/口红/腮红	
中国国际航空股份有限公司	蓝色制服	眉毛：棕黑色，与发色一致 睫毛：黑色睫毛膏，不可嫁接睫毛和使用人造假睫毛 眼线：仅限棕黑色	眼影：紫色、粉红色 口红：粉红色，唇部用色不得过浅 腮红：粉红色	
	红色制服		眼影：咖啡色 口红：橘红色 腮红：橘红色	
	以上色系是制服搭配的最佳建议，但三种色系的化妆均可配红蓝两色制服			
中国东方航空集团有限公司	短裙套装/连衣裙套装	眉毛：棕色、深棕色、黑色 睫毛：黑色睫毛膏，可使用自然假睫毛，长度不超8毫米 眼线：只限黑色 腮红：亮粉色、浅桃色	红唇妆眼影：金棕色（棕橘色、香槟色、深棕色，需包含打底色、主色调、加深色） 红唇妆口红：正红色口红+唇线笔 湖蓝妆眼影：湖蓝色（天蓝色、白色、湖蓝色，需包含打底色、主色调、加深色） 湖蓝妆口红：柔橘色口红+透明唇彩	
中国南方航空集团有限公司	蓝色制服	眉毛：深棕色 睫毛：黑色睫毛膏，可以使用自然假睫毛 眼线：黑色	定妆A 眼影：蓝色、蓝灰色 口红：橙色 腮红：橙色	定妆B 眼影：大地色 口红：桃红色 腮红：桃红色
	红色制服		定妆A 眼影：大地色 口红：桃红色 腮红：桃红色	定妆B 眼影：紫色 口红：桃红色 腮红：桃红色
深圳航空有限责任公司	红色制服/深藏青制服	眉毛：黑色、棕色 睫毛：只限黑色睫毛膏，同时严禁种植睫毛或粘贴假睫毛 眼线：只限黑色眼线液、眼线笔或眼线膏 腮红：珊瑚粉（使用公司统一配发的羽西品牌，或选择与规定色号相近）	眼影：蜜桃粉/香槟金/大地色（使用公司统一发放的羽西品牌，或选择与规定色号相近的产品） 口红：珊瑚粉（使用公司统一发放的羽西品牌，或选择与规定色号相近的产品）	
厦门航空有限公司	深蓝色制服	眉毛：黑色、棕色 睫毛：黑色睫毛膏，可使用假睫毛，长度小于1厘米 眼线：黑色 腮红：粉红色	眼影：不涂或大地色 口红：复古红色	
	尾翼蓝制服		眼影：不涂或大地色 口红：玫红色	
	浅蓝制服		眼影：不涂或大地色 口红：玫红色	
上海吉祥航空股份有限公司	粉色制服	眉毛：深灰色、棕色 睫毛：黑色、咖啡色睫毛膏，可使用假睫毛，长度小于1厘米 眼线：深灰色、棕色、黑色 腮红：粉红色、橙色	眼影：主色调粉色、橘色，不可只有单色，需包含打底色、主色调、加深色 口红：玫红色、粉色	
	蓝色制服		眼影：主色大地色、蓝色，不可只有单色，需包含打底色、主色调、加深色 口红：大红色、橘红色	

续表

春秋航空	绿色制服	眉毛：灰色、深棕色 睫毛：黑色睫毛膏，可嫁接黑色睫毛，可使用公司指定手工217棉线梗假睫毛 眼线：黑色、深棕色 腮红：玫红色、西瓜红色	眼影：绿色、大地色 口红：正红色、玫红色，需使用唇线笔，与口红一致，禁止仅涂唇彩 眼影：紫色 口红：玫红色、橘红色，需使用唇线笔，与口红一致，禁止仅涂唇彩

（二）化妆的禁忌

（1）不要在公众场合下化妆，当众化妆有卖弄或吸引异性之嫌，是失礼行为。
（2）不要化浓妆，不使用味道过重的香水，香气四溢容易对他人造成妨碍。
（3）不要使用已过期的化妆品，成分产生变化后容易造成皮肤损伤。
（4）不要使用过量的化妆品，过厚的脂粉会堵塞毛孔，影响皮肤正常"呼吸"。
（5）不要借用他人化妆品，不卫生也不礼貌。
（6）不要残妆示人，时刻注意维持妆面完整，及时补妆。

课堂讨论：
乘务人员化妆时有哪些注意事项？

小贴士

女乘务员护肤小贴士

1. 如何避免粉刺？
避免挤压，正确清洁，选用合适的护肤品，做好防晒工作。
2. 如何预防毛孔粗大？
洗脸先温后凉，卸妆要仔细，避免烟熏、酒精和油腻，充足睡眠，合理按摩、做面膜。
3. 如何预防雀斑？
注意防晒美白、多喝橙汁（早上空腹为宜），多做美白面膜，保持心情愉快。
4. 如何让皱纹止步？
锻炼身体、增强体质，合理饮食、荤素搭配，加强卫生保健，多吃防皱食品（鸡蛋、鱼头、猪蹄、山药、肉皮、蜂蜜、绿茶等）。

四、男乘务员职业妆设计

（一）男乘务员职业妆的原则

男乘务员在执行工作任务时也需要进行必要的面部修饰，但应着重表现其阳刚气质，而非描绘美化。男乘务员职业妆的重点是干净、整洁、自然、体现自身的特点。

（二）面容修饰

男乘务员面容的修饰重点对象是毛发、眉毛和嘴唇。

1. 毛发
男士由于体内雄激素的分泌，面部毛发生长较快，需在执行任务前剔除胡须，保持面部清爽，修整鼻毛，保持鼻孔的清洁。

2. 眉毛
男士眉毛大多比较浓密，保持自然状态即可。如果眉毛有较大的缺陷，如眉毛稀疏、眉棱不清或没有眉毛等，就要注意加以适当的修饰。

修饰眉毛有两种方法：修眉和描眉。修眉时注意清除多余的眉毛，使眉型清晰。描眉时不建议使用纯黑色的眉笔，会显得过于生硬，炭灰色则最自然。男士的眉毛一般不多做美化，自然修饰原有的眉型，眉色较淡或眉型残缺的用眉笔顺着原有的形状加深或补充即可。

描眉要注意以下几个问题。

（1）眼睛小的男士，眉毛不可描得过粗。

（2）双眼距离较宽的男士，眉毛应描得靠拢一些，眉毛的长度不宜过短。

（3）鼻子长的男士，眉毛应描得稍微低些，眉尖浓厚，眉头和眉梢颜色稍淡。

（4）上额宽、脸型短的男士，眉毛要描得稍高一些。

3. 嘴唇

对于男乘务员，要注意防止嘴唇开裂、起皮，可适当使用护唇膏，还要注意清除嘴边的分泌物。

课堂讨论：

男乘务员需要化底妆和眼线吗？为什么？

小贴士

男人正确剃须十大须知

1. 选择在清晨剃须

清晨是男人剃须的最佳时间，睡眠中由于新陈代谢加快，皮脂腺分泌旺盛，使得毛发生长迅速。经过一夜"疯"长，早晨正是最好的"砍伐"时机。而且这时的皮肤比较放松，剃须也可减少刮伤的概率。

2. 忌讳从不同方向刮胡须

胡子天天长，一次是刮不完的。但是，男人剃须也不需要从各个方向向胡子发起"猛攻"，这样的结果只能是把胡须剃得太短，最终形成倒须。

3. 不要在洗澡前剃须

刚刚剃须后的皮肤有很多肉眼看不到的微创，比较敏感，这时马上洗澡，在沐浴液、洗发液还有热水等的刺激下，容易引起剃须部位的不适，甚至发红。

4. 不要在运动前剃须

男人剃须别选在运动前，运动时身体的血液循环加快，大量的汗液会刺激刚刚刮过的皮肤，引起不适甚至感染。

5. 剃须角度不要乱选

男人剃须时应绷紧皮肤，以减少剃刀在皮肤上运行时的阻力。然后适量涂抹剃须膏，先从鬓边、两颊和颈部刮起，其次是下颚，理想角度是26°左右，并尽可能地减少回刮。

6. 不要剃除毛粒

虽然剃毛粒会刮得更干净，但容易刺激皮肤形成倒须。

7. 不要拔向内生长的胡须

不要用镊子把胡须拔掉，应小心地把它拉出来，用剃须刀刮掉，然后用须后水和须后乳滋润皮肤。

8. 剃须后别忘了护肤

男性皮脂腺多而发达，角质层粗厚，所以看起来更阳刚。从春夏开始男人们的脸上就泛起油光，这时用清爽的润肤露或保湿啫喱，可调理镇静剃须后的肌肤，以水抑油，改善出油现象。

9. 须后水≠爽肤水

将"须后水"与"爽肤水"的概念混淆，是男人剃须禁忌之一。虽然都是水，但作用不同。须后水是用在剃须后，主要的护理部位是胡子区域的皮肤。而爽肤水则是用在洁面后，是针对整个面部的洁后护理。

10. 别忽视剃须后的护理

"胡子区"的皮肤比其他部位更易干燥,每天剃须,即使手法再娴熟、动作再仔细,都不可避免地产生刺激,这时须后护理就显得尤为重要。正确的剃须程序:基础剃须过程、剃须后护理(须后水)、基础护肤程序(爽肤水、面部滋润乳液、防晒霜)。

五、化妆实训

(一)实训目的

使学生能够熟练掌握每一个化妆步骤,并懂得针对眉毛、眼睛、嘴巴等不同部位做出合理的妆容设计,扬长避短,规范每一步的操作。

通过训练环节,确保学生掌握乘务员职业妆容的化妆要领。

(二)实训内容

在规定的时间内,根据自己的特点选择一种色系完成自我妆容设计。

(三)实训步骤

洁面→护肤→底妆→定妆→眉妆→眼妆→修容→唇妆。

> **头脑风暴:**
> 根据乘务员妆容设计原则及要求,结合自身条件,为自己设计符合乘务人员形象标准的妆容。

任务三 乘务人员服饰搭配

任务导入

天津航空是国内首家尝试以运动装作为乘务员服装的航空公司,并一直保持着年轻、活力的乘务员形象。2014年6月8日在公司五周年纪念日当天一改以往运动风形象,以全新的形象亮相客舱,给新老顾客带来不一样的感受。

> **请思考:**
> 你如何看待运动制服作为乘务员的职业制服?

知识讲解

一、乘务人员工作制服着装要求

所谓服装,就是对人们所穿着的衣服的总称。实用性是服装最主要的功能,它可以为人体遮体、掩羞,可以防暑、御寒,可以遮风、挡雨,因此被视作人的"第二肌肤"。服饰是一种无声礼仪,选择合适的服装,能够达到扬长避短、美化形体的效果,并能反映一个人的社会生活、文化水平和各方面的修养。正如莎士比亚所说:"服饰往往可以表现人格。"一个人穿戴什么样的服饰直接关系到别人对其个人形象的评价。服饰只有与穿衣者的气质、个性、身份、年龄、职业以及穿戴的环境、时间协调一致时,才能达到美的境界。

那么乘务员如何才能使自己的着装得体呢?穿着制服必须遵循以下规则。

(一)制服穿着的原则

1. 整洁

整洁原则是指服饰要干净整洁,它是服饰礼仪的一个最基本的原则。通常一个穿着整洁的人总能给人以积极向上的感觉,同时也能体现对旅客的尊重。

2. 职业

个人审美需服从职业定位，穿着公司制服即代表公司的企业形象，不得只考虑个人爱好而选择不恰当的装扮，制服应着装成套，不得与自己的衣服混穿。

3. 场合

不同场合有不同的着装要求，个人应根据自己所处的特定场合来选择与之气氛相一致的服装，制服只能出现在工作场合，且打扮、举止言谈都是职业素养的体现，在其他公众场合不宜穿着公司企业制服。

4. 时间

服装的类别会随季节发生更替，乘务员需要严格按照换季要求统一着装。

（二）制服穿着的基本礼仪规范

制服穿着的基本礼仪规范包括以下几方面（图 8-12）。

（1）清洁。制服干净、无异味、无油渍；皮鞋光亮。

（2）平整。制服平整挺括，无褶皱；衣扣、裤扣、袖口系好，衬衣要系在裙子或西裤内。

（3）完好。制服无破损、无脱线；丝袜无勾丝、无破洞；皮鞋无破损。

（4）职业。制服上不得佩戴除公司认可或要求以外的各种徽章及饰物，穿着制服时必须按要求盘发、化妆；严禁着工作制服出入非工作场所。

（5）配饰。丝巾、领带、工号牌佩戴要规范，饰品要符合职业岗位要求。

（6）文明。制服裙长标准为膝盖上下 2 厘米为宜，不得私自改短；着制服期间不允许在公共场所吸烟；换下制服后班车上避免穿着过分暴露、薄透或过分瘦小的服装。

图 8-12 乘务员制服穿着礼仪规范

> **课堂讨论：**
> 你如何看待穿着工作制服出入非工作场所呢？

二、女乘务员制服穿着要求

（一）空中女乘务员

（1）制服分为春夏、秋冬两季（图 8-13），秋冬季配有风衣和大衣、围巾、手套，着风衣和大衣时要扣好所有纽扣，系好腰带。

图 8-13 空中女乘务员两季制服

（2）女装一般是连衣裙或套裙（图 8-14），需系好所有纽扣，保持口袋平整，避免放入过多物品；部分航线由于季节原因，允许乘务员穿裤装飞行，但乘务组必须着装统一。

连衣裙　　　　　　　　　　　套裙　　　　　　　　　　　裤装

图 8-14　空中女乘务员裙装制服

（3）佩戴丝巾或领花，丝巾保持颜色鲜艳，干净整洁，熨烫平整，系法美观，整洁大方（图 8-15）。

交叉结	步骤 1：丝巾对角折叠成一长条； 步骤 2：将两端塞入外套或马夹衣领内	
平　结	步骤 1：丝巾对角折叠成一长条； 步骤 2：丝巾围在脖子上，两端交叉； 步骤 3：放在上面的一端拉长，然后将长的一端从短的一端由下向上穿过，系成一个结； 步骤 4：将从下面穿过的一端绕过较短的一端再系个结； 步骤 5：调节好领结和丝巾两端的形状，斜放置在右侧肩膀	
牡丹结	步骤 1：丝巾对折，四个角对齐； 步骤 2：以折扇的方式向上对折，宽度为 2～3 指； 步骤 3：围着脖子，将丝巾对齐，尾端分别向两边外侧对折； 步骤 4：用一根一次性皮筋在丝巾中间固定； 步骤 5：将中间固定的丝巾向外展开，做成花朵的造型	

图 8-15　制服丝巾系法

（4）服务中穿着围裙（图 8-16）时，围裙要保持干净整洁，腰带要系好，不得散开，口袋里不要装过多物品，应保持平整，进入洗手间时必须脱下围裙。

（5）部分航空公司女乘务员的套裙会配有腰带，如配发腰带，则必须使用统一的腰带（图 8-17）。

图 8-16　围裙　　　　　　　　　　　图 8-17　腰带

（6）着公司统一发放的丝袜，确保丝袜无勾丝、破损（图 8-18）。

（7）穿着公司统一配发的皮鞋，保持光亮整洁，无破损。公司一般配光面平底鞋和高跟鞋两种，大部分为黑色（图 8-19），部分公司因制服原因会配备与制服同色系的皮鞋。

图 8-18　丝袜

图 8-19　皮鞋

（8）如配发帽子，要保证帽檐不遮眉，在眉毛上方 1~2 指处（图 8-20）。

图 8-20　帽子

（9）在左胸口袋上方或距左肩线 15cm 处，佩戴姓名工号牌和航空公司徽章或中国民航徽章或党徽，且徽章需在姓名牌上方（图 8-21）。

（10）执行航班任务时必须佩戴登机证（图 8-22），自然下垂，正面朝外，使用公司统一发放的挂绳，佩戴整齐，妥善保管。

图 8-21　姓名工号牌

图 8-22　登机牌

注意： 登机证属于空勤人员执行航班任务时的身份证明，仅限本人使用，进出港时必须主动出示接受检查，不可以在登机证上涂改。

（11）执行航班任务时使用公司统一发放的箱包，保持清洁、完好，在公共区域箱包需摆放整齐，禁止携带私人箱包。可带入客舱的箱包一般有小背包、拖箱、衣袋（图 8-23）。

图 8-23　登机箱

（二）高铁女乘务员

（1）全列换装统一，衣扣拉链整齐，值乘中按标准着装（图8-24）。

（2）着装时，做到不披发、不歪戴制帽、不敞胸露怀、不挽袖、不卷裤腿；女乘务人员穿裙子时统一穿肤色丝袜，无破损。

（3）乘务人员按规定系扎丝巾、围巾，着春秋装时在上衣右上方佩戴领花（丝巾）；着冬装时在衬衣V领内戴丝巾，内衣下摆、领口不得外露（图8-25）。

图8-24　高铁乘务员标准着装

图8-25　乘务员丝巾佩戴

（4）除列车长外，其他客运乘务员在车厢内作业时可不戴制服帽；动车列车长值乘中必须戴帽子。班组出、退乘列队行走时列车乘务人员按规定佩戴制帽（图8-26）。

（5）春秋、夏、冬制服不得混穿，制服与便服不得混穿，不在制服外罩便服；冬季气温降低，可在衬衫与外套间添加衣物，但应以"V"字领、深色系为原则。着大衣时，全列衣扣统一，防寒围巾穿戴段统一配发围巾，禁止佩戴自购围巾，确保着装统一。

（6）穿黑色规定制服鞋（或同款式），式样统一；不得赤足穿鞋，不穿尖头鞋、拖鞋、露趾鞋，鞋跟高度不超过3.5厘米、跟径不小于3.5厘米（图8-27）。

图8-26　动车列车长佩戴制帽

图8-27　乘务人员值乘鞋子款式

（7）职务标志佩戴规范。胸章牌佩戴在上衣左胸口袋上方正中，胸章牌下边沿距离左胸口袋上方边沿1厘米处（无口袋的佩戴在相应位置）；党（团）徽一律佩戴在胸章牌上方正中，党（团）徽下边沿紧靠胸章牌上方边沿。臂章佩戴在上衣左袖肩下四指处（图8-28）。

（8）女乘务员值乘应佩戴隐形眼镜。

（9）动车组列车客运乘务对讲机统一佩戴在后腰右侧裤腰（皮带）上（女性乘务员着裙子时佩戴在裙腰上），耳机线固定夹夹在上衣（马夹）衣扣的暗扣间，耳机线贴身平顺，穿外套时耳机线挂放在衣服内只露出衣领口与耳朵一段。音视频记录仪挂放在上衣（或大衣）左侧胸章牌上方专用挂扣（图8-29）。

图 8-28　职务标志正确佩戴

图 8-29　高铁乘务员正确佩戴电子声讯设备

（10）乘务人员穿制服或佩戴职务标志在公共场所时必须爱护企业形象，严格遵守道德操守、社会公德，禁止出现不文明、不礼貌的行为。

课堂讨论：
空中女乘务员制服穿着有什么要求？请相互讨论并简要说明。

三、男乘务员制服穿着要求

（一）空中男乘务员

（1）制服分为春夏和秋冬制服，秋冬季配有风衣和大衣、围巾、手套，着风衣和大衣时要扣好所有纽扣，系好腰带（图 8-30）。

图 8-30　空中男乘务员制服

（2）男装一般为衬衫、西装、西裤，部分公司为男乘务员配备马夹和肩章。要求系好所有纽扣，穿长袖衬衣时，袖口也必须扣好，袖管不可卷起，衬衣口袋避免放置过多物品，应保持平整，同时西装扣必须始终根据礼仪要求系好，口袋保持平整，避免放置过多物品，西裤长度以盖住鞋口为宜，裤线必须熨烫平整。

（3）着装必须佩戴领带，同时使用领带夹将下层领带固定在衬衣上，领带夹的正确位置在衬衣从上往下数的第三粒和第四粒纽扣中间，领带一般常见的打法分为平结、温莎结（图 8-31），领带结大小要适中，长短以系好后领带尖垂到皮带扣为准。

（4）穿着纯色袜子，如黑色、深灰色、深藏青色，袜子长度以坐下时不露出皮肤为宜。

（5）佩戴公司统一发放的皮带或款式简洁的黑色皮带。

（6）黑色皮鞋，表面光亮无破损，不可以系鞋带。

（7）在左胸口袋上方佩戴姓名工号牌和航空公司徽章或中国民航徽章，且徽章需在姓名牌上方。

平结		
温莎结		

图 8-31 领带结系法

（8）执行航班任务时使用公司统一发放的箱包，保持清洁、完好，在公共区域箱包需摆放整齐，禁止携带私人箱包。男乘务员可带入客舱的箱包一般有拖箱、衣袋。

（9）执行航班任务时必须佩戴登机证，使用公司统一发放的挂绳，佩戴整齐，妥善保管。

（二）高铁男乘务员

（1）穿着得体，不得随意改变服装款式（图8-32）。

图 8-32 高铁男乘务员制服穿着标准

（2）制服应洗净、熨烫平整，无污渍、斑点、皱褶、脱线、缺扣、残破、毛边等现象。

（3）制服上不得佩戴任何饰物；着制服当班时，必须佩戴职务标志。

（4）不得将笔插放在衣兜内或衣服前襟。

（5）在非工作时间，除集体活动外，不得穿制服出入公共场合和乘坐动车组列车。

（6）穿着夏装时，男性乘务员袜子的颜色应统一为深蓝色或黑色长袜，每天更换；统一佩戴领带，衣领上的扣环必须扣好，上衣应束于裤内；制服必须每天清洗。

（7）穿着春秋装、冬装时，外套、上衣、裤子的纽扣和拉链等应扣好、拉紧；统一佩戴领带，衬衣应束于裤内，衬衣的衣袖不得卷起。衬衣一般1~2天清洗1次，可根据制服质地进行水洗或干洗。

（8）着裤装时，必须干净、平整、有裤线，不可有光亮感；佩戴制服皮带（或同款式），外露的皮带为黑色，皮带样式简洁大方，全列统一，色调一致。

（9）穿着外套、风衣、大衣时，必须戴工作帽，但在车厢、室内（送餐）时可不戴。

（10）佩戴的眼镜式样应简约大方，选择半框或无框眼镜，镜架颜色应为黑色、深色或金属本色，不夸张，不佩戴有颜色的眼镜。

（11）动车组对讲机统一佩戴在后腰右侧皮带上，耳机线固定夹夹在衬衣衣扣间，耳机线贴身平顺，穿外套时耳机线挂放在衣服内只露出衣领口与耳朵一段。音视频记录仪挂放在上衣（或大衣）左侧胸章牌上方专用挂扣。

> **课堂讨论：**
> 空中男乘务员和高铁男乘务员制服穿着的共同之处和区别分别有哪些？请相互讨论并简要说明。

四、乘务人员服装配饰的基本要求

（一）空中乘务员

1. 饰物

（1）戒指：男乘务员和女乘务员都只能佩戴一枚戒指，无任何镶嵌物或不得有夸张装饰物（直径一般不超过5毫米）。

（2）耳钉：女乘务员可佩戴一副（左、右各一）耳钉，耳钉可为浅色珍珠、白色钻石，直径不超过5～8毫米，男乘务员不可以佩戴耳饰。

（3）项链：根据各航空公司要求具体执行。例如东方航空不允许佩戴任何项链，吉祥航空允许佩戴项链和红绳，但不得外露，深航会直接发放带深航标志的金项链，要求统一佩戴。

（4）手链脚链：部分公司允许佩戴金属质地的金银色手链，但不允许佩戴手镯、手串和脚链等饰物。

2. 手表

款式简洁，配备时针、分针、秒针和时间刻度，表盘清晰，表盘不夸张，直径或长度一般不超过3.5厘米，表带以金属或皮质为宜，金属色一般金、银两色，皮质表带一般黑色、深棕色或咖啡色，不可以佩戴卡通手表和电子手表。

（二）高铁乘务员

（1）穿制服时不宜佩戴镶宝石的装饰品，如手镯、悬垂挂件、装饰戒指、胸针、脚链等。

（2）佩戴的手表必须走时准确，手表款式、颜色简单不夸张，宽度不得超过2厘米，不得系挂怀表。

（3）工作时不得佩戴两枚以上或超过5毫米的戒指。

（4）耳钉的大小不许超过黄豆粒大小或3毫米，不许有悬挂物。

（5）工作时不能佩戴装饰项链、珍珠项链等较夸张的饰物，最好佩戴一条素链。

（6）头上不得佩戴发圈和有颜色的发夹。

> **头脑风暴：**
> 1. 讨论你所了解的航空公司的制服演变。
> 2. 学生课前收集高铁乘务人员制服的资料和视频，分组归纳总结乘务人员穿着制服的规范。
> 3. 学生每五人一组，分别穿着制服，分组考核，教师点评总结。

拓展延伸

戒指的佩戴方法

当代社会戴戒指已经不是仅仅作为装饰品了，不同的戴法、不同手指都有不同的意义、不同的情感寄托。戒指戴哪个手指是非常有讲究的。那么正常戒指应该戴哪个手指？十个手指戴戒指的意义分别有哪些？我们一起来看一看。

1. 正常戒指应该戴哪个手指

（1）未婚：未婚的年轻人喜欢戴戒指做装饰品，但是都很少去考虑戒指戴哪个手指，都是根据自己的喜好，怎么舒服就怎么佩戴。然而按照传统的定义无名指是已婚人士佩戴的专属区域，所以不想被误以为是已婚人士，未婚人士正常戒指应该是选择戴食指。

（2）已婚：已婚的夫妻戒指正常都是戴左手的无名指。因为有左手的无名指距离心脏最近这样的说法。

2. 十个手指戴戒指的意义

（1）双手的大拇指代表权势和自信，一般这个位置都是男士戴得较多一些。看的古装电视剧里那些权贵们大拇指也都会戴一个大板指。

（2）右手无名指表示处于热恋之中，也是感情很稳定的象征。

（3）右手中指代表名花有主，谢绝其他仰慕者的追求。

（4）右手食指代表单身贵族，也表示很享受目前单身的状态，暂时没有谈恋爱的打算。

（5）左手无名指是婚戒的专属区域，代表已婚。

（6）左手中指是订婚戒指的专属，表示已经订婚。

（7）左手食指代表未婚可以接受爱慕者追求。

（8）双手的小拇指代表不婚族或者不谈恋爱，不接受追求。

任务实施

◎ 任务描述

请根据所学内容，每位同学按照乘务员形象设计的标准和要求，将乘务员发型、妆容、制服穿搭相结合，以乘务小组形式进行职业化打扮，教师会给每位同学进行总结评价，并打分。

◎ 任务要求

（1）学生课前收集关于空乘、高铁乘务员职业形象的资料和视频，分小组展示乘务人员的职业化形象的设计标准和要求。

（2）学生每六人一组，分组考核，教师点评总结。

◎ 任务评价

本任务的评价结果如表 8-2 所示。

表 8-2 任务评价结果

序号	评价内容	分值	教师评分	教师评语
1	乘务人员发型设计	30		
2	乘务人员妆容设计	30		
3	乘务人员服饰搭配	30		
4	小组整体表现	10		
	合　计	100		

项目九

学习难度：★★★★★
重点概念：日妆、晚妆、摄影妆、男士妆

课件

乘务人员不同妆面的造型设计

项目导读

在日常生活中，生活化妆是我们必备的化妆技巧；当需要参加重要的晚宴或聚会时，晚宴化妆能为我们增添高贵的气质；摄影化妆是商业营销等领域最成功的技术手段；舞台化妆能塑造人物造型及性格特征，是专业化妆技术的高峰；男性化妆是现代男士们展现良好外在形象的基础。

本项目将通过造型案例，介绍上述各类别的化妆造型及设计手法。

学习目标

（1）了解各类妆面造型设计的特点与要求。
（2）了解舞台妆的技术手段。
（3）掌握男士妆的化妆重点。
（4）掌握生活妆、晚宴妆、摄影妆的设计手法。

任务一 日 妆

任务导入

日常生活化妆简称为日妆，是一种淡妆类型，日妆应用范围较为广泛，可以根据任务所处的不同场景有多重分类，如职业妆、郊游妆、休闲妆等。职业妆常见于正式职场，妆容大气沉稳、简洁明快，而又不失精明干练；郊游妆是以踏青、远足为目的的自然化妆，妆面应富有朝气，可突出眼影、腮红、唇部的色彩；休闲妆可以在任何休闲场合出现，以体现个性和时尚为主，重点可以描画眼部、唇部，并体现时代感。

请思考：
请结合案例，谈一谈日妆的造型特点。

知识讲解

一、日妆的特点与要求

（一）日妆的特点

日妆也称生活妆、淡妆，用于一般的日常生活和工作。日妆常出现在日光环境下，化妆时必须在日光光源下进行。妆色宜清淡典雅，自然协调，尽量不露出化妆痕迹。

生活妆的特点是以本色为主，也就是在选色的时候要尽量跟天然的肤色结合到一起，尤其是要突出皮肤的本色和肤色的健康滋润感，不要特意用别的色去遮掩装饰，尽量突出本色的美，生活中要根据每个人的特点，突出自我的长处，修饰不足之处，根据具体情况来化妆，其要求就是要干净、自然，强调整体的效果要达到和谐。简单来说，就是生活妆尽量做到自然柔和，尽量不留痕迹，所使用的色彩最好也是淡雅含蓄一些，要给人赏心悦目的感觉。日妆的要求通常有以下四点。

（1）匀称和协调，妆容应该有条不紊。
（2）修饰和改善，可修复脸型和改善肌肤问题。
（3）突出个性与气质，要能展现个人的气质与魅力。
（4）自然柔和提气色。

生活妆包含有许多种类，比如淡妆、烟熏妆、防晒妆等，不同的妆容要求会稍有差异。

（二）日妆的要求

1. 淡妆要求

淡妆要求妆面自然且柔和，整体的妆效要表现出更广、更完整的效果，并且只需要对局部进行修饰就可以了。化妆时，通常会用和肤色相近颜色的底妆产品，眼影用浅淡色的，腮红和唇釉颜色也要柔和。

2. 烟熏妆要求

烟熏妆需要妆感有韵味，因此化妆品的颜色限制没有那么多，其中比较重要的就是眼妆的画法，一般要用眼线笔和眼影将眼线粗略地画出来，然后画出干净且鲜明的眼线，之后用其他颜色的眼影画出双眼皮并且晕染开让它自然。

3. 防晒妆要求

这种妆容的要求是防晒一定要做好，会使用到能够防止晒伤的化妆品，由于它对于底妆的要求很高，粉底的色泽以及腮红的颜色选择都是很有讲究的，一般会使用比肤色稍微深一个色号的粉底，腮红则选择亮粉色。

4. 彩妆要求

彩妆的要求是能够提升气色、修饰脸型和局部问题，一定不要出现粉底太厚、腮红太少或太重等现象，由于每个人对于彩妆的效果要求不一样，所以画的时候要注意的地方也不同。

> **课堂讨论：**
> 日妆造型的重点是什么？请同学们相互讨论并简要说明。

二、日妆的造型设计

（一）春季日妆

春季日妆面部妆面的用色要使人有生机、清新、淡雅。整体形象应给人简单、活泼的感觉，不可出现厚重、烦琐之感。

1. 化妆要点

（1）粉底。应选择质地轻薄的粉底液为宜。
（2）眉部化妆。使用棕色或灰色眉膏进行描画。
（3）眼部化妆。主要分为以下三个部分。
①眼影。可选用粉红、粉蓝、浅黄、翠绿、橙色等富有生机的色彩进行晕染。
②眼线。使用黑色或灰色眼线膏、眼线笔描画。
③睫毛。使用自然卷翘型睫毛膏来涂抹。
（4）颊部化妆。腮红以粉红、橙红为首选用色。
（5）脸型修饰。不必强调内外轮廓的晕染，若鼻梁不高，可适当作提亮色的晕染来提高鼻梁的高度。
（6）唇部化妆。用固体唇膏或液体唇膏涂抹，各有不同的风格，可选择粉红、桃红、浅橙红等。

2. 造型设计

（1）春季日妆搭配柠檬黄色的衣服和披肩长发，显得年轻、可爱，给人活泼俏丽感，如图9-1造型1所示。
（2）春季日妆搭配天蓝色的上衣和披肩发给人清新、静雅的感觉，如图9-1造型2所示。

造型 1　　　　　　　　　　造型 2

图 9-1　春季日妆造型

（二）夏季日妆

夏季日妆要追求清爽、透气的感觉，故在妆面及服装用色上要清淡。

1. 化妆要点

（1）粉底。应选择粉底液为宜。

（2）眉部化妆。可选用棕色或灰色眉粉进行描画。

（3）眼部化妆。

① 眼影。可选用浅蓝、淡粉、米黄、浅棕等清新淡雅的色彩进行晕染，也可不涂眼影，突出夏季清爽的感觉。

② 眼线。可选用黑色或灰色眼线膏描画。

③ 睫毛。可选用自然卷翘型睫毛膏来涂抹。

（4）颊部化妆。腮红以粉红、桃色为首选用色。

（5）脸型修饰。不必强调内外轮廓的晕染，若鼻梁不高，可适当作提亮色的晕染来提高鼻梁的高度。

（6）唇部化妆。用液体唇膏涂抹，以粉红色为宜。

2. 造型设计

（1）夏季日妆搭配淡蓝色泡泡袖连衣裙给人凉爽感，头发不可扎于脑后，否则颈部、肩部会显得突兀，如图 9-2 造型 1 所示。

（2）夏季日妆搭配纯棉质的 T 恤比较舒适，淡粉色给人年轻、恬静的感觉，自然的披肩发显得活泼俏丽，如图 9-2 造型 2 所示。

造型 1　　　　　　　　　　造型 2

图 9-2　夏季日妆造型

（三）秋季日妆

秋季日妆应体现成熟、大方的感觉。

1. 化妆要点

（1）粉底。应选择粉底膏为宜。

（2）眉部化妆。可选用棕色、灰色、灰黑色眉笔进行描画。

（3）眼部化妆。

①眼影。可选用棕色、橙红色、墨绿色、深蓝色等色彩进行晕染，突出成熟大方的感觉。

②眼线。可选用黑色眼线膏描画。

③睫毛。可选用自然卷翘、加长型睫毛膏来涂抹。

（4）颊部化妆。腮红色以橙红、紫红、棕红为主。

（5）脸型修饰。可适当进行内外轮廓的晕染。

（6）唇部化妆。用固体唇膏涂抹，可选择橙红、紫红、棕红色。

2. 造型设计

（1）咖啡色属于中性暖色色调，秋季日妆搭配咖啡色的风衣显得朴素、庄重而不失雅致，比较含蓄，如图 9-3 造型 1 所示。

（2）白色给人以明快、纯净的感觉，秋季日妆搭配白色卫衣显得年轻、纯洁、温和，如图 9-3 造型 2 所示。

造型 1

造型 2

图 9-3　秋季日妆造型

（四）冬季日妆

冬季日妆的妆面效果要给人冷艳的感觉，用色可适当浓一些。

1. 化妆要点

（1）粉底。以选择粉底霜、粉条为宜。

（2）眉部化妆。可选用黑色、灰黑色眉笔进行描画。

（3）眼部化妆。

①眼影。可选用红色、黑色、橙色等纯度较高的色彩进行晕染，突出冷艳的感觉。

②眼线。可选用黑色眼线膏、眼线液、水溶性眼线粉描画。

③睫毛。可选用浓密、加长、卷翘型睫毛膏来涂抹。

（4）脸型修饰。应突出面部的立体感。

（5）颊部化妆。腮红以大红、玫瑰红、棕红等颜色为主。

（6）唇部化妆。可选用固体唇膏涂抹。

2. 造型设计

（1）冬季日妆搭配粉红色的棉衣，既保暖还显得可爱甜美，温柔纯真，如图 9-4 造型 1 所示。

（2）冬季日妆搭配天蓝色的 V 领毛衣，在寒冷的冬季就让人觉得心情放松无束缚感，轻松自在，如图 9-4 造型 2 所示。

造型1　　　　　　　　　　　　　造型2

图9-4　冬季日妆造型

课堂讨论：
日妆的四季妆容造型的共同点和区别各是什么？如何在实践中灵活运用？

任务二　晚　妆

任务导入

晚宴化妆简称晚妆，适用于高雅社交和礼仪场合，以配合宴会的华丽环境和气氛。在化妆上可根据环境和服装的不同，表现出艳丽、典雅、端庄等不同风格。晚宴妆着重强调面部的立体感，妆面可以稍微浓重些，并发掘自身的长处，展现自我个性风采。晚宴妆可以根据应用的目的、场合的不同分为社交性晚宴化妆和展示性晚宴化妆。

请思考：
晚妆的造型特点有哪些？请相互讨论并简要说明。

知识讲解

一、晚妆的特点与要求

（一）晚宴妆的特点

1. 视觉效果较强，引人注目

由于晚间社交活动一般都在暖光源下进行，灯光多柔和、朦胧，如果妆色清淡，就会显得苍白无力。因此晚妆通常较浓、较夸张。

2. 强调面部结构，立体感强

强调面部立体结构，利用基础色、阴影色、高光色三者结合塑造脸部、五官的立体感，可以对面部结构作较大幅度地修饰与矫正，但是不能过于追求完美而失真。

3. 用色丰富突出，光彩夺目

妆色要根据服装及人物特点，利用色彩的对比效果塑造不同风格的形象，用色丰富，也可以加入珠光粉起到闪亮的装饰作用，更可装饰一些亮片或水钻，光彩夺目。

4. 塑造不同风格，个性美观

妆形中的眉毛、眼形、唇形也可做适当的矫正，主要依据服装、造型风格而定，风格较为多样化，但不能毫无根据的夸张，既无个性又无美感。

（二）晚宴妆的要求

1. 社交性晚宴妆

整体要求大气、喜庆、端庄、高贵，整体用色高雅、不宜过于浓艳，浓艳的妆色不能较好地表现女性的端庄与高雅。主要以深色系、浊色系为主，如深蓝色、大红色、黑色、深紫色、金色、墨绿色、宝石蓝色、深咖啡色等。

2. 展示性晚宴妆

晚宴化妆多用于一些品牌发布会、艺术大赛或行业交流，具有很强的创造性和时代感。若是品牌发布会的晚宴妆，则已经定好基本主题和造型要求，只需要根据品牌的总策划和晚会导演的安排完成化妆即可。而艺术大赛或者行业交流则要根据自己的理解，完成一定的主题创作，手段可以丰富、大胆，体现强烈的视觉效果。

> **课堂讨论：**
> 晚宴妆的重点是什么？请相互讨论并简要说明。

二、晚宴妆造型设计

（一）中式晚宴妆

中式晚宴妆是适用于正式社交场合的晚宴化妆。

1. 中式晚宴妆特点

正式的社交场合在许多方面沿袭了传统的礼仪，要求出席这种场合的女性形象端庄、高雅，言谈举止符合礼仪习惯，因此，晚宴化妆造型要求高雅、华贵、富有女性魅力。这种晚宴妆的整体用色淡雅，不宜过于浓艳，浓艳的妆色并不能较好地表现女性的端庄与高雅。中式晚宴妆的服装与妆色都宜使用暖色，使妆色与服装协调。

2. 化妆要点

中式晚宴妆色彩应选用暖色系。

（1）红色、橙色、黄色为暖色，象征着太阳、火焰。

（2）绿色、蓝色、黑色为冷色，象征着森林、大海、蓝天。

（3）灰色、紫色、白色为中间色。

（4）暖色为前进色，给人膨胀、亲近、依偎的感觉。

（5）冷色为后退色，给人镇静、收缩、遥远的感觉。

（6）暖色感觉柔和、柔软；冷色给人坚实、强硬；中性为过渡色。

3. 造型设计

中式晚宴造型大多采用旗袍造型设计，如图 9-5 所示。

图 9-5　中式（旗袍）晚宴造型

（二）西式晚宴妆

1. 冷妆

冷妆是指化妆后，妆面效果偏冷的妆型。

1）冷妆的特点

冷妆在色彩运用方面以冷色调为主，线条清晰有棱角，凸显高贵典雅、冷艳脱俗的气质。

（1）服饰色彩为冷色或偏冷色。

（2）气质高雅，语言简洁精练、举止以静为主。

（3）面部凹凸结构明显、眼神严厉冷峻、仪态清高或具孤独感。

2）化妆的要点

（1）粉底。冷妆的粉底应选择偏白的、遮盖性较强的粉底霜、粉条。

（2）眉部化妆。可选用接近眉毛颜色的眉笔描画，强调清晰整齐。

（3）眼部化妆。眼影可选择蓝色、蓝灰色、玫瑰红色、银色、银白色等涂抹，强调眼部凹凸结构，明暗对比可强些。眼线可选用黑色眼线笔、眼线液、水溶性眼线粉描画；眼线清晰鲜艳，上眼线眼尾略上扬，下眼线细浅。睫毛可选用浓密、加长、卷翘型睫毛膏来涂抹，可佩戴假睫毛。

（4）鼻部化妆。鼻梁两侧可选用紫灰色眼影来晕染，提亮鼻梁，强调立体感。

（5）颊部化妆。腮红以玫瑰红、粉红等为主，主要是增强面颊的凹凸感，色调宜浅淡一些。

（6）脸型修饰。冷妆的脸型修饰应突出面部及五官的立体感。

（7）唇部化妆。唇部化妆用固体唇膏涂抹，可选用冷色系唇彩。

（8）妆后整理重点是发型，发型以简洁为原则。

西式晚宴妆——冷妆 .mp4

3）造型设计

社交性晚宴造型参考图 9-6 造型 1、造型 2；展示性晚宴造型参考图 9-6 造型 3、造型 4。

造型 1

造型 2

造型 3

造型 4

图 9-6　西式晚宴（冷妆）造型

2. 暖妆

暖妆是指化妆后，妆面效果偏暖的妆型。

1）暖妆特点

暖妆在色彩运用上以暖色调为主，线条自然柔和，妆容看上去喜庆、饱满、随和。

（1）服饰色彩为暖色或偏暖色。

（2）气质随和、热情、语言丰富、善于交谈，性格活跃、富有活力。

（3）面部轮廓圆润、眼神温和、善解人意。

2）化妆要点

（1）粉底。暖妆的粉底以选择粉红色或米色粉底霜、粉条为宜。

（2）眉部化妆。暖妆眉毛可选用棕色系眉笔描画，强调柔和感。

（3）眼部化妆。眼影可选用金色、棕色、黑色、红色等色彩进行晕染，主要强调整体的协调；眼线可选用棕色或黑色眼线膏、眼线液、水溶性眼线粉描画，上眼线弧度略大，下眼线侧重于外眼角，可略粗；睫毛可选用浓密、加长、卷翘型睫毛膏来涂抹，可佩戴假睫毛。

（4）鼻部化妆。鼻梁两侧可选用灰棕色来晕染，色彩的过渡要自然柔和。

（5）颊部化妆。腮红以橙红、粉红等颜色为主，主要体现柔和感。

（6）脸型修饰。暖妆的脸型修饰应突出面部的立体感。

（7）唇部化妆。唇部化妆可选用桃红色、大红色等暖色系唇彩。

（8）妆后整理重点是发型。暖妆比较适合卷发发型。

西式晚宴妆——暖妆.mp4

3）造型设计

西式晚宴妆（暖妆）造型效果如图9-7所示。

图9-7　西式晚宴妆（暖妆）造型

头脑风暴：
中式晚宴妆和西式晚宴妆的共同点和区别各是什么？如何在实践中灵活运用？

任务三　摄影妆

任务导入

摄影化妆是摄影和化妆两大艺术的统一体，具有摄影和化妆两方面的共性和特性，摄影化妆的妆面立体感要强，妆面线条的描画要清晰流畅，如果展示多种不同的妆面，化妆过程一般遵循从简单到复杂，从清淡到浓艳的原则。既需要具备自身的专业技术，还需要掌握摄影技术的知识，如光、影、色彩之间的相互关系与作用。只有充分地了解这些知识，才能创作出好的摄影妆面。摄影化妆包括商业摄影化妆和生活摄影化妆。

请思考：
分享自己最喜欢的摄影妆照片，相互讨论并分析摄影妆的特点。

知识讲解

一、摄影妆的特点与要求

（一）摄影妆的特点

商业摄影化妆是以主题要求来设计，注重市场效应和产品的宣传度，包括海报、电视、杂志广告，要进行精细的筹备与策划，以迎合消费者和商家的需求。如广告妆以宣传产品为主，需要结合产品的优势来设计符合产品宣传的妆面，更好地推销产品。

而生活摄影化妆没有浓重的商业色彩，一切以自由轻松为主，也可大胆设想，充分发挥想象力和创造力，突出个人风格与魅力。

（二）摄影妆的要求

1. 肤色的修饰

肤色的修饰可根据自身条件进行适当的调整，做到"薄、润、自然"，充分体现皮肤的质感。皮肤有光泽、弹性好，底色可薄一些；面部有雀斑、黄褐斑等瑕疵的皮肤，底色可偏厚一些；若面形不够理想，面部缺乏立体感，可适当运用阴影色进行调整。此外，摄影妆要注意随时进行补妆，面部不能有油光感，否则破坏了光的层次，对后期的修片有较大的影响。

2. 眼眉的修饰

眼线的粗细、浓度和眼影的色彩、晕染程度要根据广告或者摄影的需要，主要是过渡自然柔和，真实不露痕迹，一般可采用水平晕染法。在一些有具体要求的妆面中还需贴不同类型的假睫毛，让眼睛更有神。眉毛的描画要真实自然，符合脸形特征。

3. 腮红和唇部的修饰

腮红要求自然、红润，在灯光下凸显脸部轮廓和气色。嘴唇轮廓线更清晰，唇形饱满。除了施加基本唇色外，还可用透明唇彩滋润双唇，使唇部水润自然。

4. 发型与服饰搭配

发型与服饰要符合人物的特点，并与摄影作品的整体风格一致。如表达的风格是复古的，那么发型就要塑造得端庄、浓厚一些，服饰可选用传统造型加上古典饰品；如表达的风格是前卫的，发型可以做得超前、有艺术感，服装也应与之相呼应，再根据需要选用一些小的饰品作点缀。此外，摄影化妆既要考虑摄影运用的手段，又要考虑妆型的特点。如平面模特妆、明星写真妆、封面妆等，这些造型根据需要可夸张眼部的晕染，如采用烟熏妆进行塑造。烟熏妆能强调色彩的自然融合以及由颜色的深浅不同而形成层次感，有强烈的色彩表现力、突出的结构效果和夸张的视觉冲击力，一直成为"T"台和各种时尚场合、个性人像摄影常用的彩妆设计手法。但需注意，烟熏妆的画法要求没有僵硬的边界线，色彩一般选用同色系或是其他不同色彩与黑色的搭配。

> **课堂讨论：**
> 商业摄影妆和生活摄影妆的区别有哪些？请相互讨论并简要说明。

二、摄影妆造型设计

商业摄影妆造型参考图 9-8 中的造型 1～造型 6，生活摄影造型参考图 9-8 中的造型 7～造型 12。

造型 1

造型 2

造型 3

图 9-8　摄影妆造型

项目九 乘务人员不同妆面的造型设计

造型4　　　　　造型5　　　　　造型6

造型7　　　　　造型8　　　　　造型9

造型10　　　　造型11　　　　造型12

图 9-8（续）

头脑风暴：
还有哪些风格或种类的摄影化妆造型？

任务四　男士妆

任务导入

随着时代的发展与进步，男性在生活和工作中也需要应用到化妆来修饰自己，让自己在职场和社交中拥有更加良好的形象。有研究表明，良好的形象能让男性在工作中得到同事和上司的赞赏，在社交中得到异性的青睐，从而赢得宝贵的工作机会和快捷的办事效率以及更广泛的交往空间。

173

> **请思考：**
> 你认为男性是否需要化妆？如需要，男性化妆的主要目的是什么？

知识讲解

一、男性化妆的特点与要求

（一）男性化妆的特点

相对于女性来说，男性化妆就简单多了。男性化妆的妆面效果应自然真实，不可有浓重的脂粉感，可以注重脸部立体结构感的塑造，以充分展现男性棱角分明的阳刚之气。如果是影视录制或舞台演出等，就需要根据节目和舞台的内容及灯光效果设计妆容，整体的妆面可以偏浓一些，重点在于面部轮廓、眉眼神态、鼻子、唇部等细节的描画。

（二）男性化妆的要求

1. 肤色的修饰

男性肤质多数属于油性皮肤，因此，在化妆前要仔细清洗面部的皮肤，再涂抹比较滋润的护肤霜，能使面部毛孔缩小，保持水润状态。男性多用的粉底颜色一般比女性的粉底颜色略深，但要根据本人肤色来定。粉底涂抹要均匀，在面部转折结构处利用不同深浅层次的底色强调男性面容棱角和线条感。定妆粉的颜色与粉底的颜色要协调统一，以减少男性面部的油光，使皮肤看上去更有质感，要特别注意面部粉底色与颈部、耳朵、手部等裸露在外肤色的过渡协调与统一。

2. 眉眼的修饰

男性的眼形若不是特别不标准，通常不画眼线。若是要用眼线调整眼形，只需将眼线紧贴睫毛根部轻轻地勾画，眼线的宽度要画得一致，且在眼尾处将眼线画成方硬的锐角。从远处观看，眼线应不凸显，只是将眼形调整得更好，让眼睛稍稍增大有神。当然若是脸形较好、脸的皮肤较白，且五官秀气，也可通过一定的眼线将自己打造成"花样美男"的造型。男性的眼影一般根据需要来画，日常生活中可以省略，若是出席一些重要场合，或是作为眼睛的修饰，可选择比较自然的咖啡色、棕色，用眼影刷清淡地晕扫，可加深眼部轮廓的立体感。若是创意妆，则另当别论。男性的眉毛以剑眉为标准眉形。若是眉毛有杂乱或多余，应用修眉刀或者眉剪轻轻剃去。若是眉毛有残缺，则应首先将眉毛梳理整齐，再用深棕色、深灰色、深咖啡色眉粉或眉笔将眉毛中残缺的部分描画完整。画眉的时候要注意眉色深浅的层次，眉峰处颜色最深，并向前向后逐渐减淡。

3. 脸颊与唇部的修饰

男性一般不涂抹腮红，只需在脸部的高光区用浅色做淡淡的提亮，在两侧脸颊处用咖啡色的修容粉晕扫，则可突出男性的面颊轮廓，增加脸部的立体感。男性的唇部不需要刻意描画，一般采用无色的唇油涂抹，再用纸巾将多余的油光轻轻吸掉，保持润唇的效果即可。若是有特别的需要，如唇色浅淡、灰白，则可以涂抹一点与自己唇色接近的唇彩，增加唇部的健康色泽感。

4. 发型与服装搭配

男性的发型相当重要，它不像男妆局限很大，可以有千变万化的造型，主要是根据自己的脸型、年龄、职业、性格来定。服饰的搭配需要根据自己的身材、年龄、职业、性格而定，但是家中必备的服装应该有西装三件套，而且一定是纯正的黑色，以出席正式场合所用，还必备休闲、娱乐、居家等各种场合的服装，以备在各种场合穿着。

> **课堂讨论：**
> 男性化妆的重点是什么？

二、男士妆造型设计

男士妆造型设计参考如图 9-9 所示。

图 9-9　男性化妆造型

> **头脑风暴：**
> 男性化妆与女性化妆的区别有哪些？

拓展延伸

舞 台 妆

舞台化妆特指区别于生活化妆，专门应用于舞台表演的化妆，如杂技、歌舞、戏剧、曲艺等。舞台化妆要求以剧中的人物为依据，结合剧目中的典型环境和历史情况，运用化妆手段帮助演员塑造人物角色的典型外部特征，这里包含了利用与改变演员本人的容貌条件。在舞台化妆中，由于展现的对象与观赏条件不同，对于化妆技法的要求也有所不同。

（一）舞台化妆的特点

舞台化妆是在舞台上人造的典型环境（经过人工设计加工的布景、灯光与服装）中展现的；观众是在一定距离的位置上用肉眼直接观赏的。这两个特点决定了舞台化妆应加强人物形象的塑造力度。如果不想办法扩大演员面部形象，观众可能会辨认不清人物的造型。就舞台剧来说，舞台剧演出非常强调台上与台下的互动交流。这就决定了舞台演出化妆必须在演员本身的基础上加以夸张、扩大，至少要使观众认清人物的表情特点，尤其要让观众看清人物的眼睛，因为眼睛是心灵的窗户，看清楚眼睛才能交流感情，剧情和人物角色才能深入人心。在舞台化妆中以传统的戏曲化妆最为夸张，戏曲化妆不仅使人物之间的面部色彩对比强烈，而且面部结构的用色与图形也采用了寓意与象形的方法来勾画。之所以如此，完全是为了使更远距离的观众能辨认清楚。

（二）舞台化妆的主要类别

1. 话剧

通过化妆手段，赋予话剧中人物性格、年龄、身份、职业以及命运、遭遇等各种特征，力求表现真实，让观众在近距离地观看中产生共鸣与触动。

2. 戏曲

戏曲作为我国独有的片种，在化妆上也独具特色，而且是舞台上独有的特色。生旦净末丑的脸谱、老生的髯口（胡子）、旦角的头面和发型都是化妆中保留的经典造型。有时生角和旦角的色彩和面部五官的基本形式不变，但在具体表现与运用手法上尽可能适应舞台这一形式的特点，以浓淡相宜的描画。我国戏曲种类繁多，化妆形式各不同，化妆造型往往根据戏剧种类而有所区别，并有新发展，有的去掉了"髯口""大粉"改为"小粉"或古装形式。

3. 歌舞（剧）

歌舞应突出主要演员即歌手、独舞的化妆造型，一般可以根据演员自身条件进行强化和修饰，如夸张眼部妆容，塑造立体面容，还可以在发型、头饰、服装、道具上加以点睛，但具体化妆要因节目的内容不同而定（图9-10）。

图9-10　歌舞剧化妆造型

4. 杂技

杂技主要是通过台上的演员用各种动作表现出各种高难度技巧，让观众产生激动或紧张的心情。化妆要根据舞台环境、灯光和节目的内容进行塑造，如用闪亮的色彩点缀、夸张眼部、运用人体彩绘的方法塑造脸部和身上的图案等。由于杂技演员的服装必须为紧身和弹力最佳的面料，因此化妆的造型和色彩也要与此相搭配呼应，还可以将服装上的图案和色彩运用到面部的妆容上，取得和谐一致的效果。

（三）舞台化妆的造型要点

1. 肤色的修饰

在选择粉底时，应视舞台灯光照明的强弱而定。舞台灯光大多数采用暖色光，在照明度较强的情况下，就要运用深色的粉底，配合修饰色，增加脸部立体感。舞台灯光如果采用白色光照明，这时候色彩还原能力强，就要运用相对浅色的粉底，配合灯光，能更好地塑造演员的面部轮廓造型。

2. 眼眉的修饰

在眼部妆容中强调眼线的描画。上眼线可以根据演员本身的眼形描画得浓密粗大些，下眼线可描画在离开下睫毛一点的地方，或者适当晕染开，以增大眼形。眼影的色彩和夸张程度应根据舞台妆的内容进行设计，此外还可配合假睫毛的使用。总之，要使眼部妆容更具魅力。眉毛的描画要根据演员本身的特点进行修饰，色彩可以稍浓，不然在强烈的灯光下和远距离是难以看清楚的。但是一些特殊的舞台造型，如舞台老年妆则需要将眼睛和眉毛画成下搭的形状并将眉毛漂染成白色，以凸显年老的特征。

3. 腮红和唇部的修饰

脸部的腮红深浅、浓淡要根据人物的角色性格和舞台灯光的强弱变化掌握。如塑造年轻可爱的小姑娘，可以选用暖色系的橘色腮红；若表现冷淡的成年女性，则可使用玫红等冷色系来表现，唇色的选择也是如此。

4. 发型与服饰搭配

发型一般依据舞台人物性格特点来定，大部分的服戏剧等还需要佩戴假发、假发套来塑造人物性格，服装也是根据人物的年龄、身份、性格特别设计的。若是歌舞表演类的造型，可以参考一些流行的发型，如烫卷发、波波头等，服装可以选用时尚的款式、鲜明的色彩，与整个舞台灯光的环境相协调。

任务实施

◎ 任务描述

为自己搭配两套造型。

女士主题1：闺蜜下午茶（闺蜜下午茶，妆出好气色）

女士主题2："女王"生日宴（"女王"生日宴，妆出强气场）

男士主题1：时尚达人秀（时尚达人秀，妆出个性范）

男士主题2：职场精英风（职场精英风，妆出高品位）

（1）找到符合自己要求的服装和配饰图片进行组合，以PPT形式进行展示。

（2）化好主题妆容，教师随机挑选6位同学进行讲解。讲解时，其他同学可以进行提问或点评，讲解人对提出的问题应予以解答。教师进行总结评价，并为每位同学的PPT进行评分。

◎ 任务要求

根据个人气质与风格，设计好主题妆容，并通过拍照片、网络查找的方式，选出你认为可以参加以上主题的服装和配饰，组合出你喜欢的整体造型。

◎ 任务评价

本任务的评价结果如表9-1和表9-2所示。

表9-1 任务评价结果（女）

序号	评价内容	分值	教师评分	教师评语
1	"闺蜜下午茶"的造型符合主题要求，表现出个人的特点与个性	40		
2	"女王生日宴"的造型符合主题要求，体现出个人的魅力与气质	40		
3	问题解答详细清晰	20		
	合　计	100		

表9-2 任务评价结果（男）

序号	评价内容	分值	教师评分	教师评语
1	"时尚达人秀"的造型符合主题要求，表现出个人的特点与个性	40		
2	"职场精英风"的造型符合主题要求，体现出个人的魅力与气质	40		
3	问题解答详细清晰	20		
	合　计	100		

项目十

学习难度：★★★★★
重点概念： 体型分类、塑形方法、招乘标准、形体训练

课件

乘务人员形体塑造

项目导读

人类对人体美的发现与追求由来已久，大约在 5 万年前的原始先民的图腾崇拜中，就可以看到对人体美的追求和对人体艺术的创造。人体美的概念包含两个方面的含义。首先，就是指人的外在形体、体态、姿态、容貌等。其次，就人体美的本质而言，美的人体给人的感觉是充满了人类蓬勃向上的生命力，通过人的表情及体态，传达丰富多样、高尚纯正的思想境界。这是人体美的形式与内容的和谐统一。

形体是人际交往中形成初始印象的首要要素，在日常生活中，形体美需要通过优美的姿态来展现，因此，优美的形体可以营造出优雅的仪态，形体美也是自然美的高级形态，是乘务人员仪态美的基础要求。

学习目标

（1）了解体型分类的测算方法及体重控制的塑形方法。
（2）了解国内外各航司的招乘标准及国内高铁的招乘标准。
（3）掌握形体训练的手段和方法。
（4）掌握芭蕾和古典舞的训练方法。

任务一　形体美标准

任务导入

夏晓安是一名梨形身材的女生，体态偏胖，加上个子不高，她对自己的身材总是不满意，看见别的女生拥有健康又完美的身材，不由得羡慕。于是她立志要减重，开始尝试节食，不吃主食、过午不食，只吃低糖水果和蔬菜等，坚持了半个月，夏晓安成功地瘦了下来，但同时身体也向她做出了"抗议"，她开始会出现低血糖、胃部不适等情况，为了健康，她恢复了减重前的日常饮食，很快体重便又反弹了。朋友们告诉她要科学减肥，虽然无法快速达到减肥目标，但是只要持之以恒地坚持下去，拥有理想身材指日可待。

请思考：
你心目中的形体美是什么样的？健康又完美的身材需要通过怎样的努力才能练成？

知识讲解

一、体型的分类与测算方法

（一）体型的分类

体型是人体结构的类型。人体是由 206 块骨头组成的骨骼结构，骨骼外面附有 600 多条肌肉，肌肉外是一层皮肤。因此，体型包括三要素，即骨骼、肌肉、脂肪，其中骨骼决定了人的高矮，而肌肉、脂肪决

定了人的胖瘦体型，反映的是身体各部分的比例。例如躯干上下之间的比例，身高与肩宽的比例，胸围、腰围与臀围之间的比例等。

男士理想体型为肩宽臀窄的倒梯形，身躯坚挺，胸脯厚实，肌肉饱满结实，壮实而不臃肿，身体轮廓线刚毅。女士理想体型为肩窄臀丰满的正梯形，体态轻盈，线条优美流畅、圆润柔和，肌肉和脂肪量适中。

以形体特征分析人的体型千差万别，可以说在茫茫人海中很难找出一模一样的体型，同时女性的体型和男性的体型又存在很大的区别，人体的体型从外轮廓上大体可以分为"X"形、"V"形、"T"形、"A"形和"H"形五种基本型，其主要取决于人体的骨骼结构。

（1）"X"形体形俗称"沙漏形"，又称匀称的体型。尤其对女性来说，这是经典的、理想的、标准的体型。其特征是以细腰平稳上下身，胸与臀接近等宽，是标准的健康体型。

（2）"T"形体型是倒三角形身材，对于男性来说是标准体型，其特点是肩宽窄臀。

（3）"V"形体型是指较丰满型身材，胸宽大于臀宽。拥有这种身形的，与同等身高者相比稍显矮，上身略显沉重感。对此可通过运动减少上体的脂肪含量，加强臀部与大腿的练习，使肌纤维增粗，肌肉体积增大。

（4）"A"形体型俗称"梨子形"。其特点是上身较瘦，窄肩，腰部较细，有的腹部突出，臀部过于丰满，大腿粗壮，下身重量相对集中。这类体型若发胖，其重量将大部分集中于臀部和大腿。为此，应加强胸部和上肢力量练习，特别是对胸大肌和三角肌的练习，使上下肢相对协调。

（5）"H"形体型特征是，上下一般粗，腰身线条起伏不明显，整体上缺少曲线变化。为此，应加强胸部、肩部和臀部的练习，特别是胸大肌、三角肌和臀大肌等的练习。

（二）定量标准（测量方法）

古希腊人提出了人体各主要部分呈黄金分割的比例。意大利著名画家达·芬奇通过解剖实验，研究出人的形体美的标准：头长是身长的1/8，肩宽为身高的1/4，平伸双臂等于身长，两腋宽度与臀宽相同，乳部与肩胛骨下端在同一水平面上，大腿的正面宽度等于脸宽，人体跪姿时高度减少1/4，卧倒时仅剩1/9，达·芬奇的理论为人们研究形体美提供了重要依据。

1. 标准体重的定量测定

定量评价标准就是通过测量人体的重度（体重）、长度（身高）和围度等指标，以具体的数据来确定形体美的标准。

（1）成人身高标准体重的计算方法：

$$男子标准体重（千克）= [身高（cm）-80] \times 70\%$$
$$女子标准体重（千克）= [身高（cm）-70] \times 60\%$$

（2）肥胖度的测算方法：

$$肥胖度 =（实际体重 - 标准体重）\div 标准体重 \times 100\%$$

正常人的体重波动范围可在10%左右，如果实际的体重超过标准体重的29%则为轻度肥胖，超过35%为中度肥胖，超过50%为重度肥胖。

2. 体型测量指数

1）女性

上、下身比例：以肚脐为界，上、下身比例应为5:8，符合黄金分割定律。

胸围：由腋下沿胸的上方最丰满处测量，胸围应为身高的1/2。

腰围：腰的最细部位，其标准围度比胸围小20厘米。

髋围：在体前耻骨平行于臀部的最大部位测量，髋围应较胸围大4厘米。

大腿围：在大腿的最上部位、臀折线下测量，大腿围应较腰围小10厘米。

小腿围：在小腿最丰满处测量，小腿围应较大腿围小20厘米。

足颈围：在足颈的最细部位测量，足颈围应较小腿围小10厘米。

手腕围：在手腕的最细部位测量，手腕围应较足颈围小5厘米。

上臂围：在肩关节与肘关节之间的中部测量，上臂围应等于大腿围的1/2。

颈围：在颈的中部最细处测量，颈围应与小腿围相等。
肩宽：即两肩峰之间的距离，应等于胸围的 1/2 减 4 厘米。

2）男性

身体的中心点：在股骨大转子顶部。
臂展：向两侧平伸两臂，两手中指尖的距离等于身高。
胸围：等于身高的 1/2 加 5 厘米。
腰围：较胸围小 15 厘米。
髋围：等于身高的 1/2。
大腿围：较腰围小 22.5 厘米。
小腿围：较大腿围小 18 厘米。
足颈围：较小腿围小 12 厘米。
手腕围：较足颈围小 5 厘米。
上臂围：等于大腿围的 1/2。
颈围：等于小腿围。
肩宽：等于身高的 1/4。

> **课堂讨论：**
>
> 依托个人基本身高、年龄、体重等基本数据，利用定量标准中的成人身高、标准体重的计算方法和肥胖度的测算方法，对个人体型进行测算。并测量个人的上、下身比例等各项数据，与标准数据进行比较。

二、体重控制与塑形方法

体重控制是指一种健康的生活理念，这种理念是注重饮食的均衡、合理的运动以及健康生活习惯的养成。而塑形则是指打造身形外观，让身材变得有线条感，获得视觉上的外在美。想要拥有完美的身材，就要将体重控制与塑形相结合。两者相辅相成，需要制订具体的计划并持之以恒。可以从以下四点着手。

（一）每天保持充足的水分摄入

摄入足够的水分是有效训练和健康的关键。人的身体 80% 是由水组成的，它几乎在所有的身体功能中都扮演着重要角色。水有助于营养物质的代谢和运输，促进消化，以及清除体内毒素。建议每天至少喝 8 杯 240 毫升（8 盎司）的水来保持身体水分。

（二）补充蛋白质

卡路里含量低但营养丰富的食物会在控制体重的同时为身体提供燃料。多吃纤维和蛋白质含量高的食物，如浆果、绿叶蔬菜、坚果和鱼类，这样饥饿和渴望感不仅会消退，而且对人的身体塑形也会更有效地发挥作用。

（三）充足的睡眠

充足的睡眠可以保证我们恢复饱满的精神状态，并为身体提供所需的能量。在人们进入睡眠状态时，各个器官也会有自己的排毒时间，它们会依次排除身体内多余的毒素，为健康加分。反之睡眠不足会阻碍整个系统顺利运行，并增加了对食物渴望的可能性。保持每晚高质量的睡眠，可以让身体产生巨大的变化。

（四）有氧运动结合力量训练

有氧运动是指长时间进行运动，充分刺激心肺，增强有氧代谢能力，使身体产生有益效力的耐力运动。比如步行、游泳或骑自行车等都是不错的有氧运动。在不损伤自身关节和韧带的基础上，可在家中、健身房等地点借助哑铃、健身器械或者各种自重运动，来改变自身的肌肉线条，增强肌肉耐力，使脂肪快速燃烧。但这两者相结合，需循序渐进，避免过度而造成损伤。

头脑风暴：
你曾使用过哪些健康又成功的瘦身方法？和大家一起分享你的减肥秘籍吧。

三、国内高速铁路乘务员招聘标准

（一）招聘高铁乘务人员年龄要求

（1）上海铁路局要求：取得国民教育系列大专及以上学历，年龄18～25周岁。
（2）北京客运段要求：取得国民教育系列大专及以上学历，年龄20～25周岁。
（3）西安客运段要求：国家承认的大专及以上学历，18～21周岁。
（4）乌鲁木齐客运段要求：国家承认的大专及以上学历，18～22周岁。
（5）济南铁路局青岛客运段要求：大专及以上学历，18～22周岁。

（二）招聘高铁乘务人员身高要求

（1）上海铁路局要求：女性净身高1.62米以上，男性净身高1.72米以上，条件特别优秀的可适当放宽。
（2）北京客运段要求：女性身高1.65～1.70米，男性1.72～1.82米。
（3）西安客运段要求：女性身高1.65～1.73米，男性1.72～1.82米。
（4）乌鲁木齐客运段要求：女性净身高1.63～1.70米，男性净身高1.74～1.80米。
（5）济南铁路局青岛客运段要求：女性身高1.63米以上，男生1.73米以上。

（三）招聘高铁乘务人员形象、形体、语言及体能要求

（1）上海铁路局要求。身心健康，五官端正，身材匀称，气质佳；无色盲、色弱，双眼矫正视力5.0以上（不带有框眼镜），听力正常，口齿清晰，表达流利；身体裸露部位无明显缺陷（对眼、斜视、斜肩、疤痕或刺青等），无精神慢性病史及传染性疾病，非过敏性体质，不晕车。图10-1为上海铁路局高铁乘务员。

（2）北京客运段要求。女性体重60千克以内，五官端正，体态匀称，无文身，裸眼视力1.0以上，能够熟练使用普通话及能够进行日常基本的服务英语对话。会多国语言，高铁乘务、航空服务专业人员优先。身体条件必须符合从事岗位工作的岗位标准要求，取得公共场所健康证。图10-2为北京客运段高铁乘务员。

图10-1　上海铁路局高铁乘务员

图10-2　北京客运段高铁乘务员

（3）西安客运段要求。具备派遣资格的全日制应届普通高校大专（高职）毕业生，遵纪守法，品行端正，热爱铁路事业，具有良好的敬业精神和团队协作意识。身心健康，辨色力和听力正常，具备正常履行岗位职责的身体条件，符合公务员录用体检通用标准或铁路行业职业健康检查规范，服从招聘单位对岗位的安排和调剂。图10-3为西安客运段高铁乘务员。

（4）乌鲁木齐客运段要求。五官端正，形象气质佳，普通话标准，体态均匀，热爱列车乘务工作，身体健康、具有较强的心理承受能力。图10-4为乌鲁木齐客运段高铁乘务员。

图 10-3　西安客运段高铁乘务员

图 10-4　乌鲁木齐客运段高铁乘务员

（5）济南铁路局青岛客运段要求。中共党员或共青团员；思想进步，遵纪守法，作风正派，现实表现好，无劣迹，未受过刑事处罚；体态匀称、端庄秀丽、口齿清楚、身体健康，无色盲、裸视 5.0（1.0）以上；无慢性、传染性疾病，无传染性疾病史，不晕车。图 10-5 为济南铁路局青岛客运段高铁乘务员。

图 10-5　济南铁路局青岛客运段高铁乘务员

课堂讨论：
每个小组同学讨论一下，你们现在达到了各铁路局招聘的标准了吗？

四、国内外部分航空公司乘务员招聘标准

（一）中国民航业发展及部分航司招乘标准

中国的日益强盛，使得我国民用航空业迅速发展。进入 21 世纪以来，我国从机场建设规划、航空网络布局、航空运输服务等多方面全面推进我国民航业的发展。在此情形下，航空公司之间的竞争也越来越激烈。作为运输行业，空中乘务员这一角色是航空公司对外展现的窗口，乘务员的形象和言谈举止亦成为各航空公司之间竞争的有利条件和策略。那么怎样选拔和培养高素质、优秀的乘务人员，成为每个航空公司争论的焦点。所以，各航空公司结合自己宣传、打造的企业文化及形象，形成了自己独有的招聘"特色"及标准。

根据目前国内各航空公司招聘的情况来看，国内乘务员招聘的重点主要集中在外形特征上，如相貌、身材、年龄。招聘过程中要求应聘者作自我介绍、走姿和站姿的演示，从中来判定个人形象、面部表情和交流沟通情况。例举国航、南航、东航的招聘标准可供参考。

1. 中国国际航空股份有限公司招聘标准

1）年龄

大专生（含）以上学历：18～25 周岁（含）。

研究生（含）以上学历：18～28 周岁（含）。

成熟乘务员：18～30 周岁（含），且累计飞行须满 1200 小时。

2）身高

女：163～173厘米。

男：173～185厘米。

3）体重（千克）

女：[身高（厘米）-110]×90%～[身高（厘米）-110]。

男：[身高（厘米）-105]×90%～[身高（厘米）-105]。

4）视力（C字表视力标准）

女：矫正视力0.5以上。

男：裸眼视力0.7以上。

5）素质条件

国内院校应聘者：普通全日制大学专科（含）以上学历的应届及往届毕业生，专业不限；对于综合条件优秀的成人教育应聘者可适当放开，须提供《教育部学历证书电子注册备案表》；国外院校应聘者：须提供教育部留学服务中心的国外学历学位认证书，专业不限。

（1）具有良好的英语口语水平。

（2）普通话发音标准，口齿清晰，表达流利。

（3）五官端正、身材匀称、动作协调、形象气质佳。

（4）具有乘务飞行经历、医护经验或持有小语种相应等级证书的应聘者，可在同等条件下优先录用。

6）其他

（1）拥有中华人民共和国公民身份。

（2）本人及家庭成员无犯罪记录，符合空勤人员背景调查相关要求。

（3）男性须取得乘务员、安全员双执照。

（4）符合空勤人员体检相关要求。

如图10-6所示为中国国际航空公司乘务员形象图。

图10-6　中国国际航空公司乘务员

2. 中国南方航空股份有限公司"云上明珠"精英乘务（安全）员招聘标准

1）基本要求

（1）年龄：18～30周岁。

（2）身高：男175～185厘米，女163～175厘米。

（3）教育部承认的全日制本科及以上学历，须在2022年9月1日前取得毕业证书（含应届生及往届毕业生）。

（4）不接受现役军人、武警报名。

2）外语证书要求

取得大学英语四级425分（含）以上证书或取得雅思5.0分（含）以上证书或取得新托福60分（含）以上证书。

3）身体条件

满足中国民用航空局颁布的《中国民用航空人员医学标准和体检合格证管理规则》（CCAR-67FS）中规定的体检标准。

4）体能条件

根据民航局要求，男生在取得安全员执照前须参加民航局组织的安全员初始训练考核，体能考核项目及标准如表10-1所示。

表10-1 南航体能考核项目及标准

项目	3000米	1000米	引体向上	双杠臂屈伸	立定跳远	一分钟屈腿仰卧起坐
标准	17分	15秒50	3个	5个	2米	26个
备注	1. 其中一项不达标者总成绩不及格； 2. 不及格者可补考一次，再不及格者不得参与本期训练。					

5）其他

需符合民航局和公司有关背景调查的要求。

如图10-7所示为中国南方航空公司乘务员形象图。

图10-7 中国南方航空公司乘务员

3. 中国东方航空股份有限公司招聘标准

1）基本要求

（1）学历：国家认可的大专（含）以上学历（非全日制学历须在招聘日之前取得毕业证书）、应聘航空安全员的退伍军人可放宽至中专或高中学历。

（2）户籍：不限。

（3）专业：不限。

（4）性别：不限。

（5）年龄：18～32周岁，有1000小时（含）以上空勤经历可至35周岁。

2）应聘流程

网上注册→完成报名→简历筛选→初试→复试（应聘航空安全员职位的应聘者须参加体能测试）→体检、背景调查、培训（具体时间另行通知）。

3）乘务员职位录用条件

（1）通过东航的统一考核。

（2）身体条件满足中国民用航空局颁布的《民用航空人员体检合格证管理规则》（CCAR-67FS-R3）中规定的体检标准。无色盲、色弱，女性身高163（含）～175（含）厘米，男性身高173（含）～185（含）厘米。

（3）符合空勤人员背景调查相关要求。

（4）通过为期 3 个月左右的乘务职业资格培训，上述培训费用自理。
（5）获得岗位所需相关证照，经用人单位考核通过，签订相关劳动合同或实习协议。
（6）服从公司统一分配，用工性质为劳务派遣制。
4）航空安全员职位录用条件
（1）通过东航的统一考核。
（2）身体条件满足中国民用航空局颁布的《民用航空人员体检合格证管理规则》（CCAR-67FS-R3）中规定的体检标准。无色盲、色弱，每眼裸眼视力达到 C 字表 0.7 或以上，女性身高 163（含）～175（含）厘米，男性身高 173（含）～185（含）厘米。
（3）航空安全员体能考核项目及标准（以民航局标准为准）如表 10-2 所示。

表 10-2　东航体能考核项目及标准

体能测试项目	标准（男性）	标准（女性）
3000 米	16 分 40 秒	—
1500 米	—	11 分 30 秒
100 米	15 秒 2	18 秒 5
引体向上	—	—
60 秒跪姿俯卧撑	—	10 个
60 秒仰卧收腹举腿	18 个	16 个
BMI 指数	16～26	16～26

（4）符合空勤人员背景调查相关要求。
（5）须参加 2 个月左右的航空安全员初任训练。
（6）获得岗位所需相关证照，经用人单位考核通过，签订相关劳动合同或实习协议。
（7）服从公司统一分配，用工性质为劳务派遣制。
如图 10-8 所示为中国东方航空公司乘务员形象图。

图 10-8　中国东方航空公司乘务员

（二）国外部分航空公司招乘标准

国外航空公司在招聘乘务员的程序和要求上与国内航空公司有较大的区别。国外大部分航空公司在乘务员年龄上只有最小限制，需满足 18 周岁及以上，但没有最大的限制；学历上大多要求拥有 GCSE 的水平（相当于国内初中偏上一点的文化）；相貌要求并不是重点，主要强调个人素质、反应能力和综合表现，从一些外航招聘的程序中可以很明显地看出。例如，应聘者在招聘过程中，第一轮面试官会给出一个特定环境中的题目让每个成员进行讨论并发表各自的意见和见解，从中观察和判断每个人的思维、反应、应变、合作、管理、团队精神等综合能力素质，将不爱发言不愿与人交往的、过于个人主义的、不配合小组决定的淘汰，无论长相多么出众都不在入选之列。在经过综合能力的评判后开始进行身高的测量，通常女士 158～175 厘米，男士 170～185 厘米。通过者在最后一轮的面试中，才需要进行走姿和形体的展示。当然外航对于中国应聘者的英语能力要求是很高的，面试过程中以英文对话为主。下面列举阿联酋航空公司、卡塔尔航空公司的招聘标准供参考。

1. 阿联酋航空公司招聘标准

（1）初试：由北京外航服务公司的工作人员主持初试，然后复试。

（2）复试：分组讨论，约15人为一组，先自我介绍，随后考官会给题目，整组进行讨论后，逐个阐述。

（3）英语笔试：阅读分析和短文写作，考核时间1小时。

（4）团队协作测试：三四人为一组，考官随机出题，主要考核的是组员之间的相互协作能力，时间限定20分钟。

（5）心理题测试：心理题（185题，英语），考核时间1小时。

（6）最后审核：最后审核的人数定为2:1，即两个考官一个考生。考官会根据面试者的简历进行提问，还有如何处理和解决工作、同事之间矛盾等相关问题，也会在面试者回答的内容中引发新的想法再进行交流。

2. 卡塔尔航空公司招聘标准

（1）良好的服务意识，外向而友善的性格。

（2）具备团队合作精神，有一定的抗压能力。

（3）五官端正，仪表大方。

（4）中国籍公民，男女不限，无犯罪记录。

（5）流利的英文书写能力及口语表达能力。

（6）年龄18岁以上。

（7）大专及以上学历的毕业生。

（8）身高不低于1.60米。

（9）持有效中国籍护照，有效期不少于两年。

课堂讨论：
各航空公司的招聘乘务员标准是否有不同之处？请相互讨论并简要说明。

拓展阅读

航空公司面试指南

航空公司空乘人员面试时形象及其他注意事项。

（1）年龄一般为18～23岁，五官端正，仪表清秀，身材均匀，身体暴露部分无明显疤痕，无口臭、腋臭、皮肤病，走路无内、外八字，听力不低于5米，无精神病史及慢性病史。学历要求专科或以上，要求流利的英文或基本的会话能力，其他小语种优先，预备两张二寸照片和一张四寸生活照片，填写个人履历表并带上学历证书和其他证明材料。

（2）报考人员的着装要求：应着职业装，同时不要化浓妆，应着淡妆。

（3）应聘人员的站、坐姿：要求站姿端正，坐姿身体稍向前倾，面带微笑，保持与考官的距离。

（4）自我介绍或评委提问时，需从容不迫，声音应该大一些，吐字清楚，语言简练，使对方能听清楚你所要表达的内容。

任务实施

◎ **任务描述**

经过本项任务的学习，同学们应该已经了解胖瘦均匀、合理饮食、保持锻炼、健康的心态和体魄相结合，才是形体美的精髓。那么做到以上要求，需要制订规律的生活计划表，请每位同学制作作息表，教师随机挑选6位同学进行分享，其他同学可以进行提问或点评。

◎ 任务要求

生活计划表包括作息时间、饮食情况、是否锻炼、锻炼时长及运动项目。

◎ 任务评价

本任务的评价结果如表10-3所示。

表10-3 任务评价结果

序号	评价内容	分值	教师评分	教师评语
1	计划内容真实性	40		
2	内容实施可行性	40		
3	问题解答完整性	20		
	合　计	100		

任务二　形体训练

任务导入

艾莉莉是一名刚入职不久的空中乘务员，热情主动，积极勤奋；但她平时有驼背的毛病，在面试、考核等有人监督的场合，她会特别注意这一点，努力让自己挺直腰背。但她在工作时，常常会忽略这一点，不自觉地就会驼背。乘务长刚开始看见了就会提醒她，但是次数多了，乘务长也很不满意，批评了她好几次。艾莉莉对此非常苦恼。

请思考：
好的形体对于空中乘务人员有哪些重要意义？你觉得艾莉莉应该如何解决自己驼背的问题，塑造更好的形体？

知识讲解

一、舞蹈训练对塑形的作用

每位舞者（图10-9）在训练舞蹈时都需要练习形体，并且有专业的形体训练计划，但是乘务人员为什么要练形体呢？形体是优美的训练，主要通过舞蹈基础练习，结合中国舞进行综合训练，纠正生活中的不良身形和错误姿态，塑造优美的体态，培养高贵的气质。

舞蹈训练能够有效地锻炼形体，通过基本站立姿势、手位脚位与气息动作结合练习，以及把上把下一系列的基本功训练，主要帮助塑形和改善基本姿态，即训练正确的立、坐、走和跑。

气息在形体训练中起关键作用，柔韧性练习、各种舞蹈都要充分运用气息。在柔韧性练习和各种舞蹈中充分运用气息，才能使柔韧性提高并在各种舞蹈动作中游刃有余。另外，人的头面部形态是表达人类丰富情感的重要方式，说话声音适中、面容友善、微笑待人、外貌端正都是人的良好形态的体现。

人的形象美需要外在和内在的统一美，舞蹈中的形体训练，不仅利用动作训练了人体的姿态，而且传播了舞蹈高雅的艺术精髓，统一了人的精神美和形体美，提高了练习者的内在修养和高雅的气质。

图10-9　舞者

> 课堂讨论：
> 通过形体训练可以解决哪些问题？目前你的体型存在哪些问题？针对自身存在的问题，你将如何解决？

二、芭蕾形体训练

（一）芭蕾基训

1. 芭蕾基训的概念

1）系统性

芭蕾基训（图10-10）是经过美化和规范化的动作系统，尽管动作的表现形式多样化，但仍具有严格的规范性和自身的形式，在训练中尤其强调有序、标准和系统。虽然在世界各国的古典芭蕾训练中呈现出不同的风格特征，但可以从中清晰地找到共同之处，甚至规定的动作和规范的教材。这一特征也决定了芭蕾基训最重要的教学要求即十分注重教学的循序渐进、由易到难的过程。古典芭蕾基训是经过上百年的实践证明，可以在一定时间内提高学生基础性技术能力。

图 10-10　芭蕾基训

（1）训练的系统性。芭蕾基训要求的原则和目的始终坚持和遵循一定的人体训练规律，组合的训练目的不仅要注意训练目的，还要考虑其训练逻辑性，应该有计划地根据学生的程度设定教学目标。初学芭蕾的学生必须注意古典芭蕾的规范性，从简单的组合或者舞步开始学习，注重动作训练量的积累。而一位成熟的芭蕾舞者要在规范性的基础上不断变化组合的动作，通过提高组合训练的难度提高自身的专业能力。

（2）训练的主动性。芭蕾基训的课堂教学内容和安排都是由学生和教师共同完成的。教学中教师根据学生的问题和能力设定教学目标，以及引导学生自觉地参与教学，形成一种积极主动的学习，是教学过程得以顺利进行、教学计划得以快速实现的重要因素。

2）科学性

芭蕾的科学性主要体现在其形成了一套"科学、完整、系统、规范、严谨"的训练体系，并且它至今还在不断发展和完善。

（1）原地训练。稳定性是古典芭蕾舞中各种基础知识之一，也是技术能力训练的基础。稳定性贯穿于每个动作、技巧、旋转、跳跃、空翻等。相反，通过反复练习难度较高的技术技巧，稳定程度也会不断增强。稳定性也是比较综合性的概念，主要包括重心掌控能力和动作平衡呈现两个方面。

在芭蕾基训中，对于人体重心的训练是最为显著的特点之一。例如，从芭蕾基训中最简单的站位来看，从一位到五位都要求全脚放平在地面，力量要均匀，脚趾不能抓地而要松开放长，倒脚亦是大忌。这时人体的重心要放在脚跟部位并保持住向下踩向地面，舞者的头部向上拨起，而正常人在站立时重心是放在脚心部位的，从这点可以看出舞蹈演员芭蕾基训中的重心要求与正常人的自然重心是有区别的。舞蹈演员在脚位练习时由于双腿保持外开，上身保持直立姿态同时重心就必须在脚跟部位。这种直立状态中的重心训练也是芭蕾基训区别于其他训练体系的重要特点。

（2）移动训练。舞者只有在训练过程中找到自身中心点的正确位置，才可以在此基础上进行现代舞训练中移动重心的训练或者完成中国古典舞在"拧、倾"状态中的各种技术技巧。因为如果一位舞者连自己正确重心点都不明确或者没有感觉，就很难脱离把杆做动作，或者出现独立完成动作不稳定的情况。因此，在芭蕾基训过程中了解人体重心的位置及其变化规律，是分析与研究舞蹈训练中平衡问题的基础。

3）规范性

从芭蕾艺术自身来看，芭蕾从最初起源于欧洲到最终走向世界，逐渐形成了六大公认的学派：意大利学派、法兰西学派、俄罗斯学派、丹麦学派、英国学派和美国学派。也就是说，芭蕾并不是一个一成不变的艺术形式。它也随着社会与文化的不断发展而广泛吸收不同民族民间舞蹈的精华与养料，促进了古典芭蕾艺术国际化的进程。然而，无论是哪种风格和学派的芭蕾，最大的特点在于其动作体系训练标准趋于统一。

2. 芭蕾基训中常见的专业名词（部分）

1）A

阿拉贝斯克（Arabesque）：是用一种叶片状的花纹图案命名。

阿蒂迪德（Attitude）：是芭蕾的一种舞姿姿态。

阿泰尔（Aterre）：脚在地面上所做的动作。原义为在地面上。

阿隆热（Allonge）：指芭蕾动作中具有延续、延长和伸展性质的动作。

2）B

巴朗赛（Balance）：代表向左右、前后摇摆性质的动作。原义为摇摆。

巴特芒（Battement）：动作腿向前、旁、后所做的向外和收回的一些动作的总称。

巴特芒汤纠（Battement tendu）：擦地。

3）C

库德皮耶（Coudepied）：一种脚的位置。

尚日芒（Changement）：基本的跳跃动作之一。

4）D

德米（Demi）：指某个动作的一半。原义为半个，例如 Demi plie.

代弗洛佩（Developpe）：原义为发展、伸展。

杜勃亦（Double）：某个动作连续做两次。原义为双的。

5）E

昂法斯（En face）：舞者面向观众站立。原义为向正前方。

昂德当（En dedans）：人身体或动作腿向里的转动。原义为往里。

昂德奥（En dehors）：人身体或动作腿向外的转动。原义为往外。

昂图尔囊（En tournant）：指一切在地面上做的加转身的动作。原义为在转身中。

6）F

丰迪（Fondu）：芭蕾基本术语之一。

弗拉佩（Frappe）：动作脚在支撑脚的踝骨前后所做的勾脚和包脚的拍打动作。

7）S

索泰（Saute）：小的跳跃动作。原义为小的跳跃。

苏特纽（Soutenu）：不变舞姿的动作。原义为保持位。

8）T

图尔（Tour）：人体的旋转动作。原义为转。

图尔朗（Tour lent）：人体的慢速转动动作。原义为慢慢地转。

唐利埃（Temps lie）：把一系列动作连接在一起的组合练习。原义为连接在一起的动作。

（二）芭蕾基训动作的训练标准

1. 动作体系训练标准

古典芭蕾的训练标准可概括为"开、绷、直、立"四大原则（图10-11），它们也是芭蕾舞训练体系审美要求。

（1）"开"就是指以人体脊椎为总中心点从上肢的肩胛骨、下肢髋关节、踝关节到脚趾关节的全部打开，并且这种"开"必须是自上而下的统一性的外开，不能只将脚尖打开而忽略了髋关节的外开导致出现"抠胯"的现象。

（2）"绷"主要是指上肢的脊柱到下肢的膝关节和踝关节的绷直。

（3）"直"主要是指上肢的后背以及下肢双腿的拉直，也是在"开"和"绷"的基础上的一个审美要求。其中"直"的另一个重要特点主要是对于身体重心的掌握。因为如果人体正常情况下没有"直"，也就找不到其自身的中心点。

（4）"立"主要是指从头到躯干以及四肢的一个整体的直立，是在前三个要求基础之上的升华，在具体的训练中头部向上提升同时双脚用力踩向地面形成一种自下而上稳定的直立感。

"开"　　　　　　　"绷"　　　　　　　"直"　　　　　　　"立"

图 10-11　古典芭蕾训练标准

2. 动作训练系统的规范性和优势性

芭蕾舞动作训练标准的一致性对于提升乘务员的气质具有一定的优势。

（1）芭蕾舞训练体系是建立在一套较为系统完备的规则基础之上的，其规范性能够使学生养成良好的训练习惯。如果不按照要求完成动作不但会影响身材变形、影响动作的美感，甚至会导致伤病的产生。

（2）从舞蹈训练的角度来讲，舞蹈技术能力训练的最终目的就是不断地挖掘和培养舞者的身体潜能，通过提高舞者自身身体的专业能力，使其能够合理地运用这些能力，充分发挥舞蹈演员的身体功能，达到自如完成各种舞蹈技术技巧的目的，展示舞者的身体表现力。

（三）芭蕾基训基本手位

1. 手型

学习手的位置之前必须学好手的形态。大拇指尖要轻轻地碰到中指的指根处，后三指稍弯一些挨在一起放好。只有在初学时才这样要求，因为刚开始还不能有意识地控制自己的动作，手指容易紧张。熟悉以后，手的形态变得比较自然，大拇指不必碰中指，大拇指方向是中指的第二个指节，隔出差一点就能捏上的空间，食指、无名指比中指稍微往后一些，小指再往后一些，像花瓣一样有层次。从手背方向看，五指不分开。从手腕到手背到手指是圆弧形，没有棱角（图 10-12）。

图 10-12　芭蕾手型

2. 手位

芭蕾舞分为七个基本手位。在芭蕾舞中，手的位置比脚的位置更难训练，因为手在舞蹈中比其他部位更具有表演性，它是构成各种各样舞姿的重要部分，更是帮助完成动作以及各种技术技巧的有力工具。手的位置各个学派有很多种不同的做法，目前我们用的 7 个手位已经是经过演变过来的。

芭蕾七个基本手位（图 10-13）。

一位手：手自然下垂，胳膊肘和手腕处稍圆一些。手臂与手成椭圆形，放在身体的前面，手的中指相对，并留有一拳的距离。双手在正面的腹前成自然圆。

二位手：手保持椭圆形，抬到横隔膜的高度（上半身的中部，腰以上、胸以下的位置）。但在动作过程中，要注意保持胳膊肘和手指这两个支撑点的稳定。双手在旁侧伸，在视线范围内，手心向内。

三位手：将保持二位手的双手向上抬，抬到身体的斜上方，抬眼睛就能看到手。

四位手：在三位手的基础上左手不动，右手切回到二位，组成四位。它已是舞姿了。

五位手：在四位手的基础上左手不动，右手保持弯度成椭圆形。

六位手：在五位手的基础上右手不动，左手从三位手切回到二位，组成六位，形成舞姿。

七位手：在六位手的基础上右手不动，左手打开到旁边，双手相同地放在身体的两边。

一位手　　　　　　　二位手　　　　　　　三位手

四位手　　　　五位手　　　　六位手　　　　七位手

图 10-13　芭蕾基本手位

　　以上无论哪个位置，手指、手腕、胳膊肘都不能突出，线条要柔和流畅，除了七位手其他手位均应保持大椭圆。七位手两手在肩膀的两旁，手臂稍在身体前面，与身体形成一个大弧线，整个手臂比肩膀略低，胳膊肘稍弯曲。

（四）芭蕾基训基本脚位

　　芭蕾有五个基本脚位（图 10-14）。
　　一位脚：基本站姿站好，双脚脚跟并拢，脚尖呈一字形打开，并与肩平行。
　　二位脚：在一位脚的基础上，双脚直线向两旁打开，两脚之间相距一只脚的距离，重心在两脚中间。
　　三位脚：在二位脚的基础上，一只脚的脚后跟与另一只脚的脚心靠拢，保持外开的状态，略像古典舞的丁字步。
　　四位脚：以一只脚为定点，站好一位脚的姿态，两脚前后打开，前脚的脚后跟与后脚的脚尖相对，两脚形成"二字"的平行状，两只脚的前后距离大约为一只脚掌竖着的距离。
　　五位脚：在四位脚的基础上，以后脚为定点，前脚向后脚靠拢并收紧，重心在两腿的中间。

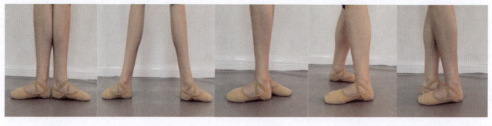

一位脚　　　　二位脚　　　　三位脚　　　　四位脚　　　　五位脚

图 10-14　芭蕾基本脚位

课堂讨论：
通过芭蕾基础训练，能解决哪些问题？乘务人员学习芭蕾基训的目的什么？请相互讨论并分享。

三、中国古典舞形体训练

（一）古典舞的概念

中国古典舞（图10-15）历史悠久，博大精深。在20世纪50年代创立的过程中就从戏曲、武术、芭蕾等相关艺术中吸取自己所需要的有益部分，几十年来不断充实，形成了一套完整的体系。中国古典舞对芭蕾的规范性内容吸收、借鉴较多，如吸收了芭蕾外开的脚位等。中国古典舞融合了许多武术、戏曲中的动作和造型，特别注重眼神在表演中的作用，强调呼吸的配合，富有韵律感和造型感，其独有的东方式的刚柔并济的美感让人陶醉。

中国古典舞是以训练人的气息、韵律和肢体表现力为训练目的，讲究的是身体韵律、内在气息以及手、眼、身法、舞步的配合，对培养学生的乐感、舞感和动作表现力有着积极的作用。而手位组合是学习中国古典舞的最基本训练，学生只有掌握了基本手位和手位之间的常用变化，以及身体的一些基本动律，做到灵活运用、自主运用才能为学习后面的内容打下扎实的基础。

图10-15　中国古典舞

（二）古典舞身韵的特点

（1）形，是指形体外部的动作，即一切直观、外在的形形色色的形态和千变万化的动作及动作间的连接。"拧、倾、圆、曲"正是中国古典舞蹈对"形"的审美追求的基本法则。

（2）神，是指舞蹈者心态与内涵的表达，泛指为内涵、神采、韵律与气质。在古典舞中人体的运动方面，神韵是可以认识、可以感知的。舞蹈中有句行话"行三，劲六，心意八，无形者十"。

（3）劲，是指赋予外部动作的内在节奏和有层次、有对比的力度处理。中国古典舞的运行节奏大多是舒而不缓、紧而不乱、动中有静、静中还动的节奏。

（4）律，是指动作自身的律动性和运动中依循的规律这两层含义。其中"反律"也是中国舞律动十分重要的因素。例如，"欲左先右、欲前先后、欲上先下、逢开必合、逢冲必靠"都是中国舞的运动规律。

（三）中国古典舞"圆"的动作特征

1. 圆在舞蹈线条上的特征

从二维空间上来看，点动成线，线动成面，线以一端为基点运动后的轨迹是圆，圆由曲线所构成，被中国人赋予了流畅、圆润、饱满的美好含义。对于舞蹈线条来说，中国古典舞在对舞蹈动作的表演中，非常注意肢体动作的体态美，强调"圆、拧、倾、曲"。从每一个舞蹈动作的运动轨迹上来看，无论刚还是柔，动作间的连接都以圆为支点，因此中国古典舞往往可以给人带来丰满的美感。

就手臂的舞蹈动作来说，需要以肩带肘，以肘带腕，关节与关节间相互协作，从而形成八字圆的舞蹈流线。"云肩转腰"的起承转合，就是以腰为基点舞动成平圆的，每个元素都要贯穿于圆的走向中。正是因为"圆"的存在，舞蹈形态才产生无穷无尽的感觉，给人生生不息、循环往复的饱满之美。

2. 圆在动作体态上的特征

舞蹈动作的形态美，是人们对舞蹈艺术的追求中最直观的感受。因此，舞蹈的动态美历来是舞蹈表演者不断练习和追求的。舞蹈的形式美，是由舞蹈艺术的特征所决定的，表演者经过对舞蹈动作的千锤百炼，逐渐形成大众所满意的肢体动作。通过动态的肢体美传递给观众舞蹈作品中的人物情感，让无言的舞蹈表演变成有声的情感叙述。一个优秀的舞蹈作品，最重要的一点就是用其独特的肢体语言感染观众。从舞蹈表演的体态上说，"圆、拧、倾、曲"的美感是经过岁月沉淀的，这种体态美是将人体各个关节组织协调在一起，从局部到整体构成圆形的轮廓，从而形成独特的中国古典舞造型特征。

（四）古典舞基本手位和脚位

1. 古典舞基本手形、手位

1）基本手形

（1）兰花掌（图10-16）。大拇指与中指指节微贴，使虎口自然与手掌合拢，形成以中指为主要用力点，带动其余三指指尖上翘的形态。

（2）兰花指（图10-16）。大拇指与中指松弛地相搭连，形成"O"状，同时，食指伸出上翘，其余两指松弛地与中指并拢，形成秀丽的指形，为兰花指。

（3）拳形（图10-16）。拇指与食指相搭贴，食指与其余三指依次相握，形成拳形。

兰花掌

兰花指

拳形

图10-16　古典舞基本手型

2）基本手位

（1）山膀（图10-17）。手以"掌形"，手臂内旋成长弧线，平抬于身旁，高度与肩平，沉肩、松肘、推手。

（2）按掌（图10-17）。手以"掌形"，小臂屈回成圆弧形，按在身前，位置约在胃的高度，距离身体6～7寸为准，沉肩圆肘。

（3）托掌（图10-17）。手以"掌形"，手臂外形是长弧形，手臂托于头的前上方，由兰花手翘推撑住，手心向斜上方；沉肩，肘打开向旁。

（4）扬掌（图10-17）。手臂于身体侧斜上方，掌心对斜上方，手臂可伸直也可屈肘。

（5）提襟（图10-17）。手以"拳形"，手臂外形是长弧形，至于身侧，虎口与髋部相对，保持约一尺间距平行。

山膀

按掌

托掌

扬掌

提襟

图10-17　古典舞基本手位

3）古典舞基础手位配合位

（1）顺风旗（图10-18）。小踏步，左手拉山膀，同时右手直接向上撩至托掌位，眼随右手亮相。

（2）托按掌（图10-18）。丁字步站立，双手叉腰准备。左右手交替胸前晃手，呈左托掌，右按掌位。身体与头各反向二点、八点方向。

（3）斜托掌（图10-18）。丁字步或小踏步，双手叉腰准备。动作时，双手经体前分撩至顺风旗位手心向上，高臂为扬掌位。

（4）山膀按掌（图10-18）。山膀和按掌的组合手位。

（5）提襟按掌（图10-18）。提襟和按掌的组合手位。

顺风旗　　　　　　　　　托按掌　　　　　　　　　斜托掌

山膀按掌　　　　　　　　提襟按掌

图10-18　古典舞基础手位配合位

2. 古典舞基本脚位

（1）点步（图10-19）。一脚支撑，一脚做绷脚点步动作于前、旁、后方。

（2）八字步（图10-19）。双脚内侧相靠，脚尖分开一定角度，呈八字状。

（3）丁字步（图10-19）。一脚脚跟与另一脚脚心相靠，呈丁字状。

（4）踏步（图10-19）。在丁字步的基础上，后脚伸出弯曲，膝部与支撑腿膝部相靠；另一种是后腿伸直伸出点步，分为绷脚和半勾脚两种。

（5）掖步（图10-19）。在丁字步的基础上，前屈腿，后腿伸直绷脚点步，身体横拧姿态。

（6）扑步（图10-19）。在旁弓步的基础上深蹲，身体前俯贴于地，腆胸展背，手臂做托山膀延伸姿态。

（7）前弓步（图10-19）。在丁字步的基础上，前脚向前迈出屈腿，另一只腿伸直呈弓形状。

（8）旁弓步（图10-19）。在丁字步的基础上，前脚向旁迈出屈腿，另一只腿伸直呈弓形状。

| 点步 | 八字步 | 丁字步 | 踏步 |

| 掖步 | 扑步 | 前弓步 | 旁弓步 |

图 10-19　古典舞基础手位配合位

课堂讨论：
中国古典舞具有哪些特点？乘务人员学习古典舞的目的是什么？请同学们相互讨论并分享。

四、舞姿训练组合

（一）芭蕾手位组合练习（中间）

一位手　八字脚准备

1×8 拍：
　　1～8 拍：从一位手向上端起保持住手型向上平移至二位手。

2×8 拍：
　　2～8 拍：从二位手向上端起保持住手型向上平移至三位手。

3×8 拍：
　　3～8 拍：左手保持住三位，右手从小手指外延带着切下来到二位形成四位手。

4×8 拍：
　　4～8 拍：左手保持住三位，右手从二位往旁拉开形成五位手。

5×8 拍：
　　5～8 拍：左手从三位上用小指带着切下来成二位，右手不动，形成六位手。

6×8 拍：
　　1～4 拍：左手从二位往旁打开，右手不动，形成七位手。
　　5～8 拍：双手延伸，收到一位手。

7×8 拍：
　　1～4 拍：出右腿 Battement tendu 往前，左腿 Battement fondu，同时双手从一位抬至二位。
　　5～6 拍：右脚往前推踩住地面，双腿蹲住形成大四位脚。
　　7～8 拍：双膝伸直重心放在右腿上，左脚绷脚点地，左手往前，右手往旁形成 Arabesque 舞姿。

8×8 拍：
　　1～4 拍：左手打开右手不动，形成七位手，左脚往旁点地。
　　5～8 拍：双手延伸，收回一位手，同时双腿浅蹲，起，双膝伸直，收回大八字脚。

芭蕾手位组合 .mp4

头脑风暴：

鉴赏《芭蕾舞姿》组合，并说出组合中都包含了哪些动作？

舞蹈赏析

古典舞姿组合.mp4

现代芭蕾《旅》.mp4

芭蕾舞姿组合.mp4

（二）古典舞训练组合

准备动作：面朝一点方向，左脚在前丁字步，双背手准备。

准备拍：5～6拍：双手从旁打开。

　　　　7～8拍：立半脚尖。

1×8拍：

　　1～4拍：双手经正前至下打开成山膀手位，同时右脚勾脚向后撤步，左脚紧跟成丁字步。

　　5～6拍：亮相；山膀手位，脚下丁字步。

　　7～8拍：保持不动。

2×8拍：

　　1～4拍：右手经过正上方到胸前按掌手位，脚下左脚向后撤步成踏步位，身体对着八点方向，头看向一点方向。

　　5～6拍：亮相；按掌手位，脚下踏步。

　　7～8拍：保持不动。

3×8拍：

　　1～4拍：右手先向旁抹手然后穿手成单山膀，同时左手成提襟手位，左脚向左旁迈步，右脚迅速跟上成踏步位。

　　5～6拍：亮相；山膀提襟手位，脚下踏步。

　　7～8拍：保持不动。

4×8拍：

　　1～4拍：双手从旁打开到双托掌手位，脚下移重心到右腿，左脚前点地。

　　5～6拍：亮相；双托掌手位，脚下前点地。

　　7～8拍：保持不动。

5×8拍：

　　1～4拍：双手从旁落下经过穿手到斜托掌手位，脚下立半脚尖的同时拧身往回看，然后左脚向斜前迈出成大掖步。

　　5～6拍：亮相；斜托掌手位，脚下大掖步。

　　7～8拍：保持不动。

6×8拍：

　　1～4拍：向左侧含胸吐气，左手屈肘收回胸前从下往上撩至扬掌，右手手臂伸直从上往下抬至山膀手位，右脚向旁迈步，左脚迅速收回半蹲，同时右脚前点地，身体对着八点方向。

　　5～6拍：亮相；左手扬掌右手山膀手位，右脚前点步，左脚半蹲。

　　7～8拍：保持不动。

7×8拍：

　　1～2拍：手位保持不动，后腿收回小八字步的同时立半脚尖。

　　3～4拍：左手落回胸前按掌，右手摊掌，右脚斜前上步到踏步蹲。

　　5～8拍：舞姿保持不动。

8×8拍：

　　1～4拍：右手在上经过穿手到提襟手位，左手斜上方扬掌，脚下踏步蹲经过碾转成踏步。

　　5～6拍：亮相；扬掌提襟手位，脚下踏步。

　　7～8拍：保持不动，收。

　　5～6拍：左手落下向右回身，打开到托按掌手位，脚下跺步。

　　7～8拍：双手对穿成斜托掌，同时脚下经过追赶步成大掖步，亮相。

头脑风暴：

鉴赏古典舞组合《霓裳羽衣》，并说出水袖舞的特点。

舞蹈赏析

古典舞组合《霓裳羽衣》.mp4

傣族舞《月亮》.mp4

拓展延伸

古典舞剧《孔子》

《孔子》舞剧是在国家大剧院推出的一部大型原创民族舞剧，舞剧由"序·问""乱世""绝粮""大同""仁殇""尾声·乐"构成。剧情从参政进谏，周游列国，危困绝粮，弦歌幽兰，晚年归鲁，修改《诗经》，撰写《春秋》，制礼作乐等情节，展示了在艺术上提出"尽善尽美"最高理想的孔子一生。

剧情选取了孔子周游列国的生命历程，这是一次不断碰壁的旅程，一次无法完成梦想的不归途，一次求而不得的坎坷路。

乱世，国君昏庸、沉溺女色，问政孔子，却又形同虚设；臣奸佞独断，钩心斗角，阴谋丛生；孔子进谏，推行礼制仁政，却无力回天，宫廷的争斗终于牵连孔子，孔子被迫奔亡：在危困绝粮的风雪之中，孔子仿佛见到了理想的大同世界……战乱频仍，难民流离失所，桃花源一般的杏林变成了战场。黑暗中，归途里，幽兰操不再是自伤自怜的琴歌，而是任重道远的颂唱；看似归途，大"道"仍在路上……

舞剧中闪现的人物：君、臣、妃、民、弟子、母亲，成为一组具有不同象征的符号。弟子是希望和内心的牵挂，象征理想与未来。君、臣、妃子，象征礼崩乐坏。母亲则象征着最为温暖的记忆。把人物化为意向，对应于历史情境中的事件，便有了舞蹈空间和写意画卷。舞剧把主人翁的内心冲突，外化放大为由不同象征人物构成的场面，于是，家国、弟子、列国、琴操、诗书、礼乐，在纵横交织的关系中，便构成颇具张力的戏剧场面，具有了揭示人性的历史深度。宏大视角和个体内心，鲜明对比，撼动人心。

任务实施

◎ **任务描述**

舞剧赏析。

（1）观看古典舞剧《孔子》的相关视频，选择其中一个篇章进行赏析。

（2）教师随机挑选6位同学进行分享。讲解时，其他同学可以进行提问或点评，讲解人对提出的问题应予以解答。教师进行总结评价，并对每位同学的分享进行评分。

◎ 任务要求

（1）根据个人选择的两个篇章，谈一谈你对古典舞的认知。

（2）写一篇关于古典舞剧《孔子》的个人心得，要求不少于500字。

◎ 任务评价

本任务的评价结果如表10-4所示。

表10-4　任务评价结果

序号	评价内容	分值	教师评分	教师评语
1	古典舞剧《孔子》个人心得内容真实丰富	20		
2	对古典舞的认知准确，体现出学习古典舞形体训练的必要性	40		
3	汇报分享讲解清晰，内容有深度	20		
4	问题解答详细准确，知识面广	20		
	合　　计	100		

化妆类中英文词汇表

一、洗护品词汇

护肤：skin care
爽肤水：toner/astringent
紧肤水：firming lotion
柔肤水：toner/smoothing toner
化妆水：toning lotion
保湿霜：moisturizer
护肤霜：moisturizers and creams
精华：serum/essence
喷雾：spa water/spray
乳液：fluid
日霜：day cream
晚霜：night cream
面膜：facial mask/masque

眼膜：eye mask
护唇膏：lip care
唇膜：lip coat
防晒霜：sun screen/sun block
磨砂膏：facial scrub
眼部凝胶：eye gel
润肤露（身体）：body lotion
护手霜：hand lotion
洗面奶：facial cleanser/face wash
洗发水：shampoo
护发素：hair conditioner
沐浴露：body wash

二、功效类词汇

干性肌肤：dry skin
中性肌肤：normal skin
油性肌肤：oily skin
混合性肌肤：combination skin
敏感性皮肤：sensitive skin
年轻肌肤：young skin
正常肌肤：normal skin
清洁：clean-/purify
泡沫：foam
赋活：active
防水：waterproof
软化：softening
防水效果：waterproof
无香味：fragrance Free
无酒精：alcohol-free
温和的：gentle
持久性：long lasting
不油腻：non-greasy

保湿：hydrating
紧肤：firming
滋润：moisturizer
修护：treatment
活肤：rejuvenating revitalizing
美白：whitening brightening
抗皱：anti- wrinkle
排毒：detoxifying
祛斑：sign treatment
治痘：acne treatment
抗痘：anti-acne
多元：multivariate
去黑头：(deep) pore cleanser
去死皮：exfoliating scrub
去角质：scrub exfoliation/ exfoliating
衡酸碱：balancing
抑制油脂：oil-control
胶原蛋白：collagen protein

附 录

三、彩妆类词汇

彩妆：cosmetics
隔离霜：protect base/ block
遮瑕膏：concealer
修容饼：shading powder
粉底：foundation（compact，stick）
粉饼：pressed powder
散粉：loose powder
闪粉：shimmering powder/glitter
眉粉：brow powder
眉笔：brow pencil
眼影：eye shadow
眼影笔：eye shadow pen
眼线笔：eyeliner pencil/ eye liner
眼线液：liquid eyeliner
睫毛膏：mascara
唇线笔：lip liner
唇膏：lip color/lipstick
唇彩：lip gloss/lip color
腮红：blush
卸妆水：makeup remover
卸妆乳：makeup removing lotion
指甲：manicure/pedicure
指甲油：nail polish/color/enamel
卸甲油：nail polish remover
护甲液：nail saver

美发产品：hair products
发饰：accessories
摩丝：mousse
发胶：styling gel
染发：hair color
冷烫水：perm/perming formula
卷发器：rollers/perm rollers
粉刷：cosmetic brush，face brush
粉扑：powder puffs
海绵扑：sponge puffs
眉刷：eye brow brush
眉钳：eyebrow tweezers
描眉卡：brow template
睫毛夹：lash curler
眼影刷：eye shadow brush
口红刷：lip brush
胭脂刷：blush brush
转笔刀：pencil sharpener
电动剃毛器：electric shaver-for women
电动睫毛卷：electric lash curler
纸巾：facial tissue
吸油纸：oil-absorbing sheets
化装棉：cotton pads
棉签：Q-tip
化装包：cosmetic bag

参 考 文 献

[1] 于莉，韩秀丽，马丽群. 空乘职业形象塑造 [M]. 北京：化学工业出版社，2019.
[2] 李勤. 空乘人员职业形象塑造与化妆 [M]. 北京：清华大学出版社，2017.
[3] 刘晓茜，闫芸芸，郑莉萍. 高铁乘务人员形象塑造 [M]. 上海：上海交通大学出版社，2020.
[4] 刘科，刘博. 空乘人员化妆技巧 [M]. 上海：上海交通大学出版社，2012.
[5] 肖宇强，李宁利. 美容与化妆 [M]. 北京：中国轻工业出版社，2019.
[6] 李慧伦. 精准化妆术 [M]. 青岛：青岛出版社，2019.
[7] 陈霞. 当代中国风格服饰探究 [D]. 西安美术学院，2015.
[8] 钱穆. 民族与文化 [M]. 北京：九州出版社. 2011.
[9] 冯玲玲. 民族文化的时尚代言：中国服饰的国际化走向 [J]. 江西社会科学，2015.
[10] 王晓翠. 服装对着装心理的影响研究 [D]. 天津工业大学，2016.
[11] 罗娟，吴亦苇. 中国服饰色彩的符号作用 [J]. 广西轻工业，2010.
[12] 魏慧敏. 纺织面料特性和色彩对服装设计的影响 [J]. 化纤与纺织技术，2021.
[13] 杜艺扬. 服装色彩视觉心理研究 [J]. 纺织报告，2021：111-112.
[14] 胡爱英，韩琳琳，陈璐. 礼仪文化 [M]. 北京：中国旅游出版社，2018.
[15] 付强. 形体训练与形象塑造 [M]. 北京：人民邮电出版社，2017.
[16] 摩天文传. 发型设计一本就够 [M]. 北京：人民邮电出版社，2020.
[17] 甘迎春. 美发基础 [M]. 北京：清华大学出版社，2014.
[18] 范礼. 铁路客运服务礼仪 [M]. 2版. 北京：中国铁道出版社，2019.
[19] 蓝志江，雷莲桂，郑学良，等. 高速铁路乘务工作实务 [M]. 北京：北京交通大学出版社，2018.